Mit eigenen Worten 5

Lehrer- und Materialband

Martin Bannert
Christoph Kasseckert
Adelheid Kaufmann
Stephanie Lüthgens
Petra Shaqiri

westermann

Die Grundausgabe wurde erarbeitet von:
Barb Deutenbach, Renate Fink, Gerhard Langer,
Tamara Müller, Mario Seibt, Dr. Joseph Wandl

Illustrationen:
Jörg Hartmann, Münster

Dieser Lehrerband enthält Kopiervorlagen. Mit dem Erwerb der Westermann Kopiervorlagen ist von Ihnen eine Gebühr entrichtet worden, die Sie zur Vervielfältigung für den eigenen Unterrichtsgebrauch in der jeweiligen dafür benötigten Anzahl berechtigt.
Eine weitergehende Verwendung ist nur mit vorheriger und ausdrücklicher Einwilligung der Bildungshaus Schulbuchverlage GmbH, Braunschweig, zulässig.

© 2001 Bildungshaus Schulbuchverlage
Westermann Schroedel Diesterweg Schöningh Winklers GmbH, Braunschweig
www.westermann.de

Das Werk und seine Teile sind urheberrechtlich geschützt. Jede Nutzung in anderen als den gesetzlich zugelassenen Fällen bedarf der vorherigen schriftlichen Einwilligung des Verlages.
Hinweis zu § 52a UrhG: Weder das Werk noch seine Teile dürfen ohne eine solche Einwilligung gescannt und in ein Netzwerk eingestellt werden. Das gilt auch für Intranets von Schulen und sonstigen Bildungseinrichtungen.

Druck B⁴ / Jahr 2009
Alle Drucke der Serie B sind im Unterricht parallel verwendbar.

Redaktion: Heiko Judith
Herstellung: Yvonne Ullrich

Druck und Bindung: westermann druck GmbH, Braunschweig

ISBN 978-3-14-**192245**-5

Lehrer- und Materialband zu **Mit eigenen Worten 5**

Inhaltsverzeichnis

I Basistexte

Die Konzeption des Sprachbuchs *Mit eigenen Worten 5*	6
Planungshilfen für den Stoffverteilungsplan im Fach Deutsch	11
Kreatives Schreiben – freies Schreiben	21
Freies Arbeiten	22
Unterrichtsform „Lernen in Stationen"	30
Mit der Rechtschreibkartei die individuelle Rechtschreibleistung verbessern	33

II Lösungen   35

III Arbeitsblätter (Kopiervorlagen)

Die Copys enthalten Textvorlagen aus *Mit eigenen Worten 5 / RS* sowie zusätzliche Übungsangebote (mit * gekennzeichnet).
Die Copys 1–64 entsprechen den Seiten 1–64 im Arbeitsheft 5.

Copy	Inhalt	Bezug zu MeW 5 / RS
	Arbeitstechniken	
1	Informationen suchen*	Informationen suchen, S. 33
2	Informationen aus Texten entnehmen	Informationen aus Texten entnehmen, S. 40
3	Wichtige Informationen zusammenfassen	Informationen zusammenfassen, S. 42
4	Das Alphabet üben*	Im Wörterbuch nachschlagen, S. 44–48
5	Wörter nach dem Alphabet ordnen*	Im Wörterbuch nachschlagen, S. 44–48
6	Im Wörterbuch nachschlagen*	Im Wörterbuch nachschlagen, S. 44–48
	Sprechen und zuhören	
7	Texte vorlesen I	Texte wirkungsvoll vorlesen, S. 50–51
8	Texte vorlesen II	Texte wirkungsvoll vorlesen, S. 52
9	Texte vorlesen III	Texte wirkungsvoll vorlesen, S. 53
	Schreiben	
10	Zu einer Bildergeschichte erzählen*	Geschichten erfinden, S. 66–69
11	Eine Fantasiegeschichte schreiben*	Geschichten erfinden, S. 66–69
12	Texte überarbeiten I	Texte überarbeiten, S. 72
13	Texte überarbeiten II	Texte überarbeiten, S. 73
14	Über Ereignisse berichten*	Andere informieren, S. 74–76
15	Wege beschreiben*	Andere informieren, S. 77
16	Einen literarischen Text beschreiben I*	Sachtexte beschreiben, S. 82
17	Einen literarischen Text beschreiben II*	Sachtexte beschreiben, S. 82
18	Merkmale von Sachtexten beschreiben*	Sachtexte beschreiben, S. 79–81
19	Einen Brief schreiben*	Einen persönlichen Brief schreiben, S. 83–86
	Mit Texten und Medien umgehen	
20	Gedichtwerkstatt	Gedichtwerkstatt, S. 97
21	Ein Gedicht vortragen	Gedichtwerkstatt, S. 101
22	Ein Gedicht spielen	Gedichtwerkstatt, S. 102
23	Merkmale von Märchen bestimmen*	Märchen, S. 103–109
24	Märchen selbst erfinden*	Märchen, S. 103–109
25	Eulenspiegelgeschichte als Comic gestalten	Schwank, S. 111
26	Merkmale eines Schwanks bestimmen*	Schwank, S. 110–113

Copy	Inhalt	Bezug zu MeW 5 / RS
	Sprache untersuchen	
27	Das Nomen in vier Fällen	Nomen und Artikel, S. 124
28	*Dem* oder *den*? Den richtigen Artikel setzen*	Nomen und Artikel, S. 125
29	Personalpronomen einsetzen*	Pronomen, S. 126–127
30	Possessivpronomen*	Pronomen, S. 128
31	Verben: Personal- und Zeitformen*	Verben, S. 132
32	Präsens und Präteritum*	Verben, S. 133
33	Präteritum, Perfekt, Plusquamperfekt*	Verben, S. 136
34	Zeitformen richtig einsetzen*	Verben, S. 132–136
35	Adjektive I	Adjektive, S. 139
36	Adjektive II*	Adjektive, S. 138–140
37	Satzglieder herausfinden*	Satzglieder, S. 141–142
38	Prädikat I*	Prädikat, S. 143–144
39	Prädikat II*	Prädikat, S. 143
40	Subjekt I	Subjekt, S. 146
41	Subjekt II*	Subjekt, S. 145–146
42	Objekte I	Objekte, S. 149
43	Objekte II*	Objekte, S. 147–149
44	Adverbialien*	Adverbialien, S. 150–151
45	Hauptsatz und Nebensatz	Satzgefüge, S. 157
46	Wortbildung: Zusammensetzungen*	Wortbildung, S. 158–161
47	Wortfeld *gehen* *	Wortfelder, S. 164
48	Wortstämme – Wortfamilien*	Wortfamilien, S. 165
	Rechtschreiben	
49	Kurz und lang gesprochene Vokale*	Kurz oder lang gesprochener Vokal?, S. 172
50	Doppelkonsonanten: Wortnester*	Schreibung nach kurz gesprochenem Vokal, S. 173
51	Wörter mit *h* *	Schreibung nach lang gesprochenem Vokal, S. 175
52	Wörter mit *ie* *	Schreibung nach lang gesprochenem Vokal, S. 178
53	s-Laute I*	Schreibung von s-Lauten, S. 181–186
54	s-Laute II*	Schreibung von s-Lauten, S. 181–186
55	*das/dass* I	*Das* oder *dass*?, S. 187–188
56	*das/dass* II*	*Das* oder *dass*?, S. 187–188
57	Wörter mit *b, d, g* *	Wörter mit *b, d, g* im Auslaut, S. 189–190
58	Wörter mit *ä* und mit *äu* *	Wörter mit *ä* und *äu*, S. 191–193
59	Groß- und Kleinschreibung I	Großschreibung von Nomen, S. 198
60	Groß- und Kleinschreibung II*	Großschreibung von Nomen, S. 195–198
61	Das Komma bei Aufzählungen*	Kommas setzen Zeichen, S. 200
62	Kommas in Satzreihen und Satzgefügen*	Kommas setzen Zeichen, S. 202–203
63	Immer diese Kommas!	Kommas setzen Zeichen, S. 200–204
64	Zeichensetzung bei der wörtlichen Rede	Zeichen bei wörtlicher Rede, S. 206
	Ergänzungen (nicht im Arbeitsheft)	
65	Bewertungsbogen für Fernsehsendungen	Fernsehen unter der Lupe, S. 116
66	Vorlage für Triospiel (Zeitformen)	Verben, S. 134
67	Satzgliedermaschine	Subjekt, S. 145
68	Satzgliederstreifen	Subjekt, S. 145

Lehrer- und Materialband zu **Mit eigenen Worten 5**

IV Zusatzmaterialien für Freiarbeit

Copy	Inhalt	Bezug zu MeW 5 / RS
	Lern- und Übungszirkel	
69	So arbeitet ihr mit dem Übungszirkel	
70	Stationenlaufzettel	
71	Blanko-Stationenkarten	
72 a–q	Lernzirkel *Märchen*	Märchen, S. 103–109
73 a–h	Übungszirkel *Wortarten*	
74 a–e	Übungszirkel *Satzglieder*	
75 a–b	Übungsvorschläge für Rechtschreibstationen	
76 a–e	Übungszirkel *Diktat vorbereiten*	Wie lernt man mit dem Übungszirkel?, S. 170–171
77 a–f	Übungszirkel *Schreibung nach kurz gesprochenem Vokal*	Schreibung nach kurz gesprochenem Vokal, S. 173–174
78 a–f	Übungszirkel *Schreibung von s-Lauten*	Schreibung von s-Lauten, S. 181–186
79 a–f	Übungszirkel *Großschreibung von Nomen*	Großschreibung von Nomen, S. 195–198
	Rechtschreibkartei	
80	Fehler-Analysebogen	
81 a–e	Leitkarten	
	Trainingspläne	
82	Trainingsplan *Schreibung nach kurz gesprochenem Vokal*	Schreibung nach kurz gesprochenem Vokal, S.173–174
83	Trainingsplan *Schreibung nach lang gesprochenem Vokal (Wörter mit h)*	Schreibung nach lang gesprochenem Vokal, S. 175
84	Trainingsplan *Schreibung von s-Lauten*	Schreibung von s-Lauten, S. 181–186
85	Trainingsplan *Großschreibung von Nomen*	Großschreibung von Nomen, S. 195–198
	Lernspiele	
86	Blanko-Spielkarten *Memory*	Lernspiele für Rechtschreibübungen, S. 207
87	Blanko-Spielkarten *Domino*	Lernspiele für Rechtschreibübungen, S. 207
88	Blanko-Spielplan *Bingo*	Lernspiele für Rechtschreibübungen, S. 208
89	Blanko-Spielplan *Wörter versenken*	Lernspiele für Rechtschreibübungen, S. 209
90	Blanko-Spielkarten *Spiel des Wissens*	Lernspiele für Rechtschreibübungen, S. 209
91 a–b	Spielvorlage *Dinospiel*	Lernspiele für Rechtschreibübungen, S. 209
92 a–d	Spiel des Wissens *Im Wörterbuch nachschlagen* (Spielkarten)	

V Übungen für die Schulaufgabe „Grammatik / Rechtschreiben"

Copy	Inhalt
93 a	A Rechtschreiben
93 b	A Rechtschreiben – Lösungsblatt
94	B Grammatik / Wortarten
95 a	C Grammatik / Satzglieder
95 b	B Grammatik / Wortarten – Lösungsblatt
	C Grammatik / Satzglieder – Lösungsblatt

Die Konzeption des Sprachbuchs „Mit eigenen Worten"

1 Der neue Lehrplan für die bayerische Realschule

Veränderungen im bayerischen Realschulwesen wie die Strukturreform und die innere Schulreform machten einen neuen Lehrplan für die bayerische Realschule erforderlich. Im Rahmen der Strukturreform, die durch den Übergang von der vierstufigen zur sechsstufigen Realschule gekennzeichnet ist, und einer damit einhergehenden Übergangszeit wurde die Notwendigkeit eines neuen verbindlichen Lehrplanes immer dringender. Zudem verfolgte die innere Schulreform u. a. das Ziel, die Unterrichtsqualität zu verbessern. Die Aktualisierung der Lehrpläne galt hierzu als ein wichtiger Meilenstein.

Der neue Lehrplan betont daher besonders die Wichtigkeit folgender Bildungs- und Erziehungsschwerpunkte (vgl. Lehrplan für die sechsstufige Realschule vom 15. Juni 2001, S. 14–18; im Folgenden gilt die Abkürzung LP).

1. Vermittlung eines soliden Grundwissens: Hiermit sind Grundkenntnisse, -fertigkeiten und -einstellungen gemeint, mit denen sich die Schülerinnen und Schüler im Unterricht intensiv auseinandergesetzt haben und die den Heranwachsenden auch über die Schulzeit hinaus von Nutzen sind.
2. Vermittlung und Förderung grundlegender Kompetenzen und Einstellungen (Schlüsselqualifikationen): Darunter werden Qualifikationen verstanden, die die Schüler befähigen sollen, in privaten, gesellschaftlichen und auch in beruflichen Situationen selbstständig und flexibel zu reagieren. In diesem Sinne legt der Lehrplan ein besonderes Schwergewicht auf die Vermittlung methodischer, personaler und die sozialer Kompetenzen.
3. Das Lernen lernen: Die Schüler sollen mit Techniken des Lernens vertraut gemacht werden und lernen, diese auch auf andere Inhalte zu übertragen und selbstständig anzuwenden.
4. Vernetztes Denken: Lerninhalte sollen nicht isoliert, sondern durch einen fächerübergreifenden und fächerverbindenden Unterricht in sinnvollen Zusammenhängen dargestellt werden.
5. Erziehung zu Selbstständigkeit und Eigeninitiative: Sowohl im Unterricht als auch bei der Gestaltung des Schullebens sollen Schüler dazu angeregt werden, aus eigener Initiative für die schulische Gemeinschaft aktiv zu werden. Im Hinblick auf das spätere Berufsleben wird dies als ein wichtiger Bestandteil des schulischen Auftrages angesehen.

Der neue Lehrplan lässt sich über diese Bildungs- und Erziehungsschwerpunkte hinaus von dem Gedanken leiten, dass auch die Gestaltung des Unterrichts und des Schullebens neue Akzente erfahren soll. Anzustreben ist ein „positives Lernklima", das die Schüler befähigt, sich aktiv am Unterrichtsgeschehen zu beteiligen und eigenverantwortlich Arbeiten zu übernehmen.

Um die vielfältigen Ziele und Inhalte der Fächer jahrgangsbezogen aufeinander abzustimmen, legt der Lehrplan für jede Jahrgangsstufe das **Pädagogische Leitthema** fest. Auf die entwicklungspsychologische Situation einer jeden Klassenstufe zugeschnitten werden pädagogische und unterrichtliche Schwerpunkte abgeleitet, die für jedes Fach verbindlich sind. Darüber hinaus werden für jede Jahrgangsstufe **fächerverbindende Unterrichtsvorhaben** vorgeschlagen und z. T. sogar verbindlich vorgeschrieben. Ziel dieser Unterrichtsvorhaben ist es, Schülerinnen und Schüler den Unterricht als ein „sinnvolles, in sich zusammenhängendes Ganzes" wahrnehmen zu lassen und projektorientiertes Arbeiten zu unterstützen.

Für die unterrichtliche Realisierung dieser anspruchsvollen Ziele fordert der Lehrplan einen „lebensnahen und schülergerechten Unterricht", der sich durch „Anschaulichkeit, Methodenvielfalt und Wechsel in den Aktions- und Sozialformen des Lehrens und Lernens" auszeichnet und der darüber hinaus einen „Bezug zwischen Theorie und Praxis" erkennen lässt.

Jeder Fachlehrplan, so auch der Lehrplan des Faches Deutsch, muss im Rahmen dieses Gesamtanspruches gesehen werden. Im Deutschunterricht gilt es mehr denn je, Qualifikationen zu vermitteln, die den jungen Menschen befähigen, sich im Bereich der zwischenmenschlichen Verständigung zurechtzufinden und sich mit den erworbenen Grundlagen weiterbilden zu können. **Integrativer Deutschunterricht, Arbeitstechniken, Handlungsorientierung, freies und kreatives Schreiben, offene Unterrichtsformen** (wie z. B. Freiarbeit, Stationsarbeit und Lernzirkel) bilden deshalb ganz entscheidende neue Akzentsetzungen, die sich auch im Sprachbuch *Mit eigenen Worten* niederschlagen.

1.1 Integrativer Deutschunterricht

Nach wie vor werden Sprachhandlungen als etwas Einheitliches gesehen, das man nicht in einzelne Teilbereiche zerlegen kann. Lediglich der besseren Übersicht wegen sind Lernziele in die Aufgabenfelder „Sprechen und zuhören", „Schreiben", „Sprache untersuchen und grammatische Strukturen beherrschen" und „Mit Texten und Medien umgehen" unterteilt. Ihre Behandlung im Unterricht soll jedoch nicht isoliert, sondern integrativ erfolgen. Auf diese Weise sollen die Schülerinnen und Schüler befähigt werden, „die vermittelten Inhalte auf die Sprach- und Lebenswirklichkeit zu übertragen" (LP, S. 51).

Sprachliche Äußerungen, seien sie gesprochen oder geschrieben, seien sie sehr kurz oder seien sie komplexe, lange Texte, entstehen immer in bestimmten Situationen. Sie sind verknüpft mit bestimmten Absichten und geprägt vom Sprachvermögen und den Erfahrungen der dabei Handelnden. Dieses Bewusstsein von den komplexen Zusammenhängen sprachlicher Äußerungen und den ihnen entsprechenden Verstehensprozessen bestimmt denn auch den Deutschunterricht, der den Schülerinnen und Schülern helfen soll, die Sprache in gegenwärtigen und in künftigen Lebenssituationen angemessen und richtig zu gebrauchen. Es verlangt nach einem Unterricht, der die einzelnen Teilbereiche sinnvoll aufeinander bezieht und in dem die Kenntnisse, Einsichten und Fertigkeiten im Sinne eines vernetzenden Lernens miteinander verbunden werden.

Möglichkeiten der Verbindung lassen sich immer finden, sei es beim Schreiben von Texten, wenn in der Überarbeitungsphase rechtschriftliche und sprachliche Verbesserungen vorgenommen werden, sei es beim Lesen von Texten, wenn sprachliche Mittel eine wichtige Rolle einnehmen, sei es bei Aufgaben der Grammatik, die Auswirkungen auf die beiden anderen Teilbereiche haben.

Mit eigenen Worten bietet deshalb sowohl Einheiten, die einen Verbund von Zielen bereits thematisch und sachlogisch herstellen (die so genannten *Fächerverbindenden Unterrichtsvorhaben*), es enthält aber auch zu einem großen Teil Einheiten, die sprachliche Phänomene unter einem bestimmten Lernzielaspekt beleuchten und in vielerlei Hinsicht die Verknüpfung mit anderen sprachlichen und sachlichen Fragestellungen anregen und ermöglichen.

1.2 Arbeitstechniken

„Unter Arbeitstechniken im Deutschunterricht versteht man all jene Verfahrensweisen, die Schüler als vorbereitende, arbeitsentlastende und unterstützende Mittel zur Lösung einer sprachlichen Aufgabe einsetzt." (Wolfgang Menzel/Hanne Henze: Arbeitstechniken. In: Praxis Deutsch, Heft 21/1977, S. 11) Dazu gehören Techniken im Umgang mit Texten, z. B. Schlüsselstellen anstreichen, Randnotizen machen, Zwischenüberschriften bilden, Techniken des Sprechens (z. B. Einhalten von Gesprächsregeln), Techniken des Schreibens (z. B. Notieren, Protokollieren, aber auch Nachschlagen). Diese Arbeitstechniken sind nicht nur für das Fach Deutsch bedeutsam, sondern stellen darüber hinaus wichtige Fertigkeiten dar, die in nahezu allen anderen Fächern vorausgesetzt werden.

Gerade die Techniken des Schreibens zeigen ein fast unmerkliches Übergehen zu den vielen fachspezifischen Arbeitsweisen, zu denen z. B. die Umstellprobe, die Ersatzprobe und die Klangprobe neben anderen aus dem Bereich der Sprachbetrachtung gehören. Gemeinsam ist allen Arbeitstechniken und -weisen, dass sie es den Schülerinnen und Schülern ermöglichen, alleine oder mit anderen, zielgerichtet und sachgerecht sprachliche Aufgaben bewältigen zu können. Die Arbeitstechniken vermitteln jene Handlungskompetenzen, die gerade im Hinblick auf die Schlüsselqualifikationen eine besondere Bedeutung gewinnen.

Die Beherrschung der Arbeitstechniken stellt zudem eine wesentliche Voraussetzung für die offenen Unterrichtsformen dar. Der Lehrplan stellt sie deshalb zu Recht in besonderer Weise heraus. Dabei gilt es auch zu beachten, dass die Arbeitstechniken nicht teilbereichsgebunden sind, sondern dass sie für jeweils alle Bereiche, eben für die ganze Sprache, gelten.

Die Konzeption von *Mit eigenen Worten* sieht deshalb vor, den Arbeitstechniken in jeder Jahrgangsstufe ein eigenes Kapitel einzuräumen. In diesen Einheiten werden Techniken in Form eines Lehrgangs angebahnt und mit vielerlei Übungsmöglichkeiten gefestigt. Sie können immer dann, wenn es die sprachliche Handlung in irgendeiner Form erfordert, gezielt eingesetzt werden.

Darüber hinaus werden auch in den anderen Einheiten – häufig durch Tipp-Kästen hervorgehoben – fachspezifische Arbeitstechniken (z. B. Cluster) eingeführt, sodass die Vermittlung von Arbeitstechniken ein durchgehendes Prinzip dieses Sprachbuchs darstellt.

1.3 Handlungsorientierung

Handlungsorientierung meint im Zusammenhang mit Sprache den vielfältigen, durch praktisches Tun – eben Handeln – bestimmten Umgang mit Wörtern, Texten, sprachlichen Äußerungen aller Art. Dies gilt auch für das produktive Erzeugen neuer Texte oder Textteile. Unter dem Einsatz aller Sinne und unter Einbezug von Lern- und Sprachspielen wird mit Sprache gearbeitet, wird gehört, gelesen, nachgedacht, probiert, verstanden, gesprochen, geschrieben, gemalt, verrätselt und vieles mehr. Dieses Tun schafft sowohl Können als auch Wissen. Es ist ein grundlegendes Element aller offenen Unterrichtsformen.

Die Lernpsychologie nennt uns schon seit langem Gründe für das handelnde Lernen, denn der Mensch behält
von dem, was er hört, 20%,
von dem, was er sieht, 30%,
von dem, was er hört und sieht, 50%,
von dem, worüber er spricht oder
was er selbst einem anderen erklärt, 70%,
von dem, was er selbst ausprobiert und ausführt, 90%.

Der Lehrplan und das Sprachbuch *Mit eigenen Worten* nehmen deshalb handlungsorientierte Verfahren als eine methodische Bereicherung und Voraussetzung für effektives Lernen auf. Im Lehrplan geschieht dies durch viele Hinweise, vor allem bei den freien Schreibformen, beim Umgang mit Literatur und beim Einsatz des erworbenen Wissens aus der Sprachbetrachtung für den eigenen Sprachgebrauch. Das Sprachbuch seinerseits setzt es sich zum Ziel, wo immer möglich die aktive Umsetzung des Lehrstoffes in handelndes Tun zu ermöglichen.

1.4 Freies Schreiben

Das freie Schreiben hat sich als eine Form des Schreibens neben der herkömmlichen Erziehung zur Gestaltung von Texten etabliert. Es kann und will diese nicht ersetzen. Vielmehr liegt die Aufgabe des freien Schreibens darin, einen neuen Zugang zum Schreiben zu eröffnen. Ergänzt wird dieses Angebot des freien Schreibens durch spielerische und kreative Handlungen mit Sprache im kreativen Schreiben und beim handlungs- und produktionsorientierten Umgang mit Texten (nähere Ausführungen siehe *Kreatives Schreiben – freies Schreiben*, S. 21 f.).

Ausgangspunkt für freies Schreiben sind Emotionen und Stimmungen, die durch ein Erlebnis oder durch eine sinnliche Erfahrung (fünf Sinne) ausgelöst worden sind. Das Sehen von Farben und Bildern, das Hören von Musik und Geräuschen, das Riechen vertrauter oder ungewöhnlicher Düfte, das Ertasten von Dingen, diese Erlebnisse ermöglichen ebenso Zugänge zum freien Schreiben wie das bewusste Erfahren außerschulischer Orte (z. B. eine Wiese mit Frühlingsblumen, eine belebte Einkaufsstraße, ein Bahnhof …) oder persönlich wichtige Gegenstände. Allerdings geht es beim freien Schreiben nicht um das Beschreiben bestimmter Wahrnehmungen oder Empfindungen; diese Stimmungen sind vielmehr Ausgangspunkte für weitere Gedankenassoziationen, aus denen sich der Schreibinhalt ergibt: Erinnerungen an frühere Erlebnisse, Gedanken über sich selbst, Wünsche, Hoffnungen …

Eine wichtige Technik zum Aufschreiben und Sortieren der durch eine sinnliche Wahrnehmung ausgelösten Gedanken ist das Cluster (Gedankenschwarm). Diese Technik wird in

Mit eigenen Worten 5 in den Einheiten *Geschichten erfinden* (S. 66–69) und *Kreativ mit Sprache umgehen* (S. 87–92) vorgestellt; in der zuletzt genannten Einheit werden auch verschiedene Zugänge und Schreibformen, die sich für eine Einführung in das freie Schreiben eignen, präsentiert.

Freies Schreiben ist oft auch persönliches Schreiben und entzieht sich strikter Vorgaben. Günstig ist es, wenn sich Schülerinnen und Schüler, im Rahmen von Freiarbeit selbst entscheiden können, wann sie sich einer solchen Aufgabe widmen. Der persönliche Charakter der Texte berechtigt die Schülerinnen und Schüler selbst zu bestimmen, ob sie schreiben, worüber sie schreiben, wie sie schreiben und ob ihre Texte auch der Öffentlichkeit (dem Lehrer, der Klasse ...) zur Verfügung gestellt werden.

Bisherige Erfahrungen zeigen, dass freies Schreiben auch Kinder anspricht, die bisher kaum zum Schreiben von Texten zu bewegen waren. Schon diese Erfahrung rechtfertigt, dieser Unterrichtsform einen entsprechenden Raum zu gewähren.

1.5 Kreatives Schreiben

Neben Textgestaltungen zum Erzählen, Berichten, Beschreiben, Anleiten, Informieren, Sich-Äußern treten in neuerer Zeit auch Schreibformen, die sich an gewissen Vorgaben, z. B. fertigen Texten, Textfragmenten, Impuls auslösenden Begriffen usw. orientieren, von ihnen ausgehen oder zu ihnen hinführen. Ihnen allen ist gemeinsam, dass der Schreiber in einem vorgegebenen Rahmen seine Gedanken frei spielen lassen kann. Dieser Rahmen kann inhaltlich bedingt sein, aber auch von einer bestimmten Textform (z. B. Gedicht) oder Sprachhaltung (erzählend, beschreibend, ...) abhängen. Der Unterricht hat auf diese Vorgaben einzugehen und entsprechende Lösungen anzustreben.

Begrenzt wird das kreative Schreiben zum einen durch das freie Schreiben (siehe oben), zum anderen von den Methoden des handlungs- und produktionsorientierten Umgangs mit Texten. Die Grenzen sind fließend, für viele Lehrer und Didaktiker auch durchlässig. Zum kreativen Schreiben gehören die vielen Sprachspiele, in denen es immer darum geht, mit Sprache in einem vom Schreiben vorgegebenen Rahmen zu experimentieren. Die Schülerinnen und Schüler sollen z. B. Texte umschreiben, Gedanken einfügen (z. B. als Monolog oder Tagebucheintrag), Dialoge einfügen, fehlende Textteile ergänzen, einen vom Lehrer veränderten Ausgangstext wiederherstellen, Personen verändern, Anfang, Schluss, Zeit, Milieu eines Textes verändern, eine Vorgeschichte/Fortsetzung finden, Kommentare dazu schreiben ... Gemessen wird das Ergebnis der Schülerarbeiten sowohl an den Vorgaben der Aufgabe als auch an den Intentionen, die die einzelnen Schreiber damit zum Ausdruck bringen wollen. Gelungene Arbeiten können und sollten auch als positive Verstärkung für die Schreibhaltung der Schülerinnen und Schüler benotet werden.

Man darf es als ein besonderes Anliegen von *Mit eigenen Worten* ansehen, wenn neben den vielfältigen herkömmlichen Schreibaufgaben zum freien Schreiben und zum kreativen Schreiben eigene Einheiten vorgelegt werden (vgl. *Mit eigenen Worten 5* die Einheiten *Kreativ mit Sprache umgehen* und *Gedichtwerkstatt*).

2 Der Aufbau von *Mit eigenen Worten*

Das Sprachbuch *Mit eigenen Worten* wurde auf der Grundlage des neuen Lehrplanes für die bayerische Realschule entwickelt. Es gliedert sich in die Kapitel
– *Fächerverbindende Unterrichtsvorhaben*,
– *Arbeitstechniken*,
– *Sprechen und Zuhören*,
– *Schreiben*,
– *Mit Texten und Medien umgehen*,
– *Sprache untersuchen* und
– *Rechtschreiben*.

2.1 Kapitel *Fächerverbindende Unterrichtsvorhaben*

Das erste Kapitel greift bevorzugt Themen aus den „Fächerverbindenden Unterrichtsvorhaben" auf, die der Lehrplan den Fachlehrplänen voranstellt. Damit eröffnen sich für das Fach Deutsch verschiedene Möglichkeiten der Zusammenarbeit mit anderen Fächern.

Im Mittelpunkt dieser Einheiten steht die Vermittlung von Kompetenzen, die das Fach Deutsch zur Bewältigung verschiedener Lebenssituationen bereitstellt. Das Einüben von Gesprächsregeln, das Entwickeln von Konfliktlösungsstrategien, das Einholen von Auskünften, das Erfragen von Informationen oder das Entnehmen von Informationen aus Texten, das Gestalten eigener Texte unter Einsatz von Sprachwissen und Sprachkönnen – alle diese zu vermittelnden Fähigkeiten werden erarbeitet mit dem Ziel, auch für andere Fächer von Nutzen zu sein. Die Einheiten dieses Kapitels eröffnen damit Angebote für handlungsbezogenes, integratives, fächerübergreifendes und projektorientiertes Arbeiten in der Realschule. Die einzelnen Themenbereiche der Klassenstufen sind jeweils auf die entwicklungspsychologische Situation der Schülerinnen und Schüler abgestimmt (vgl. dazu auch das „Pädagogische Leitthema" der jeweiligen Jahrgangsstufe im Lehrplan). Die Themen sind altersangemessen und entsprechen den Schülerinteressen, z. B. in Band 5 das Zusammenleben in der neuen Klassengemeinschaft, das gemeinsame Lösen von Konflikten, den richtigen Umgang mit Hausaufgaben sowie das Einrichten einer Klassenbücherei.

Innerhalb der fächerverbindenden Unterrichtsvorhaben lassen sich zwei Regelmäßigkeiten verfolgen:
1. In jedem Band befasst sich eine Einheit schwerpunktmäßig mit dem pädagogischen Leitthema der jeweiligen Jahrgangsstufe.
2. Jeweils eine Einheit ist als Projekt aufgebaut. Durch das projektorientierte Vorgehen werden Schülerinnen und Schüler angeleitet, sich mit einer Thematik von der Planungsphase, über die Durchführung bis hin zur Ergebnispräsentation gemeinsam und zugleich eigenverantwortlich auseinanderzusetzen.

2.2 Kapitel *Arbeitstechniken*

Arbeitstechniken gewinnen im Hinblick auf die im Lehrplan erhobenen Forderungen eine besondere Bedeutung. Aus diesem Grund stellt *Mit eigenen Worten* in jedem Band ein eigenes Kapitel mit zentralen Arbeitstechniken zusammen. Die Auswahl erfolgte nach folgenden Gesichtspunkten:
1. Arbeitstechniken, die sich auf die selbstständige Organisation von Arbeit beziehen (Band 5: *Im Wörterbuch nachschlagen*),

2. Arbeitstechniken, die die kommunikative Auseinandersetzung mit anderen zum Inhalt haben (Band 5: *Gesprächsregeln einhalten*),
3. Arbeitstechniken, die für das selbstständige Erschließen von Texten notwendig sind (Band 5: *Informationen aus Texten entnehmen*).

Bevorzugt werden in diesem Kapitel Arbeitstechniken eingeführt, die nicht nur für das Fach Deutsch, sondern darüber hinaus auch für andere Fächer von Bedeutung sind. Sie werden in Form von Trainingskursen angeboten, die mehrere Unterrichtsstunden umfassen können und damit eine intensive Auseinandersetzung und Einübung dieser Arbeitstechniken ermöglichen. Info- und Tipp-Kästen ermöglichen das Nachschlagen zu einem späteren Zeitpunkt.

Allerdings beschränkt sich *Mit eigenen Worten* nicht auf diese lehrgangsorientierte Vermittlung von Arbeitstechniken. Nahezu in jeder Einheit werden weitere Arbeitstechniken dargestellt, die sich spezifisch auf die in der jeweiligen Einheit behandelten Lernziele beziehen. Folgende fachspezifische Arbeitsweisen finden sich in *Mit eigenen Worten 5*:
– Ein Klassengespräch führen (S. 12)
– Stegreifspiele auswerten (S. 15)
– Auf provozierende Äußerungen reagieren (S. 16 f.)
– Einen Vertrag schreiben (S. 18)
– Einen Terminplan anlegen (S. 22)
– Gute Arbeitsbedingungen schaffen (S. 23)
– In einem Projekt arbeiten (S. 25–27)
– Über Bücher informieren (S. 28)
– Texte wirkungsvoll vorlesen (S. 50–53)
– Eine Beschwerde vorbringen (S. 55)
– Auf Beiträge anderer eingehen (S. 57)
– Das Erzählen vorbereiten (S 58)
– Richtig nacherzählen (S. 59, S. 61)
– Eine Erzählung aufbauen (S. 63)
– Spannend und lebendig erzählen (S. 64)
– Mit dem Cluster Ideen sammeln (S. 67, S. 91)
– Texte in Schreibkonferenzen besprechen (S. 70)
– Fehler korrigieren (S. 72)
– Einen Text am Computer überarbeiten (S. 73)
– Über ein Ereignis berichten (S. 74)
– Material für einen Artikel sammeln (S. 75)
– Einen Artikel schreiben (S. 76)
– Einen Weg beschreiben (S. 78)
– Die Kernaussage eines Textes wiedergeben (S. 80)
– Die äußere Form eines Textes beschreiben (S. 81)
– Literarische Texte beschreiben (S. 82)
– Einen persönlichen Brief schreiben (S. 85)
– Eine Klassenzeitung erstellen (S. 93–95)
– Erzähltexte erschließen (S. 111)

2.3 Kapitel *Sprechen und zuhören*
Im aktuellen Lehrplan werden die Lernziele der mündlichen und der schriftlichen Kommunikation erstmals getrennt voneinander aufgeführt, um dem mündlichen Bereich mehr Bedeutung zu verleihen. Diese Zweiteilung wurde auch in *Mit eigenen Worten* nachvollzogen.

In der Einheit *Sprechen und zuhören* geht es vor allem darum, die Schülerinnen und Schüler an Gesprächssituationen (z. B. Erzählen, ein eigenes Anliegen vorbringen) oder auch Vortragssituationen (z. B. Vorlesen, Kurzreferat) heranzuführen. Die Schüler sollen lernen, verschiedene Gesprächsanlässe sowohl situations- als auch partnergerecht zu bewältigen. Der Einsatz sprachlicher wie auch nicht sprachlicher Mittel spielt hierbei eine entscheidende Rolle und soll daher erarbeitet und trainiert werden.

Da im Unterricht die Bereiche der mündlichen und schriftlichen Kommunikation oftmals Hand in Hand arbeiten, sind auch einzelne Einheiten aus dem Bereich *Sprechen und zuhören* so aufgebaut, dass sie sich gut mit Kapiteln aus dem nachfolgenden Bereich *Schreiben* kombinieren lassen, z. B. in Band 5: *Mündlich nacherzählen* (S. 59) und *Schriftlich nacherzählen* (S. 60 f.).

2.4 Kapitel *Schreiben*
Der Teil *Schreiben* orientiert sich eng an den im Lehrplan aufgestellten Lernzielen. Zu jedem Spiegelstrich ist mindestens eine Einheit vorgesehen. Dabei wird das Anliegen des Lehrplans umgesetzt, über die traditionellen Schreibhaltungen (Erzählen, Berichten, Beschreiben) hinaus einen Text adressatenbezogen zu gestalten. Der Text kann erzählend, berichtend, beschreibend oder auch appellativ sein. Der Schreibende sieht sich also vor die Aufgabe gestellt zu klären, welche Wirkung ein Text haben soll und welche sprachlichen Mittel dafür geeignet sind. Neben diese mehr gebundenen Formen treten kreative und freie Arten des Schreibens (siehe *Mit eigenen Worten 5*, S. 87–92)

Zugleich erfahren die Schülerinnen und Schüler den Vorgang des Schreibens als einen Prozess, der von der Ideegewinnung über einen Entwurf bis hin zur Fertigstellung und Überarbeitung des Textes führt. Auch die Bearbeitung eines Textes mithilfe des Computers wird hier mit einbezogen.

Grundsätzlich sind die Einheiten im Bereich *Schreiben* dem integrativen Prinzip verpflichtet. Die zahlreichen Schreibanlässe greifen immer wieder auf andere Teilbereiche des Deutschunterrichts zurück. Sprachreflexion und Sprachproduktion arbeiten somit Hand in Hand. Zudem sind die Einheiten so angelegt, dass sie eine Übertragung der jeweiligen Schreibhandlung auf ein anderes Thema erlauben. Dies wird insbesondere durch die Gestaltung der Info- und Tipp-Kästen ermöglicht, die die sprachlichen Muster und Lösungshilfen zur Bewältigung bestimmter Sprachsituationen zusammenfassen.

2.5 Kapitel *Mit Texten und Medien umgehen*
Ein Ziel des Lehrplans der Realschule besteht darin, die Schülerinnen und Schüler zum Lesen zu motivieren bzw. ihre Lesefreude zu fördern. Darüber hinaus sollen die jungen Menschen verschiedene Textsorten kennenlernen und sich mit diesen intensiv auseinandersetzen. *Mit eigenen Worten 5* knüpft in dem Kapitel *Mit Texten und Medien umgehen* an diese Ziele an. So werden in jedem Band die jahrgangsspezifischen Textsorten aufgegriffen und schwerpunktmäßig behandelt (z. B. Band 5: *Märchen, Schwank*; Band 6: *Fabel, Sage*). Die jeweiligen Textmerkmale werden induktiv erarbeitet und im Rahmen von kreativen Schreibaufgaben produktiv angewendet.

Auf jeder Jahrgangsstufe wird eine *Gedichtwerkstatt* angeboten, da Schülerinnen und Schülern die Auseinandersetzung mit Gedichten erfahrungsgemäß häufig schwer fällt. Die methodische Erschließung der in den Gedichten verwendeten sprachlichen Mittel steht dabei im Mittelpunkt. In jedem Band mündet die Gedichtwerkstatt schließlich in einen kreativen Teil, der Möglichkeiten zum handlungs- und produktionsorientierten Umgang mit Gedichten aufzeigt.

Ein weiterer Schwerpunkt dieses Kapitels bildet schließlich der Umgang mit Medien. In jedem Band werden zu diesem Aspekt einzelne Informations- und Kommunikationstechniken thematisch aufgegriffen und untersucht (z. B. Band 5: *Fernsehen unter der Lupe;* Band 7: *Werbung*). Auch in diesen Einheiten geht es darum, die in den Medien verwendeten sprachlichen und visuellen Mittel und ihre Funktionen zu erarbeiten und darüber hinaus die Schülerinnen und Schüler anzuregen, den eigenen Medienkonsum selbstkritisch zu überdenken.

2.4 Kapitel *Sprache untersuchen*

Kennzeichnend für das Sprachbuch *Mit eigenen Worten* ist, dass der Arbeitsbereich *Sprache untersuchen* zwei Funktionen erfüllt. Zum einen bietet er lehrplangerecht eine vollständige systematische Behandlung des Stoffes der jeweiligen Jahrgangsstufe. Zum anderen wird Sprachbetrachtung nicht um ihrer selbst willen betrieben. Den Anstoß zu einer Reflexion über Sprache muss eine Sprachhandlung geben, z. B. ein Text, der selbst erstellt oder überarbeitet wird. Ergebnis dieser Reflexion soll immer ein Zuwachs an sprachlichem Wissen und Können sein, der sich im besseren Verstehen fremder Texte und im besseren Gestalten eigener Texte niederschlägt.

Ausgangspunkt der Sprachbetrachtung stellt deshalb in jeder Einheit eine Sprachhandlung dar. In vielerlei motivierenden Situationen versteckt sich ein sprachliches Problem, welches die Schülerinnen und Schüler durch entdeckendes Lernen selbst lösen können. Info- und Tipp-Kästen halten die Ergebnisse fest, spielerische Übungen sorgen für abwechslungsreiche Möglichkeiten der Sicherung. Dabei wird immer auch die Verknüpfung mit der Produktion von Texten (z. B. durch Wortfeldarbeit, durch die Untersuchung der Wirkung von Wörtern, das Verändern der Texte durch Umstellproben, Ersatzproben) und mit ihrer Überarbeitung gesucht. Ebenso wird der Zusammenhang mit der Rechtschreibung hergestellt (z. B. Groß- und Kleinschreibung: Nomen erkennt man an bestimmten Signalwörtern, bestimmte Nachsilben kennzeichnen Nomen oder Adjektive; den Wortstamm schreibt man zumeist gleich u. Ä.). Arbeitsformen der Freiarbeit (siehe dazu die Materialien in diesem Band) verlagern die Unterrichtstätigkeit zusätzlich in die Hand der Schülerinnen und Schüler und stellen ein Instrument der Individualisierung dar. Lern- und Übungszirkel kommen ebenso zum Einsatz wie Lernspiele, die motivierende Wiederholungsmöglichkeiten eröffnen. *Mit eigenen Worten 5* führt behutsam in die lateinischen Fachbegriffe ein. Wo es sich erfahrungsgemäß als sinnvoll erweist, werden in Klammern die deutschen Begriffe angefügt.

2.5 Kapitel *Rechtschreiben*

Der Lehrplan stellt die Verbesserung der individuellen Rechtschreibleistung in den Mittelpunkt des Rechtschreibunterrichts. Diese Forderung berücksichtigt die Erfahrung, dass die Schülerinnen und Schüler der Realschule über ein unterschiedliches Rechtschreibwissen verfügen und sich auch in der Fähigkeit, dieses Wissen richtig einzusetzen, unterscheiden. Aus diesem Sachverhalt ergibt sich die Notwendigkeit:
1. Lernmaterial anzubieten, das eine Erarbeitung und Vertiefung der Grundregeln der Rechtschreibung erlaubt,
2. Instrumente zur Verfügung zu stellen, die die Identifizierung individueller Fehlerschwerpunkte ermöglichen und
3. Lernangebote bereitzustellen, die sich für selbstständiges, individuelles Üben eignen.

Im Sprachbuch *Mit eigenen Worten 5* werden auf den Seiten 170–207 die wichtigsten Grundregeln der Rechtschreibung dargestellt. Auffällig ist nicht nur das umfangreiche Übungsangebot, das noch durch Kopiervorlagen in diesem Lehrer- und Materialband ergänzt wird (siehe Copy 49–64 sowie Copy 75–86), sondern auch die behutsame induktive Einführung in die Rechtschreibprobleme sowie die besondere Hervorhebung des erarbeiteten Rechtschreibwissens in Info- und Tipp-Kästen. Diese Einheiten können im gemeinsamen Klassenunterricht behandelt werden, sie können aber auch von den Schülerinnen und Schülern selbstständig erarbeitet oder nachbereitet werden. Bei der Zusammenstellung der Wörterlisten (z. B. *Mit eigenen Worten 5,* S. 175, S. 183) wurde bewusst darauf geachtet, Wörter aufzunehmen, die zum einen dem Alltagswortschatz der Schülerinnen und Schüler entsprechen und zum anderen erfahrungsgemäß häufig Fehlerwörter darstellen. Durch vielfältige, teilweise spielerische Übungen werden diese Wörter rechtschriftlich gesichert.

Diese Grundbausteine des Rechtschreibkapitels werden ergänzt durch weitere Lernangebote in diesem Materialband, die die methodischen Möglichkeiten in Richtung eines individualisierenden Unterrichts erweitern:

1. Rechtschreibkartei (Copy 81): Sie dient der Fehlereinordnung, der Berichtigung und der Übung. Über den genauen Umgang mit der Rechtschreibkartei informiert der Beitrag „Mit der Rechtschreibkartei die individuelle Rechtschreibleistung verbessern" (S. 33 f.). Der Fehler-Analysebogen (siehe Copy 80) ist zunächst als Instrument für die Hand des Lehrers zur Identifizierung von individuellen Fehlerschwerpunkten gedacht; mit zunehmender Erfahrung im Umgang mit der Rechtschreibkartei sind aber auch die Schülerinnen und Schüler selbst in der Lage, einen solchen Fehler-Analysebogen für die Einordnung von Fehlern zu gebrauchen.

2. Trainingspläne: Die sich in diesem Materialband befindenden Trainingspläne (Copy 82–85) sind als Arbeitspläne für individuelle Rechtschreibschwächen zu verstehen. Sie enthalten eine Zusammenstellung von Aufgaben, die sich jeweils auf eine bestimmte Grundregel der Rechtschreibung beziehen. Dies erlaubt im besonderen Maße die Förderung der individuellen Rechtschreibleistung. Diese Trainingspläne können im Rahmen von Freiarbeitsstunden (oder als Hausaufgaben) bearbeitet werden.

3. Übungszirkel: Sie stellen eine materialgeleitete Form des offenen Unterrichts dar und ermöglichen das selbstständige Üben der wichtigsten Grundregeln der Rechtschreibung. Eine einführende Darstellung befindet sich im Schülerband (siehe *Mit eigenen Worten 5,* S. 170 f.) sowie in diesem Materialband in Unterrichtsform „Lernen in Stationen" (S. 30 ff.). Da die Entwicklung von Übungszirkeln aufwändig ist, werden in diesem Materialband vier fertige Übungszirkel (Copy 76–79) als Kopiervorlagen zur Verfügung gestellt.

4. Im Anhang **Lernspiele für Rechtschreibübungen** (*Mit eigenen Worten 5,* S. 208–210) sowie im Anhang **Diktate einmal anders** (*Mit eigenen Worten 5,* S. 211) werden weitere methodische Möglichkeiten für selbstständiges Üben aufgezeigt.

Das Sprachbuch *Mit eigenen Worten* eröffnet auf diese Weise eine Vielfalt von individualisierenden Übungsmöglichkeiten, die sonst nur durch die Anschaffung zusätzlicher Freiarbeitsmaterialien möglich wäre.

3 Ergänzende Hinweise

Offener Unterricht und Freiarbeit (siehe Basistext *Freies Arbeiten*, S. 22 ff.) stellen wichtige Unterrichtsformen der Zukunft dar. *Mit eigenen Worten* trägt dem Rechnung. Sowohl die Strukturierung der einzelnen Einheiten als auch das Bereitstellen von Materialien aller Art eröffnen vielfältige Möglichkeiten selbstbeständigen Lernens.

Im Rahmen der thematischen Einheiten als auch der systematisch angelegten Einheiten unterstützen die Info- und Tipp-Kästen die selbstständige Erarbeitung oder Nachbereitung zentraler Inhalte:

Info-Kästen werden immer dann verwendet, wenn ein grundlegender Sachverhalt als Information neu eingeführt wird oder wenn es gilt, die Ergebnisse eines induktiv angelegten Erkenntnisprozesses festzuhalten.

Tipp-Kästen enthalten überwiegend konkrete Handlungshinweise, die Orientierungspunkte für bestimmte Sprachhandlungen oder arbeitstechnische Anleitungen vermitteln.

Auch die Anhänge **Grundwissen Literatur** und **Grundwissen Grammatik** sind wichtige Nachschlagequellen für selbstständiges Arbeiten.

Planungshilfen für einen Stoffverteilungsplan im Fach Deutsch

Forderungen nach offenen Unterrichtsformen sowie nach fächerübergreifenden Arbeitssequenzen verlangen eine fundierte Stoffplanung sowie eine genaue Absprache mit den Kolleginnen und Kollegen der anderen Fächer zu Beginn des Schuljahres. Da die Ausgangsbedingungen an den Schulen sehr unterschiedlich sind, verbietet sich die Vorgabe eines exakten Stoffverteilungsplans, der ja erst durch die gemeinsame Absprache entstehen kann.

Die folgenden Planungshilfen für einen Stoffverteilungsplan unterteilen auf der linken Zeitleiste das Schuljahr in sechs Phasen. Für jede Phase werden gegenübergestellt
– die anstehenden Schulaufgaben (linke Spalte),
– die vorgeschlagenen Einheiten des Sprachbuchs (mittlere Spalte),
– Hinweise auf zusätzliche Arbeitsblätter, Lern- und Übungszirkel etc. durch Angabe der jeweiligen Copy-Ziffer im Lehrer- und Materialband (z. B. Copy 72),
– die durch diese Einheiten realisierten Lernziele (rechte Spalte).

Bei der Aufteilung der Einheiten auf die sechs Phasen wurde darauf geachtet, dass die im Lehrplan unter den Punkten 5.1 bis 5.4 aufgeführten vier Lernbereiche („Sprechen und zuhören", „Schreiben", „Sprache untersuchen und grammatische Strukturen erkennen" sowie „Mit Texten und Medien umgehen") möglichst gleichmäßig über das Schuljahr verteilt sind und in der zugeordneten Zeitphase sinnvoll miteinander verknüpft werden können. In der Regel umfasst eine Schulbuchseite eine Unterrichtsstunde, wobei die Seiten der Kapitel *Sprache untersuchen* und *Rechtschreiben* für zusätzliche Übungsstunden Material bereitstellen. Welche der aufgeführten Einheiten mit welchem zeitlichen Aufwand und in welcher Abfolge aufgegriffen werden, hängt sehr stark von den gegebenen Lernvoraussetzungen in der Klasse ab und ist insofern von jeder Lehrerin und jedem Lehrer selbst zu entscheiden.

Die vorliegende Auflistung ist als Planungshilfe für die Entwicklung des Stoffverteilungsplans im Fach Deutsch für Deutschlehrerinnen und -lehrer gedacht. Natürlich kann er von den Lehrkräften individuell verändert werden. In diesem Sinne sind die Inhalte der einzelnen Zeitphasen als Bausteine zu verstehen, die auch ausgetauscht werden können.
Die in der Übersicht ausgewiesenen Copys 1–64 entsprechen den Seiten 1–64 im Arbeitsheft 5.

Planungshilfe für die Stoffverteilung in der Jahrgangsstufe 5

Zeitraum	Mit eigenen Worten 5	Copy	Lehrplan
Schulbeginn bis Herbstferien (ca. 39 Stunden) Schulaufgabe: Erlebniserzählung	**Abenteuer 5. Klasse Realschule** 8 „… und wie heißt du?" 9 Neue Klasse: neue Fächer, neue Lehrerinnen und Lehrer 10 Unser Klassenzimmer 11–12 Wer soll Klassensprecherin / Klassensprecher werden? 13–14 Mit dem Klassenrat Probleme lösen **Erlebnisse erzählen** 58 Lebendig erzählen **Eigene Erlebnisse erzählen** 62 Eine Erzählung planen 63 Die Handlung überprüfen 64–65 Einer Erzählung Farbe geben **Texte überarbeiten** 70–71 Texte in Schreibkonferenzen besprechen 72–73 Eigene Texte überarbeiten **Verben** 131 Wozu brauchen wir Verben? 132 Personalformen 133–135 Die Zeitformen Präsens, Präteritum, Perfekt 136 Die Zeitform Plusquamperfekt **Wortfelder** 162 Wortfelder *gehen* 163–164 Wortfelder *sagen*	 Copy 10 Copy 12 Copy 13 Copy 31 Copy 32 Copy 33 Copy 34 Copy 47	**5.1 Anderen etwas mitteilen** – sich vorstellen **5.2 Aktiv zuhören** – anderen bei Mitteilungen aktiv zuhören – zum Gehörten Fragen stellen – Gedanken aufnehmen und weiterentwickeln **5.1 Anderen etwas mitteilen** – eigene Erfahrungen und Erlebnisse anschaulich erzählen **5.2 Texte verfassen** – über Erlebnisse schreiben **5.2 Texte überarbeiten** – Strategien der Überarbeitung wiederholen und anwenden – Konstruktive Kritik an eigenen Fehlern positiv umsetzen **5.3 Die einzelnen Wortarten richtig verwenden** – Formen des Verbs: die Tempora Präsens, Präteritum, Perfekt, Plusquamperfekt bilden und situationsgerecht anwenden **5.3 Vielfalt und Wandel der Sprache kennen lernen und nutzen** – die Vielfalt und die Anschaulichkeit der Sprache entdecken und für mündliche und schriftliche Kommunikation nutzen: Wortschatzerweiterung durch Wortbildung, Wortfelder, Wortfamilien

Zeitraum	Mit eigenen Worten 5	Copy	Lehrplan
	Zeichen bei der wörtlichen Rede 205 Wörtliche Rede in Erzählungen 206–207 Die Zeichensetzung bei der wörtlichen Rede	Copy 64	**5.2 Die Rechtschreibung verbessern** – Zeichensetzung bei wörtlicher Rede
	Rechtschreibkartei anlegen (Lehrerband)	Copy 80 Copy 81	**5.2 Die Rechtschreibung verbessern** – Grundregeln der Rechtschreibung wiederholen
	Im Wörterbuch nachschlagen 44 Das ABC sicher beherrschen 45 Wörter ordnen 46 Wo steht ein Wort im Wörterbuch ungefähr? 47–48 Das Auffinden von Wörtern	Copy 4 Copy 5 Copy 6	**5.2 Die Rechtschreibung verbessern** – Rechtschreibstrategien weiterentwickeln, z. B. Wörter ableiten und verlängern, Wortbausteine erkennen, Wörterbücher als Nachschlagewerke benutzen
	Wortfamilien 165 Ein Stamm hat viele Zweige	Copy 48	**5.3 Vielfalt und Wandel der Sprache kennenlernen** – Wortschatzerweiterung durch Wortbildung, Wortfelder, Wortfamilien
	Wörter mit ä und äu 191–192 Ängstlich kommt von Angst 193 Bäume kommt von Baum	Copy 58	**5.2 Die Rechtschreibung verbessern** – Grundregeln der Rechtschreibung wiederholen
	Wörter mit b, d, g im Auslaut 189–190 Wild tobt der Held in den Abend	Copy 57	
Herbstferien bis Weihnachtsferien (ca. 39 Stunden)	**Gesprächsregeln einhalten** 30–31 Ich verstehe kein Wort 32 So könnt ihr Regeln einüben		**5.1 Miteinander sprechen** – Gesprächsregeln wiederholen und berücksichtigen: Blickkontakt herstellen, zuhören, ausreden lassen, aufeinander eingehen, beim Thema bleiben – höflich miteinander umgehen
	Das Lernen lernen: Hausaufgaben 20 Hausaufgaben – ein Problem? 21 Alles zu seiner Zeit 22 Was du heute kannst besorgen ... 23 Wichtig: Ein ruhiger Arbeitsplatz 24 Start-Probleme?		**5.1 Miteinander sprechen** – die eigene Meinung darlegen und begründen – Gedanken aufnehmen und weiterentwickeln

Zeitraum	Mit eigenen Worten 5	Copy	Lehrplan
	Eigene Anliegen formulieren 54　Eine Bitte vorbringen 55　Sich beschweren		**5.1 Verständlich und sinntragend sprechen** – eigene Gedanken deutlich artikulieren – die unterschiedliche Verwendung von Standardsprache und Dialekt erproben
	Gedichtwerkstatt 96　Ein Gedicht erkennen 97–98　Macht euch einen Reim drauf 99　Selbst ein Gedicht reimen 100　Elf Wörter – ein Gedicht 101–102　Ein Gedicht sprechen und spielen	Copy 20 Copy 21 Copy 22	**5.4 Mit unterschiedlichen Textsorten umgehen** – sich mit Beispielen literarischer Kurzformen beschäftigen: Gedicht **5.1 Verständlich und sinntragend sprechen** – Gedichte wirkungsvoll vortragen **5.2 Texte verfassen** – kreativ mit Sprache umgehen
	Andere informieren 77–78　Wege beschreiben	Copy 15	**Texte verfassen** – über Sachverhalte (…) informieren, z. B. den Schulweg
Schulaufgabe: Persönlicher Brief	**Einen persönlichen Brief schreiben** 83　Brieffreundschaft gesucht 84–85　Auf eine Anzeige antworten 86　Schreibanlässe: Geburtstagseinladung	Copy 19	**5.2 Texte verfassen** – persönliche Briefe verfassen
	Großschreibung bei Höflichkeitsanrede 199　Grüßen Sie Ihre Tochter		**5.2 Rechtschreibung verbessern** – Schreibung der Höflichkeitsanrede
	Bekannte Wortarten wiederholen 118　Wortarten unterscheiden sich **Nomen und Artikel** 119–120　Wenn wir keine Nomen hätten 121　Artikel 122　Nomen haben ein Geschlecht 123　Singular (Einzahl) und Plural (Mehrzahl) 124–125　Die vier Fälle		**5.3 Die einzelnen Wortarten richtig verwenden** – Kennzeichen, Funktionen und syntaktische Wirkung der wichtigsten Wortarten erarbeiten – die Flexionsformen von Nomen, Artikel, Adjektiv, Personal-, Demonstrativ- und Relativpronomen richtig anwenden
	Großschreibung von Nomen 195–196　Achte auf den Artikel (den Begleiter) 197–198　Oft hilft die Artikelprobe	Copy 27 Copy 28	**5.2 Die Rechtschreibung verbessern** – Grundregeln der Rechtschreibung wiederholen

Zeitraum	Mit eigenen Worten 5	Copy	Lehrplan
Weihnachtsferien bis Fasching (ca. 39 Stunden)	**Gemeinsam Konflikte lösen** 15 Wie kommt es zu „Hau-drauf-Situationen"? 16–19 Wie können wir gemeinsam „Hau-drauf-Situationen" verhindern?		**5.1 Miteinander sprechen** – Möglichkeiten erproben, Konflikte sprachlich auszutragen: Schimpfwörter und unsachliche Kritik vermeiden, die eigene Meinung angemessen äußern – im Spiel Rollen übernehmen, z. B. Gesprächsverläufe darstellen und reflektieren **5.2 Texte verfassen** – kreativ mit Sprache umgehen
	Projekt: Klassenbücherei 25 Klassenbücherei: Reizt euch das? 26 Woran müsst ihr denken? 27 Wie ordnet ihr die Bücher? 28 Bücher vorstellen 29 Wie leiht man sich Bücher aus?		**5.4 Freude am Lesen literarischer Texte verstärken** – altersgemäße und literarische Texte, möglichst auch zum pädagogischen Leitthema, lesen und sich mit ihnen auseinandersetzen – Bücher von verschiedenen Kinder- und Jugendbuchautoren kennenlernen
	Text wirkungsvoll vorlesen 50 Pausen helfen zu verstehen 51 Das Wichtige betonen 52 Mit der Stimme gestalten 53 Mimik und Gestik einsetzen	Copy 7 Copy 8 Copy 9	**5.4 Lesetechniken verbessern und sinnverstehendes Lesen üben** – Lesetechniken üben – Merkmale eines guten Textvortrages wiederholen und an Beispielen Unterschiede feststellen **5.1 Verständlich und sinntragend sprechen** – vorbereitete Texte vorlesen – den Einsatz sprachlicher Gestaltungsmittel, z. B. Betonung, Sprechtempo und außersprachliche Gestaltungsmittel, z. B. Mimik, Gestik erproben
	Märchen 103 Erzähl mir noch mehr Märchen 104–105 Aufbau eines Märchens 106–108 Märchenhafte Sprüche und Zahlen 109 Märchenwerkstatt	Copy 23 Copy 24	**5.4 Mit unterschiedlichen Textsorten umgehen** – sich mit Beispielen literarischer Kurzformen beschäftigen: Märchen **5.2 Texte verfassen** – kreativ mit Sprache umgehen
	Lernzirkel *Märchen* (Lehrer- und Materialband)	Copy 72 a–g	

Zeitraum	Mit eigenen Worten 5	Copy	Lehrplan
	Satzarten 152–153 Pausenhof-Gespräche 154 Eine Frage ist nicht nur eine Frage **Pronomen** 126–127 Personalpronomen 128 Possessivpronomen 129 Demonstrativpronomen	Copy 29 Copy 30	**5.3 Die einzelnen Wortarten richtig verwenden** – Kennzeichen, Funktionen und syntaktische Wirkung der wichtigsten Wortarten erarbeiten – die Flexionsformen von Nomen, Artikel, Adjektiv, Personal-, Demonstrativ- und Relativpronomen richtig anwenden
	Kurz oder lang gesprochener Vokal? 172 Wie wird der Vokal gesprochen? **Schreibung nach kurz gesprochenem Vokal** 173–174 Immer aufpassen **Schreibung nach lang gesprochenem Vokal** 175–177 Meine Sohle ist schwarz wie Kohle 178–179 Wenn Fliegen hinter Fliegen fliegen, … 180 Eine Fee auf dem See trank Tee	Copy 49 Copy 50 Copy 51 Copy 52	**5.2 Die Rechtschreibung verbessern** – Grundregeln der Rechtschreibung: langer oder kurzer Vokal
Fasching bis Osterferien (ca. 33 Stunden)	**Geschichten erfinden** 66 Was geschah auf dem Cap Ferro? 67 Aller Anfang ist schwer 68–69 Erzählideen	Copy 11	**5.2 Texte verfassen** – Geschichten erfinden
Schulaufgabe: Fantasieerzählung oder Erzählen nach Sprichwörtern oder Nacherzählung	**Sprichwörter** 166–167 Sprichwörtlich		**5.3 Vielfalt und Wandel der Sprache kennenlernen und nutzen** – die Bedeutung und Herkunft bekannter Sprichwörter kennenlernen

Zeitraum	Mit eigenen Worten 5	Copy	Lehrplan
	Schwank 110–113 Von Schelmen und pfiffigen Leuten		**5.4 Mit unterschiedlichen Textsorten umgehen** – sich mit Beispielen literarischer Kurzformen beschäftigen: Schwank **5.2 Texte verfassen** – kreativ mit Texten umgehen
	Mündlich nacherzählen 59 Mit eigenen Worten erzählen		**5.1 Anderen etwas mitteilen** – nacherzählen
	Schriftlich nacherzählen 60–61 Gut zuhören, dann erzählen		**5.2 Texte verfassen** – epische Texte nacherzählen
	Adjektive 138–139 Wozu brauchen wir Adjektive? 140 Adjektive lassen sich steigern	Copy 35 Copy 36	**5.3 Die einzelnen Wortarten verwenden** – Adjektive
	Wortbildung 158–159 Zusammensetzungen 160–161 Ein Stamm hat viele Ableitungen	Copy 46	**5.3 Vielfalt und Wandel der Sprache** – Wortschatzerweiterung durch Wortbildung
	Schreibung von s-Lauten 181 Achte auf den vorausgehenden Vokal 182–183 Von Küssen und Nüssen 184–185 Ein Spaß ohne Maß 186 Meistens bist du fies	Copy 53 Copy 54	**5.2 Die Rechtschreibleistung verbessern** – Grundregeln der Rechtschreibung: s-Laute
	Das oder dass? 187 Das (dies) ist kein Geheimnis 188 Ich glaube, dass ich das verstehe 130 Relativpronomen	Copy 55 Copy 56	**5.3 Die Rechtschreibung verbessern** – das / dass
	Worttrennung 194 Auf die Silben achten		**5.2 Die Rechtschreibung verbessern** – Silbentrennung

Zeitraum	Mit eigenen Worten 5	Copy	Lehrplan
Osterferien bis Pfingstferien (ca. 35 Stunden)	**Informationen suchen** 33–34 Im Lexikon nachschlagen 35–36 Das Lexikon auf CD-ROM	Copy 1	**5.4 Mit unterschiedlichen Textsorten umgehen** – zu einem Thema / Problem / Interessensgebiet gezielt Sachtexte suchen und auswerten
	Eine Bücherei nutzen 37 Bücher und Signaturen 38 Eine Signatur finden 39 Ein Buch mit dem Computer ermitteln		**5.4 Mit unterschiedlichen Textsorten umgehen** – eine Bücherei besuchen und erkunden – Bücher und Medien zu individuellen Interessen oder zu Unterrichtsthemen suchen
	Informationen aus Texten entnehmen 40–41 Gezielt Informationen suchen	Copy 2	**5.4 Texte erschließen** – Methoden der Texterschließung an Sachtexten und literarischen Texten wiederholen und üben: sorgfältig lesen, unverstandene Begriffe bzw. Textstellen klären, Schlüsselstellen markieren und herausschreiben
	Informationen zusammenfassen 42–43 Was ist wichtig?	Copy 3	
	Sachtexte beschreiben 79 Texte untersuchen 80 Merkmal: Kernaussage 81 Merkmal: äußere Form	Copy 18	**5.2 Texte verfassen** – ausgewählte Merkmale von Sachtexten und literarischen Texten beschreiben
	Literarische Texte beschreiben 82 Merkmale von literarischen Texten	Copy 16 Copy 17	**5.4 Texte erschließen** – Inhalt und bestimmte Merkmale von Texten erschließen: den Inhalt zusammenfassend wiedergeben, wichtige Textaussagen erläutern, die Textsorte an typischen Merkmalen erkennen – die eigene Meinung zu Texten äußern
	Satzreihe 155 Hauptsatz und Hauptsatz **Satzgefüge** 156–157 Hauptsatz und Nebensatz	Copy 45	**5.3 Sätze und Satzstrukturen untersuchen und bilden** – Satzarten untersuchen, bestimmen und situationsgerecht richtig anwenden: Hauptsatz, Nebensatz, Satzreihe, Satzgefüge
	Kommas setzen Zeichen 200–201 Das Komma bei Aufzählungen 202 Das Komma zwischen Hauptsätzen 203 Das Komma zwischen Haupt- und Nebensatz 204 Immer diese Kommas	Copy 61 Copy 62	**5.2 Rechtschreibung verbessern** – Komma bei Aufzählungen und einfachen Satzgefügen

Zeitraum	Mit eigenen Worten 5	Copy	Lehrplan
	Satzglieder 141 Was sind Satzglieder? 142 Satzglieder umstellen	Copy 37	**5.3 Sätze und Satzstrukturen untersuchen und bilden** – Temporal- und Lokaladverbiale, Prädikat, Objekte, Subjekt **5.3 Die einzelnen Wortarten richtig verwenden** – erkennen, dass das Verb Einfluss auf weitere Satzelemente hat
	Prädikat 143–144 Was tut jemand? Was geschieht?	Copy 38 Copy 39	
	Subjekt 145–146 Wer tut was?	Copy 40 Copy 41	
	Objekte 147–149 Wem? Wen oder was? 137 Viele Verben suchen Anschluss	Copy 42 Copy 43	
	Adverbialien 150–151 Wann und wo?	Copy 44	**5.3 Sätze und Satzstrukturen untersuchen und bilden** – Temporal- und Lokaladverbiale, Prädikat, Objekte, Subjekt
	Übungszirkel *Großschreibung von Nomen* (Lehrer- und Materialband)	Copy 79 a–f	**5.1 Die Rechtschreibung verbessern** – Grundregeln der Rechtschreibung wiederholen
Schulaufgabe: Grammatik / Rechtschreiben	**Übungen für die Schulaufgabe Grammatik / Rechtschreiben** (Lehrer- und Materialband)	Copy 93 Copy 94 Copy 95	
Pfingstferien bis Sommerferien (ca. 32 Stunden)	**Andere informieren** 74 Über ein Schulergebnis berichten 75 Material sammeln und ordnen 76 Einen Artikel schreiben	Copy 14	**5.1 Anderen etwas mitteilen** – Informationen an andere weitergeben, z. B. über Schulort, Haus- und Schulordnung, wichtige Kontaktpersonen, Aufgaben und Aktionen der SMW **5.2 Texte verfassen** – über Sachverhalte genau und folgerichtig informieren, z. B. über Schulveranstaltungen, den Schulbus, den Schulweg und den Heimatort

Zeitraum	Mit eigenen Worten 5	Copy	Lehrplan
	Meinungen äußern und begründen 56–57 Mit dem Mountainbike zur Schule?		**5.1 Miteinander sprechen** – eigene Anliegen in Ton und Wortwahl angemessen artikulieren – die eigene Meinung darlegen und begründen **5.1 Aktiv zuhören** – Gedanken aufnehmen und weiterentwickeln
	Fernsehen unter der Lupe 114 Welche Sendungen seht ihr euch an? 115 Sendungen auswählen 116 Wann ist eine Sendung gut? 117 Unser Oskar geht an …		**5.4 Über den eigenen Medienkonsum nachdenken** – über eigene Fernsehgewohnheiten sprechen – persönliche Kriterien für die Auswahl von Fernsehsendungen diskutieren – Sendungen gezielt auswählen und auf elementarer Basis auswerten
	Kreativ mit Sprache umgehen 87–88 Mit der Sprache spielen 89 Gedichte umschreiben 90–91 Schreibwerkstatt: freies Schreiben 92 Schreiben nach Musik		**5.2 Texte verfassen** – kreativ mit Sprache umgehen – kreativ mit Texten umgehen
	Klassenzeitung am Computer erstellen 93–95 Wie macht man eine Klassenzeitung?		**5.2 Texte verfassen** – Texte am PC produzieren
	Rechtschreibprüfung am Computer 49 Schreibst du deine Texte schon am Computer?		**5.2 Texte überarbeiten** – mithilfe des Computers einfache Rechtschreibprüfungen vornehmen
	Fremdwörter 168–169 Computer-Chinesisch		**5.3 Vielfalt und Wandel der Sprache kennenlernen und nutzen** – die Bedeutung gebräuchlicher Fremdwörter aus dem Englischen erarbeiten
	Übe nach deinem Trainingsplan (Lehrer- und Materialband) Schreibung nach kurz gesprochenem Vokal Schreibung nach lang gesprochenem Vokal Schreibung von s-Lauten Großschreibung von Nomen	Copy 82 Copy 83 Copy 84 Copy 85	**5.2 Die Rechtschreibung verbessern** – Grundregeln der Rechtschreibung wiederholen

Kreatives Schreiben – freies Schreiben

Lehrplanbezug, Begriffsklärungen, Schwerpunktsetzung

Der neue Realschullehrplan greift an mehreren Stellen den Umgang mit kreativen Schreibformen auf. So heißt es unter *5.2 Texte verfassen*:
„– kreativ mit Sprache umgehen, z. B. freie Texte in Schreibwerkstätten formulieren,
– kreativ mit Texten umgehen, z. B. Texte weiterschreiben oder verändern; Tagebucheinträge verfassen" (LP, S. 123).
Darüber hinaus wird unter *5.4 Freude am Lesen literarischer Texte verstärken* betont:
„– kreativ mit literarischen Texten umgehen, z. B. Textstellen mit musikalischen oder gestalterischen Elementen ergänzen, Textabschnitte in Spielszenen umsetzen, Textsorten verwandeln" (LP, S. 124).

Häufig wird der Begriff des kreativen Schreibens mit freiem Schreiben gleichgesetzt. Das freie Schreiben ist eine Komponente des reformpädagogischen Konzepts der heute auch im Rahmen der Freiarbeit immer mehr an Bedeutung gewinnenden Freinet-Pädagogik. Freinet definiert „freie Schülertexte" als Basis einer lebendigen Pädagogik. Nach Freinet muss ein „freier Text" wirklich frei sein, d. h., das Kind schreibt ihn, wenn es das Bedürfnis hat, durch Schreiben oder Malen auszudrücken, was in ihm vorgeht.

Der „idealtypische freie Text" Freinets ist in der Regelschule so natürlich kaum zu verwirklichen. Für unsere Schule bedeutet Arbeit mit „freien" Texten eine weitgehend freie Themenwahl, die sehr subjektive und personale Schreibformen ermöglicht. „Selbstausdruck" des Schülers spielt eine wichtige Rolle. Der Schüler kann durch das Schreiben ein Konzept der Selbsterfahrung kennenlernen. So spricht auch der Lehrplan subjektive Wahrnehmungen und Sinneseindrücke (Schreiben zu Musik, zu Gerüchen) an. Für die Schule ist „frei" darüber hinaus auch so zu interpretieren, dass Zwänge, die von einem „traditionellen" Aufsatzunterricht ausgehen, abgeschafft oder zumindest gemildert werden.
„Mit Texten kreativ umgehen" setzt andere Schwerpunkte. Hier stehen kreativ gestaltete Inszenierungen von Schreibsituationen im Vordergrund. Dabei sind neue Schreibformen, neue Ideen, produktive Verfahren des Umgangs mit Literatur gefragt. Natürlich hat auch hier der Schüler die Möglichkeit, subjektive Gedankengänge in hohem Maße einfließen zu lassen. Die kreativen Schreibformen, die der neue Realschullehrplan anbietet, bedeuten für den Deutschunterricht und den Schüler eine Bereicherung.

Warum sollte man das kreative Schreiben in der Schule pflegen?

Folgende Gründe lassen sich nennen:
– Vorrangige Ziele des kreativen Schreibens sind, Fantasie und Kreativität zu fördern sowie Lust am Schreiben zu vermitteln.
– Durch stetige Leistungserwartungen, Druck durch Zensuren, Zwang zu wiederholten Reinschriften, Vorgabe eines Themas, zu dem alle Kinder gleichzeitig schreiben, durch Zwang, eigene Ideen in bestimmte Aufsatz- und Schreibnormen zu pressen, verlieren Kinder den unbefangenen, spielerischen Umgang mit dem geschriebenen Wort. Ihre Kreativität bildet sich zurück. Die Freude, sich schriftlich auszudrücken, verschwindet. Selbst der gelungenste Text wird in der Regel ja auch nur vom Lehrer gelesen und beachtet. Wen wundert eine Schreibunlust der Kinder?
– Durch kreatives Schreiben kann Schreibfreude zur Entfaltung gebracht werden. Auch für schreibunlustige und unsichere Kinder aller Sprachniveaus hat kreatives Schreiben eine hohe Motivationskraft. Auch „schwache" Schüler können Erfolge verzeichnen und Schreibblockaden werden abgebaut.
– Kreatives Schreiben bietet Ausdrucksmöglichkeiten auch für Kinder, für die Deutsch die Zweitsprache ist.
– Das kreative Schreiben bietet eine sinnvolle und ausgleichende Ergänzung zum traditionellen Aufsatzunterricht.
– Freude am Spiel mit der Sprache und der eigenen Fantasie und Kreativität stehen bei diesem kommunikativen Aspekt der Aufsatzerziehung im Vordergrund.
– Es ist wichtig, den Kindern zu vermitteln, dass Schreiben nicht nur mühsam und aufwändig ist, sondern Freude machen kann, und dass es beim Schreiben zensurenfreie Räume gibt.
– Schreibtechnische Aspekte, formale und orthographische Kriterien stehen nicht im Zentrum dieser schriftsprachlichen Produktionen.
– Die Kinder erhalten die Möglichkeit, ihre Schreibthemen selbst mitzubestimmen. Die Kinder dürfen schreiben, was sie bewegt.
– Die Schüler erkennen die „Ventilfunktion" des Schreibens. Sie können sich „frei" schreiben, sich etwas von der Seele schreiben (vgl. Einheit *Gemeinsam Konflikte lösen* in *Mit eigenen Worten 5*, S. 19).
– Die Imaginationskraft wird ganz besonders angesprochen und aktiviert.
– Eine Vielzahl der unterschiedlichsten Textarten wird produziert und gelesen. Die Ausdrucksfähigkeit der Schüler wird somit positiv beeinflusst.

Sollte kreatives Schreiben benotet werden?

Dieser Punkt wird in der Fachdidaktik unterschiedlich diskutiert. Folgende Argumente sprechen dafür, den Bereich des kreativen Schreibens prinzipiell von Noten frei zu halten:
– Noten beeinträchtigen die Freude am Schreiben, behindern die Kreativität.
– Viele Texte sind sehr persönlich und subjektiv und verbieten so eine Zensierung.

Aber es gibt auch Gründe, die für eine Benotung sprechen:
– Es besteht die Befürchtung, dass der Bereich des kreativen Schreibens ohne Noten von einigen Schülerinnen und Schülern nicht ernst genommen wird.
– Gerade Schülerinnen und Schüler, die im herkömmlichen Aufsatzunterricht sehr schwach sind, gelingen oft verblüffend gute Schreibprodukte. Warum sollten sie ihre Deutschnote nicht verbessern können?

Wenn es um eine Benotung des kreativen Schreibens geht, ist viel Feingefühl gefragt. Letztendlich hat jeder Lehrer seinen pädagogischen Freiraum und kann flexibel entscheiden, wie er ihn nutzt.

Grundsätzlich sollten bei der Benotung von Texten kreativen Schreibens folgende Gesichtspunkte berücksichtigt werden:
- Wenn benotet wird, dann sehr behutsam.
- Durch Noten darf kein Druck ausgeübt werden.
- Die Kriterien der Benotung sollten mit den Schülerinnen und Schülern abgesprochen werden.
- Es dürfen nur Texte bewertet werden, die das Kind dazu hergegeben hat.
- Bestimmte Texte entziehen sich einer Benotung (Spiele, Partner-, Gruppenarbeiten, sehr persönliche Texte …).

Viele Lehrerinnen und Lehrer sammeln alle Produkte, die ein Kind während eines Halbjahres im Bereich des kreativen Schreibens produziert hat. Sie geben darauf eine Gesamtnote, die in die Deutschnote Eingang findet. Selbstverständlich dürfen auch einzelne, besonders gelungene Texte benotet werden.

Tipps

- Motivierende Schreibanlässe und -ideen sind die wichtigsten Voraussetzungen für kreatives Schreiben.
- Die entstandenen Texte sollten auf jeden Fall gebührende Beachtung finden, z. B.:
  - durch feste Vorlesezeiten in der Klasse,
  - durch Autorenlesungen für Parallelklassen und Eltern,
  - durch die Herausgabe eines Klassenbuches,
  - durch das Ausstellen der Texte in der Klasse.
- Wichtig ist eine druckfreie, angenehme und entspannte Atmosphäre in der Klasse.
- Aufgabe des Lehrers ist es, den Schülerinnen und Schülern Mut zu machen und sie auf Wunsch zu beraten.
- Rechtschreibfehler sollten verbessert, aber nicht zensiert werden. Gerade die Möglichkeit der Veröffentlichung ist ein Ansporn, richtig zu schreiben.
- Besonders motivierend für die Klasse ist es, wenn die Lehrerin oder der Lehrer selbst mitschreibt.
- Die im Sprachbuch aufgeführten Schreib- und Erzählspiele und Anregungen (vgl. z. B. *Mit eigenen Worten 5*, S. 87–92) sind in beliebiger Reihenfolge einsetzbar. Sie sind jedoch teilweise vom Leichten zum Schwierigeren aufgebaut, was bei einer schreibunerfahrenen oder zunächst noch nicht so begeisterten Klasse berücksichtigt werden sollte.
- Grundsätzlich gilt:
  Mit spielerischen, kurzen und einfachen Schreiberfahrungen beginnen, die nicht zensiert werden!

Freies Arbeiten

Begründung freier Unterrichtsformen

Freies Arbeiten oder auch Freiarbeit sind Sammelbegriffe für einen geöffneten Unterricht, der den Schülerinnen und Schülern mehr Freiraum für selbstständiges Lernen gewährt. Freie Arbeitsformen stellen die einzelne Schülerin, den einzelnen Schüler als eigenständige Persönlichkeit in den Mittelpunkt des unterrichtlichen Bemühens. Dies kann und sollte in einzelnen Unterrichtsphasen so weit gehen, dass die Schülerinnen und Schüler Unterricht mitplanen, dass sie entscheiden, was sie wann, wie, wie schnell und mit wem zusammen erarbeiten. Dazu gehört auch, dass sie sich für das Ergebnis ihrer Arbeit verantwortlich zeigen, sich selbst kontrollieren und entstandene Produkte unter Umständen auch einer „Öffentlichkeit" zugänglich machen. Dies bedeutet, dass den Schülerinnen und Schülern ein gewisser Vertrauensvorschuss eingeräumt werden muss, ein Vertrauen, das nach einer Eingewöhnungsphase nur selten enttäuscht wird.

Neben dieser Begründung aus anthropologischer Sicht, die die Selbstbildungsfähigkeit des Kindes und das Recht auf Selbstbestimmung betont, gibt es auch gesellschaftliche Gründe, die für eine Einführung freier Arbeitsformen im Unterricht sprechen. Betriebe, Industrie- und Handelskammern und Ausbildungsrichtlinien richten sich immer stärker an den so genannten **Schlüsselqualifikationen** aus. Zu ihnen gehören zum Beispiel:
- der **Einsatz von Lern- und Arbeitstechniken**,
- die **Fähigkeit zu Kommunikation und Kooperation**,
- **Problemlösungs- und Entscheidungskompetenz**,
- **Flexibilität und Kreativität**,
- die **Fähigkeiten, eine Arbeitsaufgabe zu planen und durchzuführen**,
- **selbstständiges Arbeiten und Übernahme von Verantwortung**.

Formen des freien Arbeitens

Freies Arbeiten steht für einen Unterricht, in dem den Schülerinnen und Schülern Wahl- und damit Entscheidungsmöglichkeiten eröffnet werden. Diese Entscheidungen können sich beziehen auf:
- die Inhalte (z. B. Auswahl von Themen nach Interessenschwerpunkten),
- die Sozialform (z. B. Einzel-, Partner-, Gruppenarbeit),
- die Auswahl von Aufgaben (Anforderungsniveau),
- den Zeitpunkt und die Zeitdauer für eine bestimmte Lerntätigkeit,
- die Auswahl von Lernwegen und Arbeitsmitteln,
- den Arbeitsplatz …

Welche unterschiedlichen Entscheidungsräume freie Arbeitsformen im Unterricht ermöglichen, wird aus der Übersicht auf Seite 23 deutlich. Dort werden die Merkmale des „klassischen" lehrerzentrierten Unterrichts den Merkmalen der materialgeleiteten Freiarbeit, des Lern- und Übungszirkels, des Wochenplanunterrichts und des Projektunterrichts gegenübergestellt.

Übersicht: Lehrerzentrierter Unterricht – Formen des freien Arbeitens

Lehrerzentrierter Unterricht	Materialgeleitete Freiarbeit	Lern- und Übungszirkel	Wochenplanunterricht	Projektunterricht

– Lehrerin/Lehrer plant
  – Ziele,
  – Inhalte,
  – Methoden,
  – Medien.
 	
– Sie/Er organisiert und steuert die unterrichtliche Durchführung.
 	
– Sie/Er ermöglicht
  – Einzelarbeit,
  – Partnerarbeit,
  – Gruppenarbeit,
  – Stillarbeit,
  – Differenzierung.
 	
– Schülerinnen/Schüler arbeiten wie angeordnet.
 	
– Lehrerin/Lehrer kontrolliert die Arbeit (Vollständigkeit, Richtigkeit).
	– Lehrerin/Lehrer bietet Lernmaterialien aus einem oder aus mehreren Fächern an (Lernkarteien, Selbstbildungsmaterialien von Verlagen, selbst erstellte Unterlagen, Spiele …).
	
	– Lehrerin/Lehrer stellt Zeitrahmen (z. B. 2 oder mehr Stunden pro Woche) zur Verfügung.
	
	– Schülerinnen/Schüler wählen aus und bearbeiten das Material (in Einzel-, Partner- oder Gruppenarbeit) je nach Anforderungen (z. B. Lernspiel, eine Aufgabe lösen, etwas herstellen …).
	
	– Schülerinnen/Schüler kontrollieren sich selbst, d. h. ihre Arbeitsweisen und ihre Ergebnisse.
	
	– Lehrerin/Lehrer beobachtet und hilft, wenn nötig.
		– Lehrerin/Lehrer bietet den Unterrichtsstoff zum selbstständigen Erarbeiten (Lernzirkel) oder zum Üben (Übungszirkel) an; dieser liegt – in kleine Lernschritte aufbereitet – an Lernstationen aus; Differenzierung durch Pflicht- und Wahlpensum möglich.
		
		– Lehrerin/Lehrer stellt den benötigten Zeitrahmen zur Verfügung (je nach Umfang der Aufgaben).
		
		– Schülerinnen/Schüler bearbeiten die einzelnen Stationen (Reihenfolge in der Regel beliebig); Einzel-, Partner- oder Gruppenarbeit möglich.
		
		– Selbstkontrolle erfolgt an den Stationen oder an einer Lösungsstation.
		
		– Lehrerin/Lehrer beobachtet und hilft, wenn nötig.
			– Lehrerin/Lehrer stellt Pflicht- und Wahlaufgaben aus einem oder aus mehreren Fächern (verschiedene Unterrichtsmittel, Buch, Arbeitsblätter) zusammen.
			
			– Lehrerin/Lehrer bietet einen Zeitraum von zwei oder mehreren Stunden pro Woche an, in denen die Schüler die Aufgaben lösen.
			
			– Schülerinnen/Schüler bestimmen, wann sie in dieser Zeit was, wie, wie schnell lösen.
			
			– Einzel-, Partner-, Gruppenarbeiten sind möglich.
			
			– Lehrerin/Lehrer beobachtet und hilft, wenn nötig.
			
			– Lehrerin/Lehrer kontrolliert die Arbeiten (Vollständigkeit, Richtigkeit).
				– Schülerinnen/Schüler und Lehrerin/Lehrer wählen ein Thema „aus dem Leben", zu einem konkreten Anlass, aus dem Lehrplan …
				
				– Sie planen das Projektziel (meist ein Produkt), den Arbeitsverlauf und die benötigten Materialien gemeinsam; es gibt dabei keine Fächergrenzen.
				
				– Sie besorgen das Material und führen die zum Erreichen des Zieles erforderlichen Tätigkeiten arbeitsteilig, in verschiedenen Sozialformen und handlungsorientiert durch.
				
				– Ständige gemeinsame Besprechungen korrigieren die Arbeit, evtl. das Ziel.
				
				– Das Ergebnis/das Produkt wird am Schluss vorgestellt (der Klasse, der Schule, der Öffentlichkeit).

Die Rolle der Lehrerin/des Lehrers

Die Rolle der Schülerin/des Schülers lässt sich aus der Beschreibung der freien Arbeitsformen leicht ablesen. Die Rolle der Lehrerin/des Lehrers muss in dieser Unterrichtsform aber neu definiert, neu beschrieben und auch so akzeptiert werden. Ein Ziel neben den bereits genannten ist ja, dass auch für die Lehrerin/den Lehrer neue Freiräume entstehen, Aufgaben in anderer Weise sachlich bewältigt werden können und veränderte zwischenmenschliche Bezüge in den Unterrichtsalltag einkehren.

Freie Arbeit bedeutet für die Lehrerin/den Lehrer eine Verlagerung des Arbeitsaufwandes in die Vorbereitung: Materialien müssen zur Verfügung gestellt, d. h. gesichtet, geordnet, häufig erst erstellt werden. Die Planung umfasst nun auch Tages- und Wochenpläne, sie macht die Kenntnis vom jeweiligen Lernstand der Klasse und der einzelnen Schülerinnen und Schüler notwendiger denn je. Schülerarbeiten, die während der freien Arbeitsphasen entstehen, müssen, schon um die Kinder ernst zu nehmen, beachtet, beurteilt (nicht nur benotet!) und besprochen werden. Dies alles gestaltet sich recht zeitintensiv, besonders am Anfang. Dafür wird die Lehrerin/der Lehrer aber frei vom Unterrichten herkömmlicher Art. Das Beobachten einzelner Schülerinnen und Schüler, das Beraten, das Helfen, wo immer individuell eingefordert, rücken in den Mittelpunkt, während die Kinder selbstständiger arbeiten.

Die gänzlich entscheidende Änderung liegt jedoch in der Tatsache, dass die Lehrerin/der Lehrer nicht allein den Unterricht bestimmt. Die Art der Wissensvermittlung, ihr Zeitpunkt, ihre Zeitdauer, ihre Erfolgskontrolle und vieles mehr, die bisher ausschließlich in der Hand der Lehrerin/des Lehrers lagen, gehen nun mehr und mehr in die Hand der Kinder über. Die Lehrerin/der Lehrer „ist nicht mehr die alleinige Unterrichtsautorität. Sie/Er muss sich zurücknehmen, damit die Kinder sich in diesem Freiraum entfalten können." (Ulrike Jürgens: Differenzierung durch freie Arbeit. In: GRUNDSCHULE. Westermann Schulbuchverlag, Braunschweig, Heft 2/1993, S. 16). Sie/Er muss sich mit der Erkenntnis abfinden, dass die Kinder ohne sie/ihn arbeiten, sie/ihn in dieser Phase gar nicht brauchen; für die gängigen Arbeiten, wohlgemerkt. Als beratender Partner dagegen gerät die Lehrerin/der Lehrer in eine emotional befriedigendere, konfliktfreiere Rolle.

Dieses neue Rollenverständnis wirft auch die Frage auf, wie viel Freizügigkeit sein darf und wie viel Lenkung durch die Lehrerin/den Lehrer gefordert ist. Kinder entwickeln sich und ihre geistigen und körperlichen Fähigkeiten und Fertigkeiten immer auch in einer Antwort auf die Anreize, die ihnen ihre Umwelt gibt. Völlige Freizügigkeit, der Verzicht auf Anregungen durch die Lehrerin/den Lehrer, birgt somit die Gefahr, dass nicht alle der in einem Kind schlummernden Möglichkeiten geweckt werden, da es vielleicht die entscheidenden Stimuli, etwas zu tun, gar nicht bekommt oder für sich nicht als wichtig erkennt. Dies gilt auch im Hinblick auf bestimmte Kulturtechniken, Kenntnisse, Fähigkeiten und Fertigkeiten, die in unserem Kulturkreis zur Lebensbewältigung erwartet werden.

So bleibt es unerlässlich, dass die Lehrerin/der Lehrer die Schülerinnen und Schüler individuell beobachtet, ihren Lernstand überprüft und die (über)lebensnotwendigen, aber auch die vom Lehrplan geforderten Ziele unterrichtlich anstrebt.

Formen des freien Arbeitens stellen eine enorm wichtige Ergänzung des unterrichtlichen Repertoires dar und werden sicherlich in Zukunft im Schulalltag erheblich an Bedeutung gewinnen. Die Forderung des bayerischen Realschullehrplans nach einem „Unterrichtsstil, der die Zusammenarbeit der Schüler untereinander und ihre Selbstständigkeit und Kreativität fördert" (LP, S. 18), kann hiermit ebenso erfüllt werden wie der Wunsch nach „unterrichtlichen Freiräumen, in denen selbstbestimmtes Lernen erfolgen kann". (LP, S. 18)

Erwartungen an das Schülerverhalten

Die Angst vor „Chaos" ist bei freien Arbeitsformen unbegründet. Kinder, denen Vertrauen entgegengebracht und Verantwortung übertragen wird, reagieren darauf mit entsprechender Zuverlässigkeit. Dennoch ist es nötig, zuerst einmal das Umfeld, innerhalb dessen sich der Unterricht abspielt, abzustecken. Die Kinder müssen wissen, was von ihnen erwartet wird. Dies richtet sich einerseits an das Verhalten, das mehr als sonst eigenverantwortlich gesteuert werden muss: Nicht die Lehrerin/der Lehrer reglementiert, sondern die Einsicht in gemeinsam bedachte Gesichtspunkte des Zusammenlebens in der Klasse, eines Zusammenlebens, das in hohem Maße dem Lernen für sich und mit anderen dient. Andererseits müssen die Kinder aber auch wissen, welches Arbeitspensum sie in welchem Zeitraum, evtl. auf welchen Wegen und mit welchen Mitteln erledigen sollen. Hier hat es sich als nützlich erwiesen, mit den Schülerinnen/Schülern gemeinsam Regeln zu erarbeiten, die den für den Arbeitsablauf dringend benötigten Rahmen schaffen, also Verhalten und Arbeitsweisen ansprechen. Dies könnte z. B. folgendermaßen aussehen:

Wie wir uns verhalten
- Wir nehmen aufeinander Rücksicht, denn jeder soll konzentriert arbeiten können.
- Deshalb halten wir an unserem Tisch Ruhe.
- Bei Partner- oder Gruppenarbeit sprechen wir so leise, dass andere nicht gestört werden.
- Wir halten an unserem Tisch Ordnung.
- Arbeitsmittel behandeln wir ordentlich, wir beschädigen oder beschreiben sie nicht.
- Wir stellen Arbeitsmittel nach der Arbeit wieder an ihren Platz zurück.
- Wir helfen, wenn jemand Hilfe braucht.
- Bei Arbeiten außerhalb des Klassenzimmers verhalten wir uns diszipliniert.

Wie wir arbeiten
- Ich wähle mir in Ruhe eine Aufgabe oder Übung aus.
- Ich versuche zuerst, die Aufgabenstellung ganz zu verstehen.
- Ich besorge das für die Arbeit nötige Material.
- Wenn ich eine Frage habe, wende ich mich zuerst an Mitschüler, dann an den Lehrer.
- Ich löse meine Aufgaben vollständig und in einer sauberen Form.
- Ich kontrolliere und verbessere mich selbst.
- Pflichtaufgaben (z. B. aus dem Wochenplan) lege ich dem Lehrer unaufgefordert vor.
- Arbeitsmittel räume ich wieder ordentlich auf.

Es empfiehlt sich, solche Verhaltensregeln mit den Schülerinnen und Schülern zu erarbeiten und im Sinne eines gemeinsamen Beschlusses in Form einer Wandzeitung für alle sichtbar auszuhängen.

In ähnlicher Weise liegt speziell für die Arbeit mit dem Übungszirkel eine Kopiervorlage (Copy 69) vor, in der das für diese Form der Freiarbeit notwendige Schülerverhalten beschrieben wird.

Neue Unterrichtsformen – neues Unterrichtsmaterial

Viele Lehrkräfte erstellen im Hinblick auf die freien Unterrichtsphasen mit Geduld, Hingabe und Geschick eine Fülle von Materialien. In vielen Schulamtsbezirken haben sich Arbeitskreise gebildet, die solche Arbeitsmittel untereinander austauschen und verbreiten helfen. Der Rückgriff auf viele bekannte Lernspiele, die für didaktische Zwecke umgearbeitet wurden (Domino, Memory, …) hat sich dabei bewährt. Dazu kommen sicherlich im Zuge der neuen Lehrplaneinführung auch Materialien der Schulbuchverlage, neben den Schulbüchern und ihrer Ausrichtung auf offene Unterrichtsformen auch Begleitmaterialien, Lehrerhandbücher mit Arbeitsblättern und Kopiervorlagen, Lernkarteien und Lernspiele. Nicht zu vergessen sind die Möglichkeiten, die eine gute Ausstattung mit Kindersachbüchern, Lexika und weiteren Nachschlagwerken bietet.

Natürlich erfordert ein Klassenraum, in dem eine Vielzahl von Materialien und damit verbunden eine Fülle von motivierenden Aufgabenstellungen zu einem breiten Spektrum von gleichzeitig stattfindenden Arbeiten führen, eine etwas andere Einrichtung als die bisher gewohnte: Die Tische werden zu Gruppentischen zusammengestellt, in Regalen lagern die Materialien, Leseecken stellen Ruhezonen dar, Ausstellungstische und Wandzeitungen bieten Raum für Ergebnispräsentationen.

Worauf sollte man nun bei der Auswahl von Unterrichtsmaterial achten? Im folgenden Kasten sind einige Kriterien zusammengestellt.

Auswahlkriterien für Materialien für freies Arbeiten
1. Welches Ziel (Lernziel) lässt sich mit dem Material erreichen?
2. Besitzt es einen hohen Aufforderungscharakter?
3. Ist es für meine Schüler selbstständig zu bearbeiten?
   - Sind die Aufgaben verständlich formuliert?
   - Sind sie lösbar?
   - Sind bei Lernspielen die Spielregeln einfach, nachvollziehbar und eindeutig?
   - Welche Vorkenntnisse müssen meine Schüler mitbringen?
   - Welche Arbeitstechniken müssen sie schon beherrschen?
4. Ist die Bearbeitung zeitlich überschaubar und planbar (ca. 20 Minuten pro Arbeitsblatt, unterteilte Phasen bei längeren Aufgaben / Projekten)?
5. Lässt das Material Selbstkontrolle zu (z. B. Lösungen auf der Rückseite von Karteikarten, Lösungen spielerischer Art)?
6. Lässt das Material handelndes Lernen zu (z. B. Laufdiktate, Textkassetten, Rollenspiele, Bastelarbeiten)?
7. Lässt das Material auch Differenzierungen hinsichtlich der Schwierigkeitsstufen zu (Zusätze für leistungsstarke oder auf einem Gebiet besonders interessierte Schüler)?
8. Ist das Material durch Symbole, Farben und optisch unterstützte Arbeitsanweisungen einfach geordnet und gegliedert?

Das Sprachbuch *Mit eigenen Worten* enthält in nahezu jeder Einheit Anregungen für individualisierendes Arbeiten (z. B. Hinweise auf Partner- und Gruppenarbeit) und ermöglicht damit erste Schritte von einem ausschließlich lehrerzentrierten Unterricht hin zu einem Unterricht, in dem den Schülerinnen und Schülern zunehmend Entscheidungskompetenz und Verantwortung zugestanden wird. Dazu werden in dem Kapitel *Arbeitstechniken* Qualifikationen vermittelt, die für das selbstständige Erarbeiten von Aufgaben – in Einzelarbeit oder in Gruppen – wichtig sind. Darüber hinaus bietet das Sprachbuch aber auch zahlreiche Materialien und Anknüpfungspunkte für Freiarbeit. Die folgenden Übersichten enthalten zu den wichtigsten Formen des freien Arbeitens eine ausführliche Beschreibung und (in der rechten Spalte) Hinweise, wo sich in *Mit eigenen Worten 5* Anknüpfungspunkte finden lassen.

Materialgeleitete Freiarbeit	Material aus **Mit eigenen Worten 5**
Beim materialgeleiteten Arbeiten wird die Freiarbeit durch das bereitgestellte Arbeitsmaterial inhaltlich bestimmt, angeregt und strukturiert. Je nach Erfahrung mit dieser Arbeitsform stellt die Lehrerin/der Lehrer Material für ein oder für mehrere Fächer, für eine, zwei oder mehrere Unterrichtsstunden zusammen. Neben den gewohnten Lernmitteln lassen sich hierzu sehr gut die vielen Selbstarbeitsmaterialien der Verlage verwenden wie Lernkarteien, Lernspiele usw. Die Abstimmung auf die Klassensituation gelingt dabei besonders gut, wenn die Themen mit eigenen Unterlagen noch bereichert werden können (zu den Anforderungen an das Material siehe S. 25). Geübte Klassen können einen größeren Teil ihrer Unterrichtszeit mit materialgeleitetem Arbeiten verbringen. Dabei wird die übliche Klassenformation aufgelöst. Die Schülerinnen und Schüler beschäftigen sich mit einem Thema nach ihrer Wahl, eingegrenzt durch die Materialvorgabe. Sie legen für sich fest, was sie aus diesem Angebot auswählen, wann sie sich einem bestimmten Thema widmen, wie und mit wem sie die gestellte Aufgabe lösen. Sie sind auch dafür verantwortlich, dass die Aufgabe in einer entsprechenden Form erstellen. Zudem müssen sie überprüfen, ob, die Aufgabe richtig gelöst wurde. Materialgeleitete Freiarbeit findet in allen Sozialformen, Einzel-, Partner- und Gruppenarbeit, statt. Sie lässt Raum für abwechslungsreiches, handlungsorientiertes und vielkanaliges Lernen. Die Lehrerin/der Lehrer muss bei dieser Unterrichtsform das Material passend zu den gerade behandelten Themen auswählen und die für die Bearbeitung benötigte Zeit bereitstellen. Während der Freiarbeitsphasen übernimmt er eine beobachtende, sich hier und da einbringende, wenn nötig helfende Funktion. Wenn man mit dieser Arbeitsform beginnt, ist es sinnvoll, zunächst an einem Tag eine Stunde zur Verfügung zu stellen. Die Schülerinnen und Schüler sollen dabei aus verschiedenen Materialien das sie interessierende auswählen und bearbeiten. Deshalb ist es wichtig, dass mehrere Angebote bereitstehen. Nach und nach wird dann durch Hinzugeben von Zeit und Material und durch Ausweiten auf mehrere Tage der Unterricht in Richtung selbstbestimmtes Lernen aufgebaut.	S. 208–210: Lernspiele für Rechtschreibübungen; dazu Copy 87–94 (auch für Sprachbetrachtung) S. 211–214: Diktatvarianten Copy 10–19: Materialien zum Schreiben von Texten Copy 27–48: Materialien zu Sprache untersuchen (Grammatik) Copy 49–64: Materialien zu Rechtschreiben Copy 80–81: Zur Arbeit mit einer Rechtschreibkartei Copy 82–85: Trainingspläne für Rechtschreiben

Lern- und Übungszirkel	Material aus Mit eigenen Worten 5
Lern- und Übungszirkel werden eingesetzt, um einen bestimmten Bereich des Lehrplans zu erarbeiten (Lernzirkel) oder zu üben (Übungszirkel). Die Lehrerin/der Lehrer gliedert den Stoff in kleinere Arbeitsabschnitte auf. Dabei ist es entscheidend, die Aufgaben jeder Arbeitsstation so darzubieten, dass die Schülerinnen/Schüler sie selbstständig bearbeiten können, d.h. ohne direkte Hilfe durch die Lehrerin/den Lehrer. Dies geschieht am besten durch schriftliche Arbeitsanweisungen. Um allen Lerntypen gerecht zu werden, sollte die Lehrkraft bei der Vorbereitung zusätzlich darauf achten, möglichst viele Aufnahmekanäle der Schülerinnen und Schüler anzusprechen. So kann man z. B. neben dem Lesen von Texten auch ihre Wiedergabe über eine Kassette anbieten, neben Lesen und Schreiben auch handelnde (zeichnende, bastelnde, spielende ...) Begegnungen mit dem Stoff ermöglichen. Hier lassen sich Einzel-, Partner- oder Gruppenarbeit einsetzen. Mit einiger Erfahrung können die Schülerinnen und Schüler z. B. zu Rechtschreib-Übungszirkeln auch selbst Stationenaufgaben formulieren. Ergebniskontrollen können an der jeweiligen Arbeitsstation erfolgen (z. B. auf der Rückseite der Arbeitsanweisung) oder an einer eigenen Kontrollstation. Zur Differenzierung ist es möglich, den Stoffbereich in ein Pflicht- und ein Wahlpensum (Zusatzaufgaben) zu unterteilen. Dabei sollten auch langsamere und schwächere Schülerinnen und Schüler die Gelegenheit haben, im Wahlbereich sie besonders interessierende Stationen bearbeiten zu können. Sinnvoll ist jedoch eine Begrenzung auf 10 bis 15 Stationen. Besonders motivierend wirkt auf die Schülerinnen und Schüler, wenn die Stationen (wie bei einem Trainingszirkel in der Sporthalle) im Klassenzimmer verteilt sind. Zu Beginn der Arbeit sollten die Schülerinnen und Schüler in einer gemeinsamen Besprechung über die Aufgaben (evtl. hängt ein Übersichtsplan aus) und über die Anforderungen (z. B. Wo halte ich meine Ergebnisse fest?) informiert werden. Ebenso muss der zur Bearbeitung verfügbare Zeitrahmen (z. B. „die nächsten 2 Unterrichtsstunden" oder „im Rahmen des Wochenplans in dieser und in der nächsten Woche insgesamt 6 Stunden") bekannt sein. Die Lehrkraft kann während der Arbeitsphase einzelne Schülerinnen und Schüler beobachten oder ihnen helfen.	S. 170 f.: Wie lernt man mit dem Übungszirkel? – Was ist ein Übungszirkel? – Einen Übungszirkel ausprobieren Copy 76: Lösungskarten zum o. a. Übungszirkel Copy 70: Stationenlaufzettel Copy 71: Blanko-Übungszirkel Copy 72: Lernzirkel *Märchen* Copy 73: Übungszirkel *Wortarten* Copy 74: Übungszirkel *Satzglieder* Copy 76: Übungszirkel *Diktat vorbereiten* Copy 77: Übungszirkel *Schreibung nach kurz gesprochenem Vokal* Copy 78: Übungszirkel *Schreibung von s-Lauten* Copy 79: Übungszirkel *Großschreibung von Nomen*

Wochenplanunterricht	Material aus **Mit eigenen Worten 5**
Beim Wochenplanunterricht erarbeiten, wiederholen oder üben die Schülerinnen und Schüler Bereiche aus dem Lehrplan und darüber hinausgehende Angebote in eigener Verantwortung. Die Lehrkraft hat zunächst die Aufgabe, für die pro Woche festgelegte Zeit (z. B. anfänglich 2, später bis zu 10 Unterrichtsstunden) geeignete Unterrichtsinhalte auszusuchen und in einem Wochenplan die Arbeitsaufträge festzulegen. Der Wochenplan kann Aufgaben aus allen Unterrichtsfächern enthalten. Er sollte hinsichtlich der Arbeitsaufträge variabel gestaltet sein und möglichst viele handlungsorientierte Aufgaben beinhalten. Er kann durch den Umfang der Arbeiten und durch unterschiedliche Schwierigkeitsgrade differenzieren. Neben einem Pflichtpensum helfen Zusatz- und Wahlangebote, dass die Schülerinnen/Schüler auswählen können und so für sie interessante Betätigungen finden. Die Aufgabenstellung wird ergänzt durch geeignete Materialangaben, z. B. Schulbücher, Arbeitshefte, Lernkarteien, Lernspiele usw. Den Schülerinnen und Schülern sollte es dabei weitgehend freistehen, ob sie in Einzel-, Partner- oder Gruppenarbeit vorgehen wollen. Dieser Wochenplan sollte den Schülerinnen/Schülern ausgehändigt und mit ihnen besprochen werden. So können sie daraus ihre eigene Vorgehensweise planen. Die Schülerinnen/Schüler wählen also mit Hilfe des Wochenplans aus, was sie wann, wie, wo und mit wem erledigen wollen, sie bestimmen damit die Reihenfolge und die methodische Ausführung der Arbeiten. Für die äußere Form und für die Richtigkeit sind sie zunächst selbst verantwortlich. Die Schülerinnen und Schüler benutzen den Wochenplan aber nicht nur zur Information und zur Auswahl, sondern sie notieren auch, wann sie welche Aufgaben erledigt haben. Eine zusätzliche Spalte ist für die Kontrolle und Rückmeldungen durch die Lehrkraft vorgesehen. Die Lehrerin/der Lehrer hat während der Wochenplanarbeit eine eher beobachtende und, wenn gefragt, helfende Funktion. Nach Abschluss des Wochenplans sollte sie/er die Vollständigkeit und die Richtigkeit der gemachten Arbeiten kontrollieren und auch Rückmeldungen (z. B. kurze positive Verstärkungen und Hinweise für Überarbeitungen) geben.	S. 208–210: Lernspiele für Rechtschreibübungen; dazu Copy 86–94 (auch für Sprachbetrachtung) S. 211–214: Diktatvarianten Copy 10–19: Materialien zum Schreiben von Texten Copy 27–48: Materialien zu Sprache untersuchen (Grammatik) Copy 49–64: Materialien zu Rechtschreiben Copy 80–81: Zur Arbeit mit einer Rechtschreibkartei Copy 82–85: Trainingspläne für Rechtschreiben

Lehrer- und Materialband zu **Mit eigenen Worten 5**

Projektorientierter Unterricht	Material aus Mit eigenen Worten 5
Ein Projekt, Projektunterricht oder projektorientierten Unterricht (die Unterscheidung spielt im schulischen Raum wohl keine Rolle) durchzuführen, stellt sicherlich einen Höhepunkt im Unterrichten dar. Woran lässt sich Projektunterricht erkennen? Nach Herbert Gudjohns kann man die 10 Wesensmerkmale für ein Projekt in aller Kürze umschreiben mit Situationsbezug (aus dem Leben gegriffen), an Schülerinteressen orientiert, selbstorganisiert und selbstverantwortet, gesellschaftlich von Bedeutung, planvoll und zielgerichtet, auf ein Produkt hin orientiert, dabei die Fächergrenzen und evtl. den schulischen Raum überschreitend, in einem eigenen Zeitrhythmus und mit vielen Sinnen stattfindend, wobei immer auch soziales Lernen impliziert ist, aber auch Grenzen (Lehrplan, Schulorganisation, …) von außen gesetzt werden (Herbert Gudjohns: Was ist Projektunterricht? In: Westermanns Pädagogische Beiträge, Braunschweig, 6/1984). In der Praxis hat sich eine Vorgehensweise in fünf Stufen bewährt: **1. Projektinitiative:** Ein Thema „aus dem Leben", eine Sache, die die Schülerinnen/Schüler interessiert, ein Anstoß, der durchaus auch aus dem Lehrplan, einem Schulbuch, einem Erlebnis aus dem Schulleben stammen kann, wird Anlass für eine längerfristige, umfassende Arbeit. **2. Zielsetzung und Planung:** Schüler und Lehrer entwickeln gemeinsam eine Zielvorstellung. Diese liegt meistens darin, dass etwas erstellt wird (ein Produkt: ein Plakat, eine in der Schule oder Gemeinde wirksame Aktion, eine Aufführung). Benötigte Arbeitsmaterialien, zu bewältigende Arbeitsschritte, eine sinnvolle Arbeitsteilung in Gruppen, eine die Arbeit begleitende Dokumentation (Tagebuch, Fotos, Video, …) usw. werden ebenfalls gemeinsam geplant. Fächergrenzen und räumliche Grenzen werden aufgehoben. **3. Projektdurchführung:** Die einzelnen Gruppen arbeiten nun im abgesprochenen Rahmen selbstständig, besorgen sich Material, bauen zusammen, basteln, schreiben, telefonieren, arbeiten auf das vereinbarte Produkt zu. Zwischendurch sorgen gemeinsame Besprechungen für einen reibungslosen Verlauf, eine Dokumentationsgruppe führt Aufzeichnungen durch. **4. Produktpräsentation:** Am Ende der Arbeit steht das Produkt, die Aktion, die Aufführung. Öffentlichkeit (Schule, Gemeinde) ist erwünscht und oft von der Sache her notwendig. **5. Reflexion:** Mit Hilfe der begleitenden Dokumentation wird zum Abschluss die Arbeit bewertet und es werden Verbesserungsvorschläge für die Zukunft gemacht. Während der Projektarbeit haben die Schülerinnen/Schüler gelernt mitzubestimmen, selbstständig zu planen, eigenverantwortlich zu arbeiten, mit anderen Arbeit zu teilen und zusammenzuarbeiten, Arbeitstechniken, Wissen und Können aus nahezu allen Schulfächern anzuwenden und zu üben.	S. 25–29: Projekt: Klassenbücherei S. 40–43: Informationen aus Texten entnehmen, Informationen zusammenfassen; verbunden mit Ek/B/Re: Die Sonne, dazu Copy 2 und Copy 3 S. 103–109: Märchen, dazu Copy 23, Copy 24 sowie Copy 72 S. 114–117: Fernsehen unter der Lupe, dazu Copy 65; verbunden mit Ku/Re

Unterrichtsform „Lernen in Stationen"

Unterscheidung in Übungs- und Lernzirkel

Beim **„Lernen in Stationen"** wird ein bereits durchgenommener oder ein neuer Unterrichtsstoff in mehrere kleinere Abschnitte gegliedert und als Lernstationen aufbereitet. Dabei stehen die Inhalte der Stationen von Übungs- und Lernzirkeln in direktem Bezug zu den Lernzielen des Lehrplans. Die Inhalte der Stationen sollten nicht nur mit den fachspezifischen Anforderungen des Lehrplans übereinstimmen, sie sollten auch auf die allgemeinen oder pädagogischen Lernziele bezogen sein, die in unserem Schulalltag zunehmend an Wichtigkeit gewinnen.

Die Stationen werden an unterschiedlichen Stellen im Klassenzimmer aufgebaut. Es sollten Orte sein, an denen die Stationen auch über den Zeitraum von mehreren Tagen liegen bleiben können, ohne dass sie zu sehr stören. Möglicherweise können sie sogar zusätzlich im Gang oder in einem Ausweichraum ausgelegt werden, damit mehrere Schülerinnen und Schüler gleichzeitig arbeiten können. Es ist wichtig, dass die Kinder an jeder Station einen gut verständlichen Arbeitsauftrag vorfinden. Zu Beginn können die Stationen gemeinsam besprochen werden. Zu jedem Fall sollte die Aufgabe so gestellt und gestaltet sein, dass eine abschließende Bearbeitung ohne die Hilfe der Lehrerin oder des Lehrers für die Mehrzahl der Schülerinnen und Schüler möglich ist.

Die Schülerinnen und Schüler durchlaufen alle Stationen, wobei als Regel gilt: Ein Wechsel an eine andere Station erfolgt erst, wenn die jeweilige Aufgabe abgeschlossen ist.

In der Regel sind die Stationen so gestaltet, dass die Schülerinnen und Schüler die Abfolge der Stationenbearbeitung selbst entscheiden können. Der „Einstieg" ist an jeder Station möglich und die Weiterarbeit hängt meistens davon ab, welche Station frei ist. Wenn die Bearbeitung einer Station jedoch die Ergebnisse einer anderen Station voraussetzt, dann müssen diese Stationen in einer vorgegebenen Reihenfolge bearbeitet werden.

Zur Differenzierung können auch Zusatzstationen im „Niedrig- bzw. Hochleistungsbereich" angeboten werden. Wenn besonders leichte oder schwierige Aufgaben immer an denselben Stationen (bezogen auf ihre Nummerierung oder den Ort im Klassenraum) zu finden sind, können die Kinder selbst entscheiden, wo sie einsteigen bzw. aufhören wollen. Zusätzlich können innerhalb einzelner Stationen Wahlmöglichkeiten bezüglich des Lernmaterials oder einzelner Inhalte angeboten werden. Auch die Sozialform kann unter Umständen bei jeder Station individuell gewählt werden.
Sehr zu begrüßen ist es, wenn die Kinder für ihre Mitschülerinnen und Mitschüler an bestimmten Stationen selbst Aufgaben erstellen können (vgl. dazu Copy 77 e–f, Station 8).

Des Weiteren sollten beim Erstellen der Stationen die unterschiedlichen Lerntypen von Kindern nicht außer Acht gelassen werden. Es sollten möglichst viele Sinne angesprochen werden; vieles kann durch Sehen, Hören, Fühlen und Bewegen gelernt werden.

Beim Lernen in Stationen unterscheidet man zwischen Übungs- bzw. Lernzirkeln. Bereits aus den Namen „Übungs-" bzw. „Lern-" kann auf die Funktion geschlossen werden: Beim Übungszirkel wird geübt, beim Lernzirkel Neues gelernt.

Das Erstellen eines Übungs- bzw. Lernzirkels ist für die Lehrerin/den Lehrer mit einem großen Aufwand verbunden. Es erfordert viel Zeit, Material und Erfahrung. Um diese Form der materialgeleiteten Unterrichtsarbeit zu unterstützen, werden im Sprachbuch (siehe Mit eigenen Worten 5, S. 170 f.) und in diesem Materialband verschiedene Übungszirkel zur Sprachbetrachtung und Rechtschreibung angeboten. Sie sollen Lehrern wie Schülern die Möglichkeit geben, sich mit dieser Unterrichtsform vertraut zu machen. Auf der Basis dieser Erfahrungen können dann selbst (auch von den Schülern) Übungszirkel entwickelt und im weiteren Verlauf auch Lernzirkel erprobt werden.

Definition: Übungszirkel

Übungszirkel dienen den Schülerinnen und Schülern zur Einübung und Festigung bereits erlernter Unterrichtsinhalte. Das im Unterricht vermittelte Wissen wird wiederholt und vertieft. Selbstständiges Üben ist nur dann sinnvoll und zu erwarten, wenn ein Wiedererkennen der zu bearbeitenden Inhalte möglich ist.

Das in den Stationen angebotene Übungsmaterial muss so aufbereitet sein, dass eine selbstständige und erfolgreiche Bearbeitung möglich ist. Das heißt, es sollten keine Inhalte abgefragt werden, die vorher nicht angesprochen wurden. Die Aufgaben sollten verständlich und lösbar sein. Das äußere Bild einer Station sollte ansprechend, motivierend und ordentlich aussehen. Der Sinn der Aufgaben sollte für die Kinder ersichtlich sein, ebenso sollte der arbeitsmäßige Aufwand akzeptabel und ausgewogen sein.

Übungszirkel geben in einem vorgegebenen Rahmen die Möglichkeit für individuelle Entscheidungen. Je nach Vorgabe können die Schülerinnen und Schüler die **Sozialform** bestimmen, also wählen, mit wem sie eine, mehrere oder alle Stationen bearbeiten.

Neben der Sozialform können auch die **Dauer** und die **Reihenfolge** der Bearbeitung von den Schülerinnen und Schülern bestimmt werden. Der Zeitdruck, der durch schnellere Schülerinnen/Schüler im herkömmlichen Unterricht immer wieder ausgeübt wird, ist weniger spürbar. Übungszirkel helfen daher, den unterschiedlichen Lerntempi der Kinder gerecht zu werden.

Wichtig ist, dass für alle Aufgaben Lösungen zur Kontrolle zur Verfügung gestellt werden. Auch die **Selbstkontrolle** ist eine Form der Übung. Nur ein Kind, das seine Fehler kennt, kann sie auch selbst eliminieren und beim nächsten Mal vielleicht schon vermeiden.

Die **Anzahl der Stationen** sollte der Klassenstärke angepasst sein. Wenn sich 32 Schülerinnen/Schüler auf sechs Stationen verteilen sollen, wird es unter Umständen etwas „eng", Unruhe wäre vorprogrammiert. Da in der Regel nicht mehr als vier Kinder in einer Gruppe an einer Station arbeiten sollten, liegt der Stationenbedarf für diese Klassenstärke bei acht Stationen plus zwei zusätzlichen „Pufferstationen", die einen reibungslosen Ablauf ermöglichen. Falls sich didaktisch nicht mehr als beispielsweise fünf Stationen anbieten, ist es durchaus sinnvoll, Parallelstationen vorzubereiten und damit Engpässe zu vermeiden.

Es ist empfehlenswert, bei der Wahl der Übungen möglichst viele **verschiedene Sinne** anzusprechen. Die Aufgaben der Übungsstationen sollten ansprechend, übersichtlich gegliedert und inhaltlich gut verständlich gestaltet sein. Strategische Lösungstipps und Zwischenergebnisse auf der Rückseite einer Aufgabe können den selbstständigen Arbeitsprozess unterstützen.

Die Arbeitsergebnisse werden im Heft oder auf einem extra für den Zirkel erstellten Blatt festgehalten. In diesem Materialband wird zu diesem Zweck die Kopiervorlage Copy 70 *Stationenlaufzettel* angeboten (siehe *Hinweise zu den Copys „Übungszirkel", S. 34*).

**Voraussetzungen für den Einsatz
von Übungs- und Lernzirkeln**

Eine Klasse muss keine Erfahrung mit Übungszirkeln haben, um effektiv zu arbeiten. Auch eine Gruppe, die noch nie einen Übungszirkel vor sich hatte, kann unter Berücksichtigung der oben genannten Punkte und nach guter Einführung einen Übungszirkel mit Erfolg bearbeiten.

Allerdings sollten folgende **Arbeitstechniken** verfügbar sein:
– übersichtliches Schreiben, sauberes Berichtigen, fehlerfreies Abschreiben, Anlegen von Schriftstücken,
– das Umgehen mit Partnerdiktat, Dosendiktat usw. (vgl. *Diktate einmal anders* in *Mit eigenen Worten 5*, S. 211 f.),
– Möglichkeiten der selbstständigen Fehlerbeseitigung (Kartei, Vokabelheft ...),
– Wortlisten anlegen (Fremdwörter – Fachbegriffe ...),
– Rechtschreibspiele, z. B. Bingo, Memory, Schiffe versenken, (vgl. dazu *Lernspiele für Rechtschreibübungen* in *Mit eigenen Worten 5*, S. 208–210).

Eine weitere Voraussetzung für das Gelingen ist sicherlich ein einigermaßen intaktes Sozialverhalten in der Klasse. Darüber hinaus sollten die Schülerinnen und Schüler Erfahrungen mit den unterschiedlichen Sozialformen wie Einzel-, Partner- und Gruppenarbeit haben.

**Zusammenfassung:
Ansprechen vieler Sinne**
Übungszirkel sollten Aufgaben enthalten, durch die möglichst viele Sinne angesprochen werden. Dadurch werden Motivation und Leistung gesteigert.

Sozialform
Stationen können in Einzel- oder Partner- oder Gruppenarbeit erledigt werden. Zu Beginn können sich Gruppen finden und dann alle Stationen gemeinsam bearbeiten. Auch innerhalb einer Gruppe kann in Einzel- und Partnerarbeit gearbeitet werden.

Festhalten der Arbeitsergebnisse
Arbeitsergebnisse müssen von den Schülerinnen und Schülern festgehalten werden, um Selbstkontrolle und Fremdkontrolle durch die Lehrerin oder den Lehrer zu ermöglichen. Es muss vor Arbeitsbeginn geklärt sein, wohin die Ergebnisse geschrieben werden. Die Form der Dokumentation und der Präsentation sollte abgesprochen sein.

Lösungen und Selbstkontrolle
Für alle Stationen und Arbeiten müssen Lösungen zur Selbstkontrolle vorhanden sein.

Zahl der Stationen
Die Anzahl der Stationen sollte der Klassengröße angepasst werden. Sie steht sicherlich in Abhängigkeit vom Thema des Zirkels. In der Regel reichen acht bei zehn Stationen aus.

Aufbau der Stationen im Klassenzimmer
Wichtig ist eine deutliche Kennzeichnung der einzelnen Stationen und genügend Abstand zur nächsten Station. Ein „Herankommen" an die Station muss gut möglich sein.

Zeitliche Abstimmung der einzelnen Stationen
Da die Aufgabe einer Station erst abgeschlossen sein muss, bevor eine Schülerin/ein Schüler zu einer anderen Station wechseln kann, sollten die Bearbeitungszeiten für die einzelnen Stationen ungefähr gleich groß sein.

Inhaltlicher Aufbau
Der Aufbau des Materials und die Aufgabenstellung an jeder einzelnen Station müssen so gestaltet sein, dass jedes Kind ohne Hilfe die Aufgabe lösen kann. Die Aufgaben an den verschiedenen Stationen sollten bezüglich des Schwierigkeitsgrades und der Anforderungen variieren.

Übungszirkel – Diktat

Bei einem **Diktat-Übungszirkel** handelt es sich um Rechtschreibübungen, die in Form eines Übungszirkels aufgebaut sind.

Im Sprachbuch *Mit eigenen Worten 5* wird auf den Seiten 170 und 171 ein Beispiel für einen solchen Übungszirkel vorgestellt. Zu einem Diktattext (hier: *Künstliche Wellen*) werden Stationen angeboten, die in unterschiedlicher Weise eine Auseinandersetzung mit den rechtschreibschwierigen Wörtern dieses Textes erfordern. Die im Sprachbuch vorliegende Übersicht über die Stationen eignet sich gut, um mit den Schülerinnen und Schülern die Aufgabenstellungen und mögliche Unklarheiten zu besprechen. Für die Durchführung im Unterricht ist es sinnvoll, die in Copy 76 vorliegenden Stationen und deren Lösungen zu kopieren und in der Klasse auszulegen. Natürlich können die Schülerinnen und Schüler auch eine Station als Hausaufgabe erledigen, da die Aufgaben im Sprachbuch vorliegen.

Dieser Diktat-Übungszirkel eignet sich zur Einführung in die Arbeitsweise mit dem Übungszirkel. Für andere Diktattexte (vgl. *Mit eigenen Worten 5, Übungstexte zu verschiedenen Sachgebieten*, S. 214) lassen sich ähnliche Übungszirkel entwickeln. Weitere Anregungen für Stationenaufgaben bietet die Copy 75 *Übungsvorschläge für Rechtschreibstationen* in diesem Materialband. Die Copy 71 *Blanko-Übungszirkel* bietet eine Vorlage für Stationenkarten, die die Entwicklung eines eigenen Übungszirkels erleichtert.

Hinweise zu den Lern- und Übungszirkeln in diesem Materialband

In diesem Materialband wird zum Lernbereich *Mit Texten und Medien umgehen* ein Lernzirkel zum Thema „Märchen" angeboten. Darüber hinaus befinden sich in diesem Band zwei Übungszirkel zum Lernbereich *Sprache untersuchen* (Wortarten/Satzglieder) sowie vier weitere zum Lernbereich *Rechtschreiben* (Diktat vorbereiten/Schreibung nach kurz gesprochenem Vokal/Schreibung von s-Lauten/Großschreibung von Nomen). Neben diesen ausgearbeiteten Lern- bzw. Übungszirkeln werden auch Kopiervorlagen geliefert, die die selbstständige Aufbereitung von Übungszirkeln erlauben.

Zur Arbeit mit den Lern- und Übungszirkeln sowie zur selbstständigen Entwicklung von Übungszirkeln gibt es folgende Kopiervorlagen:

Copy 69: So arbeitet ihr mit dem Übungszirkel
Diese Kopiervorlage enthält Hinweise für die Schülerinnen und Schüler zur Arbeit mit dem Übungszirkel. Diese können mit der Klasse besprochen und – zum Nachlesen – an einer geeigneten Stelle im Klassenzimmer ausgehängt werden.

Copy 70: Stationenlaufzettel
Auf diesen Stationenlaufzetteln können die Ergebnisse der Stationenarbeit eingetragen und vom Lehrer eingesehen werden. Dazu ist es sinnvoll, einen Ordner anzulegen, zu dem die Schülerinnen und Schüler jederzeit Zugang haben. Da ein Übungszirkel auch über mehrere Tage ausliegen kann, gibt die Rubrik *Datum* einen Hinweis, wann die betreffende Station bearbeitet worden ist. Hinter *Kontrolle* darf der Schüler erst dann sein Namenskürzel setzen, wenn er sein Ergebnis mit der Lösungskarte abgeglichen und mögliche Fehler korrigiert hat. Wenn bestimmte Stationen einen größeren Schreibraum erfordern als vorgesehen, bietet es sich an, die Rückseite als zusätzlichen Schreibraum zu verwenden.

Copy 71: Blanko-Übungszirkel
Diese Kopiervorlage enthält ein „Formular" für die Stationen eines Übungszirkels, die durch Aufgaben zu ergänzen sind. Die Stationenkarten sind so angelegt, dass die Aufgabenkarte und die Lösungskarte gefalzt werden können und zusammengeklebt eine Karte ergeben. Will man jedoch die Lösungskarten in einer Kontrollstation zusammen auslegen, wird die Lösungskarte abgeschnitten. In gleicher Weise sind auch die fertigen Übungszirkel Copy 73 und Copy 74 sowie Copy 77 bis Copy 79 angelegt.

Copy 72: Lernzirkel Märchen
Dieser Lernzirkel knüpft an die Inhalte des Kapitels *Märchen* in *Mit eigenen Worten 5*, S. 103–109 an. Mit Hilfe der einzelnen Arbeitsmaterialien können die Merkmale von Märchen auf z. T. spielerische und motivierende Weise erarbeitet und vertieft werden. Darüber hinaus lernen die Schülerinnen und Schüler weitere Märchen kennen, mit denen sie sich auf verschiedene Weisen auseinandersetzen sollen. Zur eigenen Textproduktion soll durch Copy 72 i angeregt werden. Bei der Durchführung des Lernzirkels ist darauf zu achten, dass Copy 72 g und Copy 72 h zu einer Station gehören und nacheinander bearbeitet werden sollten.

Copy 73: Übungszirkel Wortarten
Copy 74: Übungszirkel Satzglieder
Hier werden wichtige grammatische Inhalte der Klasse 5 in Anlehnung an die entsprechenden Sprachbuchkapitel wiederholt und trainiert. Zahlreiche Übungsangebote fordern zum Umgang mit Sprache auf. Individuelle Lernschwierigkeiten im Bereich der Grammatik können hier gezielt angegangen werden.

Copy 75: Übungsvorschläge für Rechtschreibstationen
Diese Kopiervorlage enthält Übungsvorschläge, mit denen die Lehrerin/der Lehrer eigene Übungszirkel zu unterschiedlichen Rechtschreibbesonderheiten entwickeln kann. Die Stationen unterscheiden sich bezüglich der geforderten Schüleraktivitäten und enthalten für jede Station verschiedene Arbeitsvorschläge. Auch die in diesem Materialband angebotenen fertigen Übungszirkel zur Rechtschreibung (Copy 76, Copy 77, Copy 78, Copy 79) folgen weitgehend diesem Aufbau und können daher als Beispiele herangezogen werden. Die Beibehaltung dieser Stationenabfolge hat den Vorteil, dass die Schülerinnen und Schüler sehr schnell die in den Stationen geforderten Aktivitäten erfassen und sich in neuen Rechtschreibzirkeln gut orientieren können.

Copy 76: Übungszirkel Diktat vorbereiten
Dieser Übungszirkel enthält den in *Mit eigenen Worten 5* auf den Seiten 170 und 171 wiedergegebenen Übungszirkel sowie die dazugehörenden Lösungskarten.

Mit der Rechtschreibkartei die individuelle Rechtschreibleistung verbessern

Bisherige Fehlerkorrektur

Es ist eine weit verbreitete Praxis, die Fehlerwörter eines Diktats oder einer Nachschrift unter dem Text mehrfach in richtiger Schreibweise aufschreiben zu lassen.
Dieses Verfahren ist aus mehreren Gründen problematisch:
1. Das Aufschreiben erfolgt häufig mechanisch und ohne Bewusstmachung, welcher Art von Regelverletzung dem Fehler zugrunde liegt.
2. Die Erfahrung zeigt, dass dieses „einmalige" Aufschreiben nicht zu einem dauerhaften Behalten führt. Da die Fehlerwörter in irgendwelchen Heften „verschwinden", ist ein mehrfaches Wiederholen der Wörter zu späteren Zeitpunkten schwierig, wenn nicht unmöglich. Eine wichtige Bedingung für langfristiges Behalten (Übernahme der Schreibweisen in das Langzeitgedächtnis) ist durch dieses Verfahren nicht gegeben.
3. Gerade rechtschreibschwächere Schülerinnen und Schüler werden mit einer Vielzahl von Fehlerwörtern konfrontiert; es ist für sie nicht erkennbar, worin ihre individuellen Fehlerschwerpunkte liegen, zu denen sie gezielt üben können.
4. Die Übungsform – mehrmaliges Aufschreiben der richtigen Schreibweise – ist ausgesprochen monoton und wenig motivierend.

Aufbau einer Rechtschreibkartei

Die Arbeit mit einer Rechtschreibkartei hat zunächst den großen Vorteil, dass die Fehlerwörter gesammelt werden. Auf diese Weise stehen diese Wörter immer wieder für Übungen oder für Rechtschreibspiele – z. B. im Rahmen von Freiarbeitsstunden – zur Verfügung. Grundsätzlich gibt es verschiedene Arten von Rechtschreibkarteien. Vielfach werden Karteien angelegt, in denen die Wörter nur alphabetisch geordnet werden. Darüber hinaus soll an dieser Stelle eine weitere Rechtschreibkartei vorgestellt werden, die für Schülerinnen und Schüler leicht handhabbar ist und einen guten Lernerfolg bringen kann. Diese Rechtschreibkartei zeichnet sich durch folgende Merkmale aus:
1. Die Fehlerwörter werden nach den Grundregeln der Rechtschreibung eingeordnet *(Groß- und Kleinschreibung, Schreibung nach kurz gesprochenem Vokal, Schreibung nach lang gesprochenem Vokal, Schreibung von s-Lauten, sonstige Fehler)*.
2. Zu jeder Grundregel gibt es eine Leitkarte (Copy 81). Sie enthält auf der Vorderseite die **Beschreibung des Rechtschreibproblems** *(Worum geht es?)*, **erklärende Hinweise** *(1. Das sollst du wissen: ...)* und **Lösungshilfen** zur Unterscheidung dieses Rechtschreibfalles von anderen Phänomenen *(2. So kannst du prüfen: ...)*.
3. Auf der Rückseite jeder Leitkarte stehen verschiedene Übungsvorschläge, aus denen sich die Schülerinnen und Schüler für ihr Fehlerwort eine oder mehrere Aufgaben auswählen können. Diese Übungen sind spezifisch auf die jeweilige Rechtschreibbesonderheit abgestimmt.

Zur Arbeit mit der Rechtschreibkartei

1. Fehlerwörter einordnen
Eine wichtige Voraussetzung für die Arbeit mit der Rechtschreibkartei ist die Zuordnung der Fehlerwörter zu den entsprechenden Grundregeln der Rechtschreibung. Diese Arbeit wird zunächst von der Lehrerin oder dem Lehrer vorgenommen. Der Fehler-Analysebogen (siehe Copy 80) bedeutet dafür eine große Hilfe. Er erlaubt auch die Übersicht über die Fehlerschwerpunkte der Schülerinnen und Schüler in der Klasse.

Bei der Korrektur von Texten ist daher nicht nur das Anstreichen von Fehlern wichtig, sondern auch die Kennzeichung der jeweiligen Rechtschreibbesonderheit. Am einfachsten ist es, sich an der Gliederung der Rechtschreibkartei zu orientieren und den Fehler am Rand durch eine entsprechende Ziffer zu kennzeichnen.

In der Praxis kann es zu folgenden Problemen kommen:
1. Nicht selten kann ein Fehler zwei Rechtschreibbesonderheiten zugeordnet werden, z. B. *Er kehrte in die wonung zurück.*
   Hier muss die Lehrkraft entscheiden, ob sie diesen Fehler unter der Rechtschreibregel ① und ② bearbeiten lässt oder nur unter einem Aspekt (z. B. ① *Groß- und Kleinschreibung*), wenn diese Besonderheit ein Fehlerschwerpunkt der Schülerin oder des Schülers darstellt.
2. Um die Kartei übersichtlich zu halten, wurden im Band nur fünf Kategorien eingeführt. (Ab der 6. Klasse kommen noch die *Schreibung von Fremd- und Fachwörtern* sowie die *Getrennt- und Zusammenschreibung* hinzu.) Unter der Kategorie ⑤ *Sonstige Fehler* können alle Fehler zugeordnet werden, die sich nicht unter die anderen Rubriken einordnen lassen, z. B.
   – Wörter mit *b, d, g* im Auslaut,
   – Schreibung von *e* statt *ä* oder *eu* statt *äu*,
   – grammatische Fehler,
   – Trennungsfehler,
   – Zeichensetzungsfehler.

Für Fehler, die auf mangelnde Konzentration zurückzuführen sind, ist eine Rechtschreibkartei keine Hilfe. Hier sind andere Übungsformen (Konzentrationstraining) sinnvoller. Grammatische Fehler, Trennungsfehler und Zeichensetzungsfehler wurden in dieser Kartei nicht gesondert unterschieden, da dies die Übersichtlichkeit und damit die Praktikabilität der Rechtschreibkartei in Frage stellen würde. Es bleibt jedoch jeder Lehrkraft unbenommen, die Kategorien der Kartei zu erweitern, wenn sie den Eindruck hat, dass die Klasse im Gebrauch der Kartei sicher ist.

2. Karteikarten anlegen
Der Umgang mit Rechtschreibkarteien muss mit Schülerinnen und Schülern ausführlich geübt werden. Hierzu gehört auch die Art und Weise, wie Karteikarten anzulegen sind. Zu diesem Zweck hat die Schülerin/der Schüler zunächst das entsprechende Fehlerwort oben auf die Karteikarte zu übertragen sowie die entsprechende Fehlerstelle zu unterstreichen (z. B. W<u>oh</u>nung). Zudem sollte in der oberen rechten Ecke der Karteikarte die entsprechende Fachnummer des

Karteikastens vermerkt werden (1 für Groß- und Kleinschreibung, 2 für Schreibung nach kurz gesprochenem Vokal, usw.; vgl. hierzu Copy 80 Fehler-Analysebogen). Auf diese Weise können die einzelnen Karten ihren Fächern immer wieder schnell zugeordnet werden. Außerdem weiß die Schülerin/der Schüler dadurch, welche Leitkarte sie/er zur Hand nehmen muss. Nachdem die Schülerin/der Schüler mit Hilfe einer Leitkarte (Vorderseite) entsprechende Grundregeln eines Rechtschreibbereiches noch einmal nachgelesen hat, wählt sie/er sich von der Rückseite eine Rechtschreibübung aus, die nun selbstständig bearbeitet wird. Ist die Übung abgeschlossen, kann die Karteikarte in den Karteikasten eingeordnet werden. Natürlich können die einzelnen Karteikarten immer wieder für Übungen (z. B. in Lernspielen) verwendet werden.

Sofern an Stelle einer Rechtschreibkartei ein Rechtschreibordner (zu Vor- und Nachteilen beider Medien siehe unten) eingesetzt wird, lassen sich diese Hinweise übertragen. In diesem Fall erfolgt das Aufschreiben der richtigen Schreibweise sowie der Übungen auf einem linierten A4-Einlegeblatt. Unter jeder Eintragung wird eine Linie gezogen, sodass eine Trennung zum folgenden Wort gegeben ist.

Zu beachten ist, dass das Anlegen von Karteikarten (oder Einlegeblättern) und das Ausführen von Übungen am Anfang aufwändiger ist als die bisherige Korrekturpraxis. Daher sollten die Schülerinnen und Schüler auch nicht mehr als zehn Fehlerwörter pro Diktat (am Anfang vielleicht sogar weniger) bearbeiten. Der Lehrer sollte (evtl. zusammmen mit der Schülerin/dem Schüler) entscheiden, welche Wörter in die Rechtschreibkartei aufgenommen werden. Dabei ist bei der Auswahl der Fehlerwörter der Gesichtspunkt des individuellen Fehlerschwerpunktes einer Schülerin/eines Schülers zu berücksichtigen, d. h., es sind jene Fehler auszuwählen, deren Rechtschreibbesonderheit für das Kind ein Problem darstellt.

3. Mit den Karteikarten üben

Die Bearbeitung eines Fehlers im Rahmen der Rechtschreibkartei ist die erste und intensivste Form der Auseinandersetzung. Sie beinhaltet:

1. das Erkennen der jeweiligen Grundregel der Rechtschreibung (Bearbeitung der Leitkarten-Vorderseite),
2. die Durchführung einer Übung, die spezifisch auf diese Grundregel ausgerichtet ist.

In relativ kurzer Zeit sammeln sich in den Fächern viele Wörter an. Der besondere Nutzen der Rechtschreibkartei liegt nun darin, dass diese Wörter jederzeit zu weiteren Übungen herangezogen werden können und damit eine intensive individuelle Rechtschreibförderung ermöglichen:

1. Dieses schülerspezifische Wortmaterial kann ergänzend zu den Wortlisten der Rechtschreibeinheiten des Sprachbuchs herangezogen werden (vgl. z. B. *Mit eigenen Worten 5*, S. 173, Aufgabe 4).
2. Sie sind die Grundlage für Lernspiele wie Bingo, Wörtersuchspiel, Wörter versenken, Dinospiel (vgl. Mit eigenen Worten 5, S. 208–210).
3. Sie sind Gegenstand von Wörterdiktaten im Rahmen von Partnerdiktaten (vgl. *Mit eigenen Worten 5*, S. 212).
4. Das Wortmaterial kann Grundlage von täglichen Übungen im Rahmen von Freiarbeit oder von Hausaufgaben sein. (Übungsvorschlag: Es werden fünf Karteikarten ausgewählt; zu den betreffenden Wörtern wird eine weitere Übung durchgeführt. Um zu erkennen, wann und wie oft ein Wort geübt wurde, kann hinter jede Übung das Datum geschrieben werden.)

Rechtschreibkartei oder Rechtschreibordner?

Die Arbeit mit den Leitkarten und den zugehörigen Übungen ist mit einer Rechtschreibkartei oder mit einem Rechtschreibordner möglich. Beide Einordnungsverfahren haben Vor- und Nachteile wie die folgende Gegenüberstellung zeigt:

Rechtschreibkartei
Benötigt wird ein A6-Karteikasten mit 7 Fächern. Der Karteikasten kann im Handel erworben oder im Werkunterricht hergestellt werden. Für jedes Fehlerwort wird eine A6-Karteikarte angelegt.

+ Kartei ist schnell zu handhaben.
+ In jedem Fach können die Wörter alphabetisch eingeordnet werden.
+ Karten können zum Üben einzeln herausgenommen werden.
− Aufbewahrungsort des Karteikastens muss geklärt werden.
− Karten können verloren gehen.

Rechtschreibordner
Benötigt wird ein A4-Ordner mit 7 Registerkartons. Um genügend Schreibraum für Übungen zu haben, sollte jedes linierte Einlegeblatt für drei Wörter unterteilt werden.

+ Ordner ist zum Mitnehmen besser geeignet.
+ Einlegeblätter gehen nicht so leicht verloren.
− Auf einer Einlegeseite stehen mehrere Übungswörter.
− Das Heraussuchen bestimmter Wörter ist aufwändiger.

Es bleibt der Lehrkraft überlassen, zu entscheiden, ob eine Rechtschreibkartei oder ein Rechtschreibordner auf dem Hintergrund der gegebenen Bedingungen praktikabler ist.

Lösungen

In diesem Kapitel werden die Lösungen zu Übungsaufgaben der Kapitel *Sprachbetrachtung* und *Rechtschreibung* aufgeführt. Diese Lösungen können kopiert in einem Ordner in der Klasse aufbewahrt werden und ermöglichen damit die selbstständige Kontrolle durch die Schülerinnen und Schüler.

Seite 119, Aufgabe 2 b)
Neugierig beobachteten wir einen <u>Menschen</u>. Er hatte eine <u>Größe</u> von ca. 2 m. Seine <u>Nase</u> war viel kürzer als unsere und seine beiden <u>Augen</u> standen ganz dicht zusammen. Auffallend war sein aufrechter <u>Gang</u>. Außerdem gab er fremde <u>Laute</u> von sich. Ob er sonst so aussah wie wir, wissen wir nicht, da er einen <u>Schutzanzug</u> trug.

Seite 121, Aufgabe 4 b)
Polizei taute Dieb auf
(…) Aus diesem Grunde merkte <u>der</u> arme Mensch auch nicht gleich, dass <u>ein</u> unbekannter Mann die Hose aus <u>der</u> Waschmaschine nahm. <u>Der</u> Mann zog <u>die</u> nasse Jeans sogleich an und verließ geschwind <u>den</u> Waschsalon. Draußen stieß der Dieb mit <u>einer</u> Frau zusammen, bevor er in <u>der</u> Dunkelheit verschwand. Doch <u>der</u> Täter konnte schnell gefasst werden. Da es bitterkalt war, dauerte es nicht lange, bis <u>das</u> Wasser in <u>der</u> Hose gefror. <u>Der</u> Mann erlitt <u>einen</u> Kälteschock und blieb an <u>einer</u> Straßenecke liegen. <u>Ein</u> vorbeifahrender Polizist entdeckte <u>den</u> Mann und brachte ihn aufs Revier. <u>Der</u> Dieb brauchte nur noch aufgetaut zu werden, bevor er von <u>den</u> Polizisten verhört werden konnte.

Seite 122, Aufgabe 2

der	die	das
der Galopp	die Bahn	das Rennpferd
der Gepard	die Klasse	das Faultier
der Kleinwagen		
der Vergleich		
der Mensch		
der Läufer		
der Trost		

Seite 123, Aufgabe 2

Singular (Einzahl)	Plural (Mehrzahl)
der Piranha	die Piranhas
der Zahn	die Zähne
der Mensch	die Menschen
der Fisch	die Fische
das Tier	die Tiere
das Gewässer	die Gewässer
die Pflanze	die Pflanzen
die Angst	die Ängste
das Fleisch	–
–	die Leute
die Nahrung	–
–	die Ferien
der Amazonas	–

Seite 123, Aufgabe 4
das Aquarium – die Aquarien
der Atlas – die Atlanten
das Datum – die Daten
der Kaktus – die Kakteen
das Museum – die Museen

Seite 123, Aufgabe 5.1
die Bälle, die Gläser, die Hähne, die Nähte, die Wände

Seite 123, Aufgabe 5.2
die Bäuche, die Häuser, die Mäuse, die Träume, die Zäune

Seite 124, Aufgabe 1 a)
Machen Sie Urlaub bei uns!!!
Wissen Sie, wo Sie in diesem Jahr <u>den Urlaub</u> verbringen? Alle Tage <u>des Urlaubs</u> sollten Sie bei uns buchen! Wir sorgen dafür, dass Sie sich in <u>dem Urlaub</u> nicht langweilen. <u>Der Urlaub</u> wird für Sie unvergesslich werden.
Hier die Vorzüge unseres Hotels:
– <u>Das Hotel</u> liegt direkt neben der allseits bekannten Kläranlage.
– Der Ruf <u>des Hotels</u> geht weit über die Stadtgrenze hinaus. (Dafür sorgen die täglichen Fehlalarme der Sirene.)
– Die Liebe zum Tier gibt <u>dem Hotel</u> eine besondere Note. (Mäuse fühlen sich bei uns sehr wohl.)
– Auch einzelne Hausdiebe haben <u>das Hotel</u> kennen und schätzen gelernt.

Seite 125, Aufgabe 2 a)
In einem Münchner Hotel haben Polizisten <u>einen Wellensittich</u> festnehmen wollen. Vermutlich hatte der Vogel durch <u>einen Freiflug</u> <u>die Alarmanlage</u> <u>des Hauses</u> ausgelöst. Ein Sicherheitsunternehmen informierte <u>die Polizei</u>. Sofort fuhr die Polizei an <u>den angegebenen Ort</u>. Dort fanden sie <u>den Täter</u> ganz ruhig auf einer Stange <u>des offenen Käfigs</u> sitzen. Wie die Polizei angab, versuchte der Vogel <u>einen unschuldigen Eindruck</u> zu erwecken. Der Besitzer <u>des Hotels</u> versprach, in Zukunft <u>die Käfigtür</u> immer geschlossen zu halten.

Seite 125, Aufgabe 2 b)
1. einen Wellensittich (4. Fall / Akkusativ)
2. einen Freiflug (4. Fall / Akkusativ)
3. die Alarmanlage (4. Fall / Akkusativ)
4. des Hauses (2. Fall / Genitiv)
5. die Polizei (4. Fall / Akkusativ)
6. den angegebenen Ort (4. Fall / Akkusativ)
7. den Täter (4. Fall / Akkusativ)
8. des offenen Käfigs (2. Fall / Genitiv)
9. einen unschuldigen Eindruck (4. Fall / Akkusativ)
10. des Hotels (2. Fall / Genitiv)
11. die Käfigtür (4. Fall / Akkusativ)

Seite 125, Aufgabe 3 a)
(…) Ich ging an <u>der Wand</u> (wo? 3. Fall) unseres Dachbodens entlang. Plötzlich stolperte ich über eine Kiste, die mein Großvater vor vielen Jahren an <u>die Wand</u> (wohin? 4. Fall) gestellt hatte. Langsam griff ich in <u>die Kiste</u> (wohin? 4. Fall). Es war unglaublich: In <u>der Kiste</u> (wo? 3. Fall) befanden sich geheimnisvolle Dinge …

Seite 126, Aufgabe 4 a) und b)
er = der Blauwal
er = der Blauwal
er = der Blauwal
ihr = die Schülerinnen und Schüler
ihr = die Schülerinnen und Schüler
sie = Blauwale, Pottwale, Delfine, Orcas
sie = Blauwale, Pottwale, Delfine, Orcas
sie = Blauwale, Pottwale, Delfine, Orcas
wir = die Menschen
sie = Rinder, Schweine und Wale

Seite 127, Aufgabe 5 c)
Schon länger her!
Eine Fliege geht mit ihrer Freundin auf einer Glatze spazieren. „Kommt dir diese Gegend nicht bekannt vor? Ich war hier schon einmal mit dir."
„Ich glaube, du verwechselst mich. Diese Gegend ist mir völlig fremd. Sicherlich hat dich damals eine andere Fliege begleitet."
„Nein, das nicht. Aber ich weiß, warum es dir nicht einfällt: Als wir das letzte Mal hier waren, war hier nur ein schmaler Fußweg."

Seite 128, Aufgabe 1
Ein (beinahe) alltäglicher Streit
„Nehmt bitte eure Sprachbücher heraus!", forderte der Lehrer seine Schülerinnen und Schüler auf. Da begann auch schon ein Gezeter. „Das ist mein Buch!", rief Bernd. „Nein, das ist nicht dein Buch!", schrie Heinz.
Da meldete sich Christina: „Was soll der Streit? Das Buch gehört mir." „Woher willst du wissen, dass dies dein Buch ist?", fragte der Lehrer erstaunt. „Ganz einfach, auf meinem Buch klebt ein Sticker."

Seite 128, Aufgabe 2
1. Sagst du deinem Bruder, dass wir heute Nachmittag Basketball spielen?
2. Mit meinem Freund können wir zu viert spielen.
3. Ich werde meinem Freund sagen, dass er seinen Ball mitbringen soll.
4. Kannst du nicht auch deine Schwester mitbringen?
5. Das letzte Mal hat sie uns mit ihren Würfen ganz schön unter Druck gesetzt.
6. Ich werde meiner Mutter sagen, dass sie uns etwas zum Trinken mitgibt.
7. Kommt dein Vater um fünf am Sportplatz vorbei?
8. Wir könnten dann mit deinem Vater zurückfahren.

Seite 129, Aufgabe 2
An alle Jugendlichen von 11 bis 15!
Kennt ihr das? Ihr habt Ferien und wisst nichts mir eurer Zeit anzufangen? Diejenigen (Jene) unter euch, die Lust haben, ihre Freizeit mit Pfadfindern zu verbringen, wird dies (das) sicherlich interessieren:
Wir planen ein dreitägiges Überlebenstraining im Wald. Ein solches Abenteuer habt ihr noch nicht erlebt. Angeleitet wird die Gruppe von Herrn Grasbusch. Diesen (Den) kennen sicherlich viele von euch. Er ist derjenige (der), der im letzten Herbst das bekannte Buch über Wildkräuter herausbrachte. Für diejenigen (jene, die), die von ihm noch nichts gehört haben: Er gehört zu denjenigen (denen, solchen), die im Winter draußen schlafen. Und dies (das) wird euch begeistern: Wir verzichten aufs Waschen und Zähneputzen. Habt ihr Interesse, dann meldet euch im Pfadfinderhaus am Forstplatz.

Seite 130, Aufgabe 1 a)
Robinson Crusoe
Sicherlich kennt ihr Robinson Crusoe, der jahrelang auf einer einsamen Insel lebte. Als junger Mann verließ Robison, dem das alltägliche Leben keinen Spaß mehr machte, sein Elternhaus und heuerte auf einem Schiff an. Er genoss auf dem Meer das Gefühl von Freiheit, das jedoch zerstört wurde, als das Schiff in einem Sturm unterging. Robinson wurde bewusstlos an eine einsame Insel gespült, die er nie zuvor gesehen hatte. Als einziger Überlebender musste er dort viele Jahre verbringen. Erst als alter Mann wurde Robinson von einem Kapitän entdeckt, welcher von seinem Schiff aus dessen Rauchzeichen erblickte. Übrigens wurde das Buch, welches aus dem Jahre 1719 stammt, von Daniel Defoe geschrieben.

Seite 130, Aufgabe 2
Robinson und Freitag
Das Leben auf der einsamen Insel war für Robinson Crusoe sehr schwierig. Für den Bau seiner Hütte, die er aus Bambusstäben und Palmenblättern errichtete, brauchte er viele Wochen. Darüber hinaus musste er lernen, zu jagen und sein Handwerkzeug, das er zum täglichen Leben benötigte, selbst herzustellen. Eines Tages entdeckte Robinson, der sich gerade auf der Jagd befand, dass er auf der Insel nicht allein war. Er beobachtete nämlich Kannibalen, die einen jungen Mann jagten. Crusoe rettete diesen Mann, den er später Freitag nannte, das Leben. Robinson hatte von nun an einen Freund, dem er sowohl seine Sprache als auch Lesen und Schreiben beibrachte.

Seite 131, Aufgabe 2 a)
Ich war auf einer Treibjagd. Dort ereignete sich ein merkwürdiger Unfall. Ein Hund trat plötzlich auf eine Flinte. Dann löste sich ein Schuss. Dieser traf mein Hinterteil. Nach Angaben der Ärzte befanden sich über hundert Schrotkugeln in mir.

Seite 131, Aufgabe 3 b)
1. war – sein
2. ereignete – ereignen
3. trat – treten
4. löste – lösen
5. traf – treffen
6. befanden – befinden

Seite 131, Aufgabe 4
1. **j**agte
2. **a**chtet
3. **g**ing
4. **d**achte
5. **r**annte
6. **e**rkannten
7. **v**erblieb
8. **i**st
9. **e**ntdeckt
10. **r**ief

Lösungswort: Jagdrevier

Seite 132, Aufgabe 1 a)
Er spielt Basketball.
Susanne spielt Basketball.
Ihr spielt Basketball.
Er spielt mit ihrem kleinen Bruder.
Susanne spielt mit ihrem kleinen Bruder.
Ihr spielt mit ihrem kleinen Bruder.
Er spielt Gitarre.
Susanne spielt Gitarre.
Ihr spielt Gitarre.

Seite 132, Aufgabe 1 b)
Du spielst … Die Lehrer spielen …
Wir spielen … Ich spiele …

Seite 132, Aufgabe 2 a)
du wartest, du eilst, du nimmst, du fällst, du hilfst, du brichst, du kaufst, du folgst, du hältst, du läufst, du darfst, du fasst, du gibst, du kannst, du liest, du musst, du nennst, du schließt, du rätst, du schläfst, du siehst, du gehst, du trägst, du triffst, du wirst, du ziehst, du weißt, du fährst, du sprichst

Seite 132, Aufgabe 3 a)
muss – müssen, bewies – beweisen, hatten geplant – planen, hatten durchgeführt – durchführen, hatten vorbereitet – vorbereiten, zeigten – zeigen, begann – beginnen, fanden – finden, waren gesetzt – setzen, jonglierten – jonglieren, verbargen – verbergen, macht – machen, erklärte – erklären, entfernte – entfernen, lobte – loben, erklärte – erklären, wird unterstützen – unterstützen

Seite 133, Aufgabe 4

Präsens	Präteritum	Perfekt
bekommen	bekam	hat bekommen
bringen	brachte	hat gebracht
flanken	flankte	hat geflankt
springen	sprang	ist gesprungen
reißen	riss	hat gerissen
zeigen	zeigte	hat gezeigt
ziehen	zog	hat gezogen
fehlen	fehlte	hat gefehlt
kommen	kam	ist gekommen
legen	legte	hat gelegen
laufen	lief	ist gelaufen
schießen	schoss	hat geschossen
stehen	stand	hat gestanden

Seite 135, Aufabe 6 a)
Inlineskaten
1. kennt
2. begeistern
3. Wusstest (Weißt)
4. gibt
5. ist
6. wollte
7. kamen
8. heißt
9. montierte
10. nahmen
11. liefen
12. machen

Seite 135, Aufgabe 7 a)
Sportnachrichten
1. kam
2. fanden
3. blieb
4. begeisterte
5. fand
6. bestürmten
7. stellten
8. setzte
9. zog
10. ging
11. stolperte
12. fiel
13. verstauchte

Seite 135, Aufgabe 8
1. In Pfaffenhofen haben am letzten Dienstag Wettkämpfe im Skaten stattgefunden.
2. Skater-Eddy ist natürlich auch zu den Wettkämpfen angereist.
3. Über viele Minuten hat er das Publikum begeistert.
4. Sein Sprung durch einen brennenden Reifen hat die Menschen in Staunen versetzt.

Seite 136, Aufgabe 1

vor dem Spieltag	am Spieltag (1. April)
sie hatte vorbereitet	es sollte stattfinden
sie hatten mitgeholfen	sie standen nicht mehr
er war angetreten	sie fehlten
wir hatten aufgestellt	es leuchteten
wir hatten geflickt	es fehlten
wir hatten nachgezogen	wir starrten
wir hatten telefoniert	er erschien
sie hatten angezettelt	er fuhr vor
	sie amüsierte sich

Seite 136, Aufgabe 3 b)
1. Nachdem wir in der letzten Woche auswärts gewonnen hatten, begannen wir voller Zuversicht das Spiel.
2. Nach der Halbzeit stellte sich unser Ersatzstürmer ins Tor, weil sich unser Torwart bei der letzten Parade verletzt hatte.
3. Während sich der Schiedsrichter mit unserem Trainer stritt, schossen die Gegner ein Tor.
4. Unser Trainer bekam einen Platzverweis, nachdem er wütend auf das Spielfeld gelaufen war.
5. Obgleich wir das Spiel verloren hatten, feierten wir mit den Fans anschließend in der Kabine.

Seite 137, Aufgabe 2
Ein Fan bei der Autogrammstunde
1. Ich möchte meinen Lieblingssportler ganz nahe sehen.
2. Vielleicht schenkt er mir ein Autogramm.
3. Sicherlich werde ich wieder erröten.
4. Natürlich sammle ich alle Zeitungsartikel über ihn.
5. Oh, da kommt er!

Seite 137, Aufgabe 3

Verben ohne Ergänzung	Verben mit einer Ergänzung	Verben mit zwei Ergänzungen
erröten	sehen	schenken
kommen	sammeln	

Seite 137, Aufgabe 4 b)

Verben ohne Ergänzung	Verben mit einer Ergänzung	Verben mit zwei Ergänzungen
blühen	hören	schenken
verdunsten	folgen	geben
husten	verkaufen	
	unterstützen	

Seite 139, Aufgabe 6 a)
1. genau
2. kurz
3. mittelgroß
4. klein
5. neongrün
6. blitzschnell
7. klein
8. steil
9. klein
10. rostig
11. besondere
12. leise
13. genau
14. toll
15. aufregend
16. laut

Seite 140, Aufgabe 1
kleiner – kleiner – am kleinsten
kurz – kürzer – am kürzesten
alt – älter – am ältesten
freundlich – freundlicher – am freundlichsten
nett – netter – am nettesten
gut – besser – am besten
lang – länger – am längsten
hell – heller – am hellsten
lustig – lustiger – am lustigsten
witzig – witziger – am witzigsten
schön – schöner – am schönsten

Seite 140, Aufgabe 2
rund, tot, mündlich, schwarz, italienisch, fertig

Seite 140, Aufgabe 3 b)
neue (Grundstufe)
kühnsten (Höchststufe)
blutigste (Höchststufe)
schneller (Höherstufe)
schöne (Gundstufe)
peinliche (Grundstufe)
richtig (Grundstufe)

Seite 141, Aufgabe 6 (Beispiel für Umstellungen)
1. Der listige Asterix spielt den Römern oft einen Streich.
2. Den Römern spielt der listige Asterix oft einen Streich.
3. Einen Streich spielt der listige Asterix den Römern oft.
4. Oft spielt der listige Asterix den Römern einen Streich.

Seite 142, Aufgabe 1 a)

Satz	1	2	3	4	5	6	7	8	9	10	11
Satzglieder	4	4	4	5	4	4	4	3	4	4	3

Seite 143, Aufgabe 3 b) (Satzbeispiele)
Der Dompteur zeigt den Tigern gerade mit der Peitsche ihre Plätze.
Der Zauberer holt gerade bunte Tücher aus dem Hut.

Seite 143, Aufgabe 3 c)
holt, zeigt

Seite 143, Aufgabe 3 d)
1. Der Dompteur zeigt den Tigern gerade mit der Peitsche ihre Plätze.
2. Gerade zeigt der Dompteur den Tigern ihre Plätze mit der Peitsche.
3. Ihre Plätze zeigt der Dompteur den Tigern gerade mit der Peitsche.
4. Mit der Peitsche zeigt der Dompteur gerade den Tigern ihre Plätze.
5. Den Tigern zeigt der Dompteur gerade mit der Peitsche ihre Plätze.
6. Den Tigern zeigt der Dompteur gerade ihre Plätze mit der Peitsche.

1. Der Zauberer holt gerade bunte Tücher aus dem Hut.
2. Gerade holt der Zauberer bunte Tücher aus dem Hut.
3. Aus dem Hut holt der Zauberer gerade bunte Tücher.
4. Bunte Tücher holt der Zauberer gerade aus dem Hut.
5. Gerade holt der Zauberer aus dem Hut bunte Tücher.

Seite 143, Aufgabe 3 e)
An zweiter Stelle.

Seite 144, Aufgabe 4 b) und c)
kommen ... an,   ankommen
bauen ... auf,   aufbauen
laufen ... ein,   einlaufen
laufen ... hinaus hinauslaufen
treiben ... an,   antreiben

Seite 144, Aufgabe 5
1. Die Akrobatin rutscht am Seil hinab.
2. Gleich hören die Jongleure mit ihrer Arbeit auf.
3. Die Trapezkünstler steigen aus der Zirkuskuppel herab.
4. Der Dompteur treibt die Tiger in den Transportwagen hinein.
5. Der ganze Zirkus reist in den Morgenstunden ab.

Seite 144, Aufgabe 8
1. Der Löwe hat laut gebrüllt.
2. Während der Vorstellung hat die Kapelle gespielt.
3. Ein Artist hat einen Salto geschlagen.
4. Während der Pause habe ich eine Limo getrunken.
5. Am Ende haben die Zuschauer geklatscht.

Seite 146, Aufgabe 4 a)
– der beleibte Zirkusdirektor
– die bunt gekleidete Musikkapelle
– ein kleines Mädchen
– Es
– Ein lauter Trommelwirbel
– alle Pferde
– Die lustigen Clowns
– alle

Seite 146, Aufgabe 4 b)
– die bunt gekleidete Musikkapelle
– Es, alle

Seite 146, Aufgabe 6
(1) kam, (2) sahen, (3) gefiel, (4) ein Elefant, (5) er,
(6) der Zirkus, (7) fuhren, (8) ging, (9) er, (10) fiel,
(11) setzte, (12) der Elefant (er)

Seite 147, Aufgabe 1
1. Was veranstalten wir am Samstag in unserer Schule? (ein Klassenfest)
2. Wessen bedarf ein solches Fest? (einer genauen Planung)
3. Was besorgen Klaus, Marion und Celim? (die Getränke)
4. Wem helfe ich beim Ausschmücken? (meinen Freunden)
5. Was haben Birgit und Vera entworfen? (die Einladungskarte)
6. Wem gefällt sie prima? (mir)
7. Wen unterstützen wir beim Kopieren der Einladungen? (unsere Lehrerin)
8. Wem macht schon die Vorbereitung Spaß? (uns)

Seite 147, Aufgabe 3
Wir unterstützen unsere Lehrerin. (Akkusativobjekt)
Wir helfen unserer Lehrerin. (Dativobjekt)

Es hängt vom Prädikat ab.

Seite 147, Aufgabe 4
1. Ulis Mutter macht eine große Portion Nudelsalat.
2. Wir befestigen die Girlanden an der Wand.
3. Mahmut reicht Carolin einen Hammer.
4. Klaus holt einen Kassettenrekorder.
5. Unsere Lehrerin dankt dem Hausmeister für seine Hilfe.

Seite 148, Aufgabe 5 b) und c)

Dativobjekt (Wem?):
C) der Klassenlehrerin
D) mir
F) der Klasse
H) unserer Lehrerin

Akkusativobjekt (Wen? oder Was?):
A) das Tanzbein, viele laute Lieder
B) Luftballons, Wasserbomben
C) einen Vorschlag, keine Hausaufgaben, den Raum
E) eine tolle Idee, festliche Kleidung
F) meinen CD-Player
G) das Gemecker, deinen Hamster
H) ein Geschenk, einen Blumenstrauß

Seite 150, Aufgabe 2 a)

Liebe Nina,
ich feiere <u>am 31. Oktober</u> eine Halloween-Party und möchte dich dazu herzlich einladen. Für unser Fest haben wir uns etwas Besonderes ausgedacht: Die Feier findet nämlich <u>in einer alten Scheune</u> statt. Alle Gäste werden <u>um 15.00 Uhr</u> erwartet. Wir werden uns verkleiden und <u>im Wald</u> umhergeistern. Es wäre nett, wenn deine Eltern dich <u>gegen 20.00 Uhr</u> abholen würden. Wir werden sicherlich viel Spaß haben! Sei bitte pünktlich!

Seite 150, Aufgabe 2 c)

Zeitangabe	Ortsangabe
am 31. Oktober	in einer alten Scheune
um 15.00 Uhr	im Wald
gegen 20.00 Uhr	

Seite 150, Aufgabe 3 b)

Zeitangabe	Ortsangabe
am Sonntag	hier
seit einem Jahr	dort
für zwei Monate	ins Spukschloss
morgen	im Garten
jetzt	aus der Wohnung
für drei Jahre	im Auto
	in Italien

Seite 151, Aufgabe 5

Zeitangabe	Ortsangabe
in diesem Jahr	in einigen Gegenden
in der Nacht zum 1. November	durch die Stadt
selten	über den Kopf
seit Ende des 19. Jahrhunderts	auf den Straßen
seit einigen Jahren	nach Amerika
im nächsten November	dort
	im Fernsehen
	in Deutschland
	von Haus zu Haus

Seite 153, Aufgabe 5
Prima Leistung

Helge: „Wir haben heute eine Mathematikprüfung geschrieben." Mutter: „Wie viele Aufgaben hast du denn gehabt?" – „Zehn." – „Und wie viele waren davon falsch?" – „Nur eine." – „Das ist ja toll, ich gratuliere dir!" – „Und die anderen?" – „Zu denen bin ich leider nicht mehr gekommen."

Scharf gerechnet

Lehrer: „Ihr bekommt heute eure Mathematikschulaufgabe zurück." Schüler: „Warum schauen Sie dabei so traurig?" Lehrer: „Ich weiß nicht, wie das nur weitergehen soll."/!" Schüler: „Was denn?" Lehrer: „Ihr seid so schlecht in Mathematik!/. Mindestens siebzig Prozent müssten eine Fünf bekommen." Schüler: „Aber Herr Lehrer, so viele sind wir doch gar nicht!"

Seite 155, Aufgabe 2
Bei uns daheim

Zwei Brüder habe ich. Leider bin ich der Jüngste.
(Zwei Brüder habe ich, leider bin ich der Jüngste.)
Bei uns lebt auch mein Opa. In der Hundehütte wohnt unsere Dackelhündin. Susi ist übrigens meine Schwester.

Seite 155, Aufgabe 4 a)
Die liebe Verwandtschaft

1. Verwandtschaft kann sehr zum Vorteil sein,
   <u>aber</u> (doch) manchmal nervt sie auch.
2. Meine Tante aus Buxtehude besucht uns einmal im Jahr,
   <u>aber</u> (doch) manchmal kommt sie auch öfter.
3. Ich muss mich dann immer gut benehmen,
   <u>denn</u> meine Eltern wollen stolz auf mich sein.
4. Für mich sind diese Besuchstage sehr langweilig,
   <u>aber</u> niemand fragt danach.
5. Beim letzten Besuch hatte ich jedoch meinen Spaß,
   <u>denn</u> Tante Trude hat sich auf eine Tintenpatrone gesetzt.
6. Ihr heller Rock hatte plötzlich ein blaues Muster,
   <u>aber</u> (doch) das hat sie erst zu Hause bemerkt.

Seite 156, Aufgabe 1 a)

1. Für meine Familie tue ich alles, weil sie mir wichtig ist.
2. Am Sonntag unternehmen wir etwas gemeinsam,
   wenn alle Zeit haben.
3. Mein Hund darf auch mitkommen, da er dazugehört.
4. Ich denke gern an den letzten Ausflug zurück,
   als wir an den Starnberger See fuhren.
5. Leider geriet ich mit meinem Bruder in Streit,
   nachdem ich auf seinen Fuß getreten war.
6. Ich habe ihm zur Versöhnung ein Eis gekauft,
   weil er mir leidtat.
7. Eigentlich bin ich mit meiner Familie zufrieden,
   obwohl es manchmal Streit gibt.

Seite 156, Aufgabe 2
Familienordnung für das Wochenende

1. Vater putzt meine Schuhe, wenn sie schutzig sind.
2. Meine Mutter benutzt am Wochenende nicht das Telefon,
   da meine Freunde mich anrufen könnten.
3. Oma räumt mein Zimmer auf, damit ich mich dort wieder wohlfühle.
4. Opa repariert mein Fahrrad, nachdem er zuvor meinen Fußball aufgepumpt hat.
5. Ich schlafe am Wochenende lange aus, weil ich niemanden bei der Arbeit stören will.

Seite 156, Aufgabe 3 c)

Prädikat im Hauptsatz: an zweiter Stelle
Prädikat im Nebensatz: an letzter Stelle

Seite 157, Aufgabe 5
Eine lustige Familie
1. Mein Bruder Willi fährt morgens mit dem Bus zur Schule, <u>obwohl</u> er mit dem Fahrrad schneller wäre.
2. Meine Schwester Lisa besetzt jeden Morgen stundenlang das Bad, <u>weil</u> sie sich ihre Haare täglich grün färbt.
3. Mein Vater ist schon einmal mit Hausschuhen ins Büro gefahren, <u>als</u> er es sehr eilig hatte.
4. Meine Mutter schläft nachts sitzend im Bett, <u>wenn</u> sie beim Frisör gewesen war.
5. Meine Oma erledigt manchmal meine Hausaufgaben, <u>während</u> ich in der Zeit ihre Kreuzworträtsel löse.

Seite 157, Aufgabe 6 b), c) und d)
Familienurlaub
Im letzten Sommer fuhren wir ans Meer. Der Arzt hatte Vater dazu geraten, **weil** <u>Seeluft seine Atembeschwerden lindern sollte.</u> **Nachdem** <u>wir am Ferienort angekommen waren,</u> nahmen wir sofort unsere Badesachen und liefen an den Strand. Wir wollten alle gleich ins Wasser springen, **obwohl** <u>es noch sehr kalt war.</u> Vater hatte es besonders eilig. **Während** <u>wir noch unsere Badekleidung anzogen,</u> war er schon auf dem Weg ins Meer. Leider hatte er gar nicht gemerkt, **dass** <u>er seine Brille trug.</u> Ich wollte ihn noch warnen. Doch Vater tauchte bereits mit einem großen Sprung im Meer unter. **Nachdem** <u>er wieder die Wasseroberfläche erreicht hatte,</u> war seine Brille verschwunden. Leider fanden wir sie nicht wieder, **obwohl** <u>wir alle lange im Wasser suchten.</u> **Da** <u>Vater ohne Brille kaum sehen kann,</u> musste er sich eine neue kaufen.

Seite 158, Aufgabe 1 b), c) und d)
Rätsel mit Preisen	– Preisrätsel
Ende der Woche	– Wochenende
Platz des Startes	– Startplatz
Hülle des Ballons	– Ballonhülle
Werfer für Flammen	– Flammenwerfer
Stoß mit Flammen	– Flammenstoß
Wipfel der Bäume	– Baumwipfel
Turm der Kirche	– Kirchturm
Sicht in die Ferne	– Fernsicht
Gipfel der Berge	– Berggipfel
Weide für Kühe	– Kuhweide
Bus für Camping	– Campingbus

Seite 159, Aufgabe 9 b)
Stofffetzen, Imbissstand, Seeelefant, Betttuch, Krepppapier

Seite 160, Aufgabe 1 a) und b)
	Fühl	er		Wohn	ung		Fäng	er
Ge	fühl				wohn	lich	ver	fäng	lich
ge	fühl	los	ge	wohn	t	ge	fang	en
	fühl	bar	bew	wohn	bar	An	fang	
an	fühl	en	unge	wöhn	lich			
fein	fühl	ig	An	wohn	er	Ge	fäng	nis
er	fühl	en	Be	wohn	er		fang	en

Seite 161, Aufgabe 5 und 6
Nomen	Adjektive
Land<u>ung</u>	kränk<u>lich</u>
Freund<u>schaft</u>	präch<u>tig</u>
Gesund<u>heit</u>	krank<u>haft</u>
Heiter<u>keit</u>	sand<u>ig</u>
	herr<u>isch</u>
	halt<u>bar</u>
	freund<u>lich</u>
	halt<u>los</u>
	glaub<u>haft</u>
	gemüt<u>lich</u>
	müh<u>sam</u>
Heiter<u>keit</u>	freund<u>lich</u>
Üb<u>ung</u>	wunder<u>bar</u>
Freund<u>schaft</u>	mod<u>isch</u>
End<u>ung</u>	ein<u>sam</u>
Acht<u>ung</u>	spieler<u>isch</u>
Klug<u>heit</u>	wich<u>tig</u>
Kreuz<u>ung</u>	klein<u>lich</u>
Wichtig<u>keit</u>	hör<u>bar</u>

Seite 165, Aufgabe 1 b)
Hinfahrt: 1. Ast
Fährhafen: 2. Ast
fährt: 3. Ast

Seite 166, Aufgabe 1 b)
Sprichwort: „Viele Köche verderben den Brei."

Seite 166, Aufgabe 2 b)
1. = M 3. = H 5. = T 7. = U 9. = R 11. = T
2. = A 4. = L 6. = Z 8. = E 10. = S
Sprichwort: „Wer zuerst kommt, mahlt zuerst."

Seite 167, Aufgabe 4 a)
Gemeinsamkeit: Reim

Seite 167, Aufgabe 5 c)
A Was Hänschen nicht lernt, lernt Hans nimmermehr.
B Morgenstund hat Gold im Mund.

Seite 168, Aufgabe 2 a)
Fremdwort	deutscher Begriff
Monitor	Bildschirm
Software	Programme
Prozessor	Rechner
Harddisk	Festplatte
Games	Spiele
Joystick	Steuerhebel
Printer	Drucker
Keybord	Tastatur
Computer	Rechner
Password	Kennwort
User	Benutzer

Seite 169, Aufgabe 4
1 = N (Maus)   5 = B (Maske)
2 = O (Scanner)   6 = O (Pixel)
3 = T (Modem)   7 = O (Cursor)
4 = E (Druckertreiber) 8 = K (Soundkarte)

Seite 172, Aufgabe 4
kurzer Vokal:
gl**a**sse, r**o**tterten, Gem**a**nk, el**u**mp, Pluckerw**a**nk, g**a**bben, Z**i**pferlak, K**i**nd, Gr**i**ff, gr**i**llt, m**a**mpfen, Schn**a**tterrind
langer Vokal:
W<u>ie</u>ben, fr<u>ie</u>ben, b<u>oh</u>r, Fl<u>ie</u>gelflagel, s<u>ie</u>h

Seite 173, Aufgabe 1
Wörter mit ll:
allerdings, schnell, fallen, knallen, Pille, Brille
Wörter mit nn:
dann, denn, innen, dünn, rennen, Pfanne
Wörter mit ff:
hoffentlich, offen, Pfeffer, Pfiff, Schiff
Wörter mit mm:
immer, sammeln, kommen, Jammer, Kaugummi
Wörter mit ss:
besser, passieren, pressen, fressen, Schlüssel, Kuss, Messer
Wörter mit pp:
doppelt, klappern, Puppe, Treppe, Gruppe, Lippe
Wörter mit tt:
glatt, kaputt, satt, wetten, (sie) hatte, Fett

Seite 173, Aufgabe 3 a)
schaf – fen, gaf – fen, die Waf – fen;
knal – len, fal – len, hal – len;
ret – ten, wet – ten, die Bet – ten;
Mit – te, Bit – te, Sit – te;
knur – ren, mur – ren, sur – ren;
Kup – pe, Sup – pe, Pup – pe;
sam – meln, gam – meln, stam – meln;
Ton – ne Son – ne, Non – ne

Seite 173, Aufgabe 4
Bril – le, Fut – ter, bren – nen, fres – sen, Klas – se, Mes – ser, Mit – te, Stim – me, Num – mer, zit – tern

Seite 173, Aufgabe 5 (Lösungsbeispiele)
wetten: Wette, verwetten, Wettkampf, Fernsehwette, Wettsieger
kennen: erkennen, Kennzahl, Bekenntnis, kenntlich, aberkennen
füllen: Füllung, abfüllen, füllbar, Füller, Wasserfüllung
stimmen: Stimme, abstimmen, Stimmgabel, Abstimmung, stimmend

Seite 174, Aufgabe 6

	ich	du	es	wir	ihr	sie
1	treffe	triffst	trifft	treffen	trefft	treffen
	hoffe	hoffst	hofft	hoffen	hofft	hoffen
	schaffe	schaffst	schafft	schaffen	schafft	schaffen
	gaffe	gaffst	gafft	gaffen	gafft	gaffen
	kläffe	kläffst	klafft	kläffen	klafft	kläffen
2	knalle	knallst	knallt	knallen	knallt	knallen
	will	willst	will	wollen	wollt	wollen
	belle	bellst	bellt	bellen	bellt	bellen
	falle	fällst	fällt	fallen	fallt	fallen
	soll	sollst	soll	sollen	sollt	sollen
3	brumme	brummst	brummt	brummen	brummt	brummen
	kämme	kämmst	kämmt	kämmen	kämmt	kämmen
	komme	kommst	kommt	kommen	kommt	kommen
	kenne	kennst	kennt	kennen	kennt	kennen
	spinne	spinnst	spinnt	spinnen	spinnt	spinnen
	kann	kannst	kann	können	könnt	können
4	küsse	küsst	küsst	küssen	küsst	küssen
	messe	misst	misst	messen	messt	messen
	fasse	fasst	fasst	fassen	fasst	fassen
	fresse	frisst	frisst	fressen	fresst	fressen
5	klappere	klapperst	klappert	klappern	klappert	klappern
	tippe	tippst	tippt	tippen	tippt	tippen
	schleppe	schleppst	schleppt	schleppen	schleppt	schleppen
	kippe	kippst	kippt	kippen	kippt	kippen
6	knarre	knarrst	knarrt	knarren	knarrt	knarren
	scharre	scharrst	scharrt	scharren	scharrt	scharren
	murre	murrst	murrt	murren	murrt	murren
	klirre	klirrst	klirrt	klirren	klirrt	klirren

Seite 175, Aufgabe 3
1. Spalte: die Gefahr, das Ohr, der Verkehr
2. Spalte: blühen, fühlen, lehren
3. Spalte: nehmen, stehlen, wählen
4. Spalte: ehrlich, mehr, wohl

Seite 176, Aufgabe 8
du stehst – stehen, wir drehten – drehen,
du flehst – flehen, es hat geweht – wehen,
es blüht – blühen, ihr geht – gehen, er sah – sehen,
du mähst – mähen, sie floh – fliehen

Seite 176, Aufgabe 9
du drohst, sie droht, er hat gedroht;
es glüht, es hat geglüht, du glühst,
du verstehst, sie versteht, er versteht,
sie näht, es ist genäht, er hat genäht

Seite 177, Aufgabe 10 a)
die Zahl – die Wahl, sehr – mehr,
die Bahn – der Zahn, der Kohl – wohl,
das Jahr – wahr, fehlen – stehlen,
dröhnen – gewöhnen, der Lohn – der Sohn

Seite 177, Aufgabe 11
1. Wir lobten ihn.
2. Teilst du ihre Bedenken?
3. Ich gab ihnen meinen Schlüssel.
4. Sie folgten ihren Spuren.
5. Morgen kommt ihre Tante.
6. Ihr könnt morgen zu Hause bleiben.

Seite 177, Aufgabe 12 b) (Lösungsbeispiele)
1. Während des Gewitters weht ein heftiger Wind.
2. Im letzten Herbst kehrte ich immer das Laub zusammen.
3. Beim Ausleeren der Spardose wird das Geld gezählt.
4. Mama mahlte die Kaffeebohnen mit der Kaffeemühle selber.
5. Die Fuchsmutter lehrt ihre Jungen das Jagen.
6. Plötzlich fühlte ich einen heftigen Schmerz.
7. Mario hat zwei Wochen gefehlt.
8. Ich ziehe mein Hemd nach dem Waschen in die Länge.
9. Ich drehte mich im Bett um und schlief weiter.

Seite 177, Aufgabe 13 a) und b)
Zweijähriger – verjährt
fährt – fahren
früh – früher
wohl – Wohlstand
Jahre – jahrelang
während – fortwährend
Fahrersitz – Fahrzeug
hohes – Hoheit
ihm – ihnen
Verkehrsampel – verkehrt
fröhlich – Frohsinn
zurückkehrte – heimkehren
wahrscheinlich – Wahrheit
Fahrerin – Fahrwerk
abzuziehen – Tauziehen

Seite 178, Aufgabe 1
Ziege, Bier, Zwiebel, Sieger, Brief, Spiegel,
Schmied, Dieb, Fieber, Fliege, Ziegel, Schiefer

Seite 178, Aufgabe 2
der Riegel – das Siegel – der Ziegel – der Spiegel
biegen – liegen – siegen – wiegen – fliegen
lief – rief – tief – schief – der Brief
gießen – fließen – schließen – sprießen – schießen
der Kiel – das Ziel – das Spiel – viel – es fiel

Seite 178, Aufgabe 3
riesig – der Riese   die Gier – gierig
spiegeln – der Spiegel   der Sieg – siegreich
spielen – das Spiel   die Schiene – schienen
dienen – der Diener   Ziel – zielen

Seite 179, Aufgabe 4 a)
der Marsch – marschieren, das Diktat – diktieren,
das Training – trainieren, die Sorte – sortieren,
das Telefon – telefonieren, die Musik – musizieren,
der Buchstabe – buchstabieren

Seite 179, Aufgabe 5
1. Gestern blieb mir fast das Herz stehen.
2. Ich schrieb gerade an meine Freundin.
3. Plötzlich fiel mir ein merkwürdiges Geräusch auf.
4. Ich sah aus dem Fenster und hielt es nicht für möglich.
5. In unserem Garten lief ein Elefant herum.
6. Ich rieb schnell meine Augen und sah noch einmal hin.
7. Es war kein Traum, das Tier schien sich in unserem Garten wohlzufühlen.
8. Meine Mutter riet mir, den nahe gelegenen Zirkus anzurufen.
9. Eine Stunde später trieben mehrere Tierwärter den Elefanten zurück in sein Zelt.

Seite 180, Aufgabe 1 a)
Durch die Lüfte schwebt die Fee,
die Pferde fressen gerne Klee.
Fährt das Boot auf den See hinaus,
kannst du nur über das Moor nach Haus.
Die Katze fraß die Maus mit Haut und Haar,
drum wurden sie nie ein Liebespaar.
Im Magen des Raben herrschte Leere,
da aß er eine Walderdbeere.
Im Meer da schwamm ein Aal
in dem unterirdischen Fischballsaal.
Ein Engländer trinkt am liebsten Tee,
im August, da fällt nur selten Schnee.

die Fee, der Klee, das Boot, der See, das Moor, das Haar, das Liebespaar, die Leere, die Walderdbeere, das Meer, der Aal, der Fischballsaal, der Tee, der Schnee

Seite 180, Aufgabe 2
Tanzsaal, Waldbeere, Kopfhaar, Vogelpaar, Briefwaage, Neuschnee, Salatbeet, Hochmoor, Mittelmeer, Futterklee

Seite 181, Aufgabe 2 a) und b)

Wörter mit ss	Wörter mit ß
du isst	Grüße
bisschen	Schoß
nass	Fleiß
Nuss	er aß
Fass	Floß
iss!	genießen
Genuss	draußen
Schloss	Fuß
Messer	Maßband
Fluss	

Seite 181, Aufgabe 4
Nach kurz gesprochenem Vokal steht *ss*.
Nach lang gesprochenem Vokal steht *ß*.

Seite 182, Aufgabe 1
Fässer, Flossen, Flüsse, Gebisse, Nüsse,
Pässe, Schlösser, Schüsseln, Tassen

Seite 182, Aufgabe 2 a) und b), 3

ss-Wörter (Plural)	ss-Wörter (Singular)
die Fässer	das Fass
die Flossen	die Flosse
die Flüsse	der Fluss
die Gebisse	das Gebiss
die Nüsse	die Nuss
die Pässe	der Pass
die Schlösser	das Schloss
die Schüsseln	die Schüssel
die Tassen	die Tasse

Seite 183, Aufgabe 4
Klasse – Masse – Tasse – Gasse
Messer – besser
Kissen – Gewissen
Sessel – Nessel – Kessel
Schlüssel – Schüssel – Rüssel
Hass – Fass
Riss – Biss
Fluss – Nuss – Kuss

hassen – lassen – fassen – verlassen – passen
fressen – essen – fesseln – vergessen – pressen
prasseln – quasseln
müssen – küssen
nass – blass – dass – sodass

Seite 183, Aufgabe 7 a)
Menschenfresser, frisst, Messer

Seite 183, Aufgabe 7 b)
ist – isst
Änderung der Wortbedeutung:
Er isst wie ein gut erzogener Mensch.

Seite 184, Aufgabe 1 und 3

u	a	o
Fuß, Füße	Spaß, Späße	Stoß, Stöße
Ruß	saß	groß
Gruß, Grüße	Maß, Maße	Kloß, Klöße

Seite 184, Aufgabe 4
Fleiß, dreißig, Meißel, heißen, beißen, zerreißen
scheußlich
draußen, außen
gießen, schließen, schießen, fließen, Spieß
äußerlich

Seite 185, Aufgabe 5 a)
Stoß/Kloß, Fuß/Gruß, heißen/beißen, Grieß/Spieß,
Spaß/Maß, schießen/schließen, genießen/fließen, weiß/heiß

Seite 185, Aufgabe 8 b), c) und d)

Grundform	Gegenwart	Vergangenheit
essen	du isst	er aß
lassen	du lässt	er ließ
wissen	du weißt	er wusste
gießen	du gießt	er goss
schießen	du schießt	er schoss
schließen	du schließt	er schloss
fließen	du fließt	er floss
verdrießen	du verdrießt	er verdross
zerreißen	du zerreißt	er zerriss
genießen	du genießt	er genoss
vergessen	du vergisst	er vergaß

Seite 187, Aufgabe 2
das Geschenk – *dieses* Geschenk
das Schulhaus – *dieses* Schulhaus
das Glück – *dieses* Glück
das Fest – *dieses* Fest
das Wochenende – *dieses* Wochenende
das Ereignis – *dieses* Ereignis

Seite 187, Aufgabe 3 b)
Am Montag wirst du das Geschenk, das du dir
schon lange gewünscht hast, erhalten.
Am Freitag findet das Fest statt, auf das du dich
schon so lange gefreut hast.

Seite 187, Aufgabe 4
Das (Dies) wird eine aufregende Woche für uns!
Könnte das (dies) an der Schulaufgabe in Mathe liegen?
Was könnte das (dies) wohl sein?

Seite 188, Aufgabe 2
„Dass" ist nicht durch dies, dieses oder welches zu ersetzen.

Seite 188, Aufgabe 4 a)
Dein persönlicher Ratgeber
1. Wusstest du, dass ich über dich mehr weiß, als du selbst?
2. Ich erstelle dir dein persönliches Horoskop, das dir auf alle Fragen eine Antwort gibt.
3. Das wird dich interessieren: das Ergebnis deiner letzten Schulaufgabe.
4. Wusstest du, dass dich jemand in der Klasse besonders gern hat?
5. Hast du dir schon Gedanken über das nächste Geburtstagsgeschenk gemacht, das du von deinen Eltern bekommst?
6. Ich weiß alles über das nächste Fußballspiel deines Lieblingsvereins.
7. Ich kenne sogar das peinlichste Geheimnis deiner Lehrer.
8. Und das ist noch nicht alles.
9. Ich denke, dass du deinen Spaß haben wirst. Neugierig geworden?
10. Dann schreibe mir. Aber denke daran, dass ich nicht umsonst arbeite! (Nur Bares ist Wahres!)

Seite 190, Aufgabe 4 (Lösungsbeispiele)
blond – die blonde Frau
mild – der milde Kaffee
gesund – der gesunde Mensch
taub – der taube Mann
wund – die wunde Nase
karg – die karge Landschaft
rund – der runde Kreis
schräg – die schräge Wand
wütend – das wütende Kind
lieb – die liebe Oma
grob – der grobe Unfug
fremd – die fremde Frau
klug – der kluge Professor
herb – der herbe Geschmack
gelb – die gelbe Blume
halb – der halbe Liter

Seite 190, Aufgabe 5

Präsens	Präteritum	Perfekt
du folgst	sie folgte	wir sind gefolgt
du kriegst	sie kriegte	wir haben gekriegt
du lobst	sie lobte	wir haben gelobt
du lebst	sie lebte	wir haben gelebt
du bindest	sie band	wir haben gebunden
du raubst	sie raubte	wir haben geraubt
du siegst	sie siegte	wir haben gesiegt
du klebst	sie klebte	wir haben geklebt
du fängst	sie fing	wir haben gefangen

Seite 190, Aufgabe 6 (Lösungsbeispiele)
das Grab – graben
er klebt – der Kleber
der Abschied – verabschieden
die Hand – handlich
gesund – die Gesundheit
der Raub – rauben
es lebt – das Leben
der Feind – feindlich
fremd – der Fremde
wund – die Wunde

Seite 190, Aufgabe 7
gesund – die Gesundheit
der Abend – abends
der Feind – feindlich – anfeinden
der Wind – windig – winden

Seite 191, Aufgabe 3
das Kätzchen – die Katze
ändern – anders
die Länge – lang
zähmen – zahm
schälen – die Schale
fällen – der Fall
die Wärme – warm
ängstlich – die Angst
wählen – die Wahl
quälen – die Qual
nähen – die Naht
kräftig – die Kraft
die Ärzte – der Arzt
ergänzen – ganz

Seite 192, Aufgabe 4
die Hände – die Hand
der Händler – der Handel
der Jäger – jagen
die Stärke – stark
die Länder – das Land
die Räder – das Rad
die Kälte – kalt
färben – die Farbe
er fährt – fahren
gefährlich – die Gefahr
blässlich – blass
älter – das Alter
kälter – kalt
lächerlich – das Lachen

Seite 192, Aufgabe 5
er hält – halten, du fängst – fangen, er schläft – schlafen,
du fällst – fallen, sie schlägt – schlagen, du hättest – haben,
sie wächst – wachsen

Seite 192, Aufgabe 6
wachsen – du wächst, sie wächst
raten – du rätst, sie rät
halten – du hältst, sie hält
tragen – du trägst, sie trägt
fahren – du fährst, sie fährt
waren – du warst, sie war
lassen – du lässt, sie lässt

Seite 192, Aufgabe 8 a)
die Angst – die Ängste
der Ast – die Äste
das Blatt – die Blätter
der Gast – die Gäste
das Glas – die Gläser
die Hand – die Hände
der Satz – die Sätze
der Spaß – die Späße
der Wald – die Wälder
die Wand – die Wände
der Zahn – die Zähne

Seite 192, Aufgabe 9
Gerät, Käfer, Käfig, Käse, Lärche, Lärm,
März, Träne, ungefähr, während, zäh

Seite 193, Aufgabe 1 a)
Mäuse, Häuser, Häute, Räuber

Seite 193, Aufgabe 2
das Fräulein – die Frau
bläulich – blau
aufräumen – der Raum
der Käufer – kaufen
die Häute – die Haut
häufig – haufenweise

Seite 193, Aufgabe 3
säubern – sauber
der Räuber – rauben
räuchern – der Rauch
käuflich – der Kauf
gebräuchlich – der Gebrauch
die Sonnenbräune – braun
gläubig – der Glaube
geräumig – der Raum
die Säure – sauer
häuten – die Haut
die Zäune – der Zaun
die Kälte – kalt

Seite 193, Aufgabe 5
1. Wer auf Bäume steigt, muss aufpassen.
2. Er holt sich sonst leicht eine Beule.
3. Ich lasse mich gerne ins Heu fallen.
4. Dann muss ich jedoch häufig niesen.
5. Heute fahren wir in die Stadt
   um eine Hose für mich zu kaufen.
6. Hoffentlich finden wir eine nette Verkäuferin.

Seite 194, Aufgabe 2 b)
man – da – lu – sang – fin – gen – bu –
lin – fa – mos – lu – san – ni – lu – end

Seite 194, Aufgabe 4
schimp – fen, glimpf – lich, Ap – fel, Schnäpp – chen,
Schläf – chen, Woh – nung, künf – tig, flüg – ge,
wäh – rend, all – mäh – lich

Seite 194, Aufgabe 5
Haus – auf – ga – be, stu – fen – los, wun – der – bar,
Blu – men – topf – er – de, Spiel – manns – zug,
un – auf – halt – sam, Eu – ro – pa – cup – spiel,
Fin – der – lohn, he – raus – fin – den, auf – ein – an – der,
End – los – pa – pier, Schiff – fahrt, Dra – chen, hi – nauf
(hin – auf), he – raus (her – aus), Fin – ger – fer – tig – keit

Seite 195, Aufgabe 2 a) und b)
die Gespenster, **die** Geister
das Jahr, <u>eine</u> Freude, <u>einen</u> Menschen, **die** Angst, **die** Glieder,
<u>eine</u> Maus, **die** Wände, **die** Schlösser, **die** Knie, <u>eine</u> Schande,
die Peinlichkeit, <u>ein</u> Ende, <u>eine</u> Versammlung

Seite 196, Aufgabe 3 a)
– die pfeilschnelle Maus
– die riesengroße Giraffe
– das tonnenschwere Nilpferd
– die behaarte Fledermaus
– der krächzende Papagei
– die federleichte Schwalbe
– die lautlose Katze
– der nackte Regenwurm
– die behäbige Schnecke
– die winzige Laus
– der kuschelige Bär
– der glitschige Fisch

Seite 196, Aufgabe 4
Schloss zu verkaufen
Wir verkaufen ein großes Schloss zu einem kleinen Preis. Das einsame Gebäude eignet sich besonders für interessierte Bastler, die sich mit umfassenden Maurerarbeiten und kleineren Schreinertätigkeiten auskennen. Ferner sollte der Käufer wissen, wie man ein kaputtes Dach deckt sowie alte Wasch- und Sanitäranlagen auswechselt. Schließlich müssten nur noch die morschen Treppen des stattlichen Gebäudes repariert werden. Neugierig geworden?

Seite 197, Aufgabe 2
Hat dein <u>Hund</u> heute <u>Katzenpfoten</u>,
schreibst du wieder gute <u>Noten</u>.
Schwimmt am <u>Morgen</u> ein <u>Hai</u> vorbei, ist dir <u>Schule</u> einerlei.
Sitzt auf dem <u>Dach</u> ein <u>Känguru</u>, hast du <u>Ärger</u> immerzu.
Kriecht ein <u>Regenwurm</u> im <u>Schnee</u>,
gibt's im <u>Mai</u> schon grünen <u>Klee</u>.
Wenn am <u>Abend</u> der <u>Hahn</u> laut kräht,
ist es für die <u>Aufgaben</u> viel zu spät.

Seite 198, Aufgabe 3
Eine unerwartete Begegnung
Im letzten Schuljahr fuhren Tim und Marcel mit ihrer Klasse ins Landschulheim. Das Gebäude gefiel den Schülern sehr, denn es glich einer alten, einsamen Burg. Eines Abends beschlossen die beiden Jungen ihrem Lehrer einen kleinen Schrecken einzujagen. Sie besorgten sich weiße Bettlaken und einen großen Schlüsselbund. Bei Dunkelheit schlichen die Jungen in den Burghof. Dort warteten sie, bis die Nacht einbrach. Nun legten sie sich die Bettlaken über den Kopf, liefen im Hof auf und ab und riefen mit verstellter Stimme den Namen ihres Lehrers. Doch im Gebäude blieb es still. Beim Glockenschlag der großen Burguhr jedoch öffnete sich eine knarrende Tür. Die Gestalt eines Gespenstes rief laut: „Verschwindet, ihr Anfänger! Ihr stört unsere Versammlung!" In Windeseile rannten die Jungen über den Hof und verschwanden in ihren Zimmern.

Seite 198, Aufgabe 4
Drum
Das schiefe Haus
im tiefen Wald,
das ist der Räuber
Aufenthalt.
Warum ist das Räuberhaus
schief und krumm?
Warum, warum,
warum, -rum, -rum?

Wenn abends die Räuber
beisammenhocken,
am Feuer die Füße
mit den nassen Socken,
ja, wenn sie da sitzen
beim gewilderten Braten,
erzählen sie sich
ihre Heldentaten.

Mit tollen Gebärden
beim flackernden Feuer
berichten sie grässliche
Abenteuer.
Und jeder weiß
immer wieder was. –
Was sie einst vollbrachten,
ganz unglaublich ist das!

Es ist auch nicht wahr,
sie flunkern und lügen,
sie lügen, dass sich die Balken biegen.
Und weil sie immer
so kräftig logen,
dass sich die Balken
mit Ächzen bogen,

drum ist das Räuberhaus
gar so krumm.
Drum, drum, drum, drum,
drum, drum, drum, drum.

Seite 199, Aufgabe 2

Liebe Frau Hasenfratz,
viele Grüße aus Spanien sendet <u>Ihnen</u> Ihr Schüler Mirko. Leider muss ich <u>Ihnen</u> aus meinem Urlaub einige unangenehme Dinge mitteilen:

1. In meinem Zeugnis sind <u>Ihnen</u> einige Fehler unterlaufen, denn <u>Sie</u> haben mir in sieben Fächern eine Vier eingetragen. Machen <u>Sie</u> sich aber keine Sorgen, ich habe die Noten bereits verbessert.
2. Leider habe ich im Klassenraum meine Sportschuhe vergessen. Ich möchte <u>Sie</u> bitten, die Schuhe zu holen und mir zu schicken.
3. Übrigens sind die Blumen aus der Klasse, die <u>Sie</u> mir über die Ferien zur Pflege mitgegeben haben, eingegangen. Ich hätte wohl doch <u>Ihren</u> Rat befolgen und sie nicht im Koffer mit nach Spanien nehmen sollen.

Viele Grüße, <u>Ihr</u> Mirko

Seite 199, Aufgabe 3
Reisetipps
- Bitte lassen Sie Ihre Koffer nicht unbeaufsichtigt und schließen Sie sie ab.
- Wenn Sie nicht wollen, dass andere Ihre Reise genießen, dann behalten Sie auch Ihre Fahrkarte gut im Auge.
- Möchten Sie Dieben die Arbeit erleichtern, so tragen Sie Ihre Wertsachen in der Gesäßtasche, denn sie ist dort gut zu erreichen.
- Lassen Sie Ihre Tiere zu Hause. Nehmen Sie sie auch nicht heimlich mit.

Seite 200, Aufgabe 1 c)
A Meine Person kann besonders gut lesen, schreiben, rechnen, korrigieren <u>und</u> Schüler ärgern.
B Die von mir ausgewählte Person kümmert sich um verletzte Pfoten, um gebrochene Beine <u>und</u> um nötige Impfungen.
C Meine Person informiert die Menschen über gute, schlechte, lustige <u>und</u> traurige Ereignisse des Tages.

Seite 200, Aufgabe 2 b)
A Die Stadt wird auch die Stadt der Liebe genannt. Hier verbringen viele Personen ihre Flitterwochen, ihren Urlaub <u>oder</u> ihre Ferien. Andere unternehmen hierher Sprachreisen, Studienfahrten <u>oder</u> Geschäftsreisen.
B In dieser Stadt gibt es viele Brücken, die oft sehr alt, romantisch und teilweise baufällig sind. Eine Gondelfahrt ist erholsam, abwechslungsreich <u>und</u> oft feucht.
C Diese Stadt wird vor allem oft von Menschen besucht, die die englische Sprache lieben, Nebel mögen, Paläste bewundern, Fish und Chips essen <u>und</u> gerne Tee trinken.

Seite 201, Aufgabe 3 a)
Das bin ich:
Ich bin 1,25 m groß, 11 Jahre alt und heiße Christian.
<u>Was ich gerne mache:</u>
Fußball spielen, Rad fahren, fernsehen oder mit anderen Karten spielen.
<u>Was ich nicht gerne mache:</u>
früh aufstehen, Hausaufgaben machen, Stall ausmisten.
<u>Meine Lieblingsgerichte:</u>
Erbsensuppe, Pommes mit Majo, Wackelpudding.
<u>Was ich gerne anziehe:</u>
Mein Lieblingsanorak hat gelbe Taschen, eine Kapuze und einen tollen Aufnäher.

Seite 201, Aufgabe 4 b)
Er trägt immer einen Zylinder auf dem Kopf, zwei große Pistolen unter seiner Jacke, eine schwarze Brille zur Tarnung im Gesicht, Handschuhe an den Händen, geräuschlose Gummistiefel und seine Einbruchswerkzeuge in einer großen Tasche.

Seite 201, Aufgabe 5 a)
A Mein Lieblingstier ist breit, kräftig und sehr schlau. Es hat kurze Schenkel, einen verkürzten Rüssel und nur wenig Haare. (Schwein)
B Mein Lieblingstier hat einen langen Kopf, große Nasenlöcher, bewegliche Ohren, sehr gute Augen und lange Beine. Bei Gefahr lauscht es, wittert, bläht die Nüstern und wiehert laut. (Pferd)
C Mein Lieblingstier findet man im Zoo. Es ist braun, dicht behaart, hat lange Arme und kann laut schreien. Es kann laufen, springen, schaukeln und in der Nase bohren. (Affe)

Seite 202, Aufgabe 1 b)
Unser Klassenfest
1. Am nächsten Dienstag beginnt unser Klassenfest um 14.00 Uhr, manche kommen jedoch schon eine Stunde früher.
2. Silvio und Maria haben einen Sketsch einstudiert, Corinna und Cela wollen eine Karaokeshow veranstalten (,) <u>und</u> Simon will jonglieren.
3. Vier Schülerinnen und Schüler kümmern sich um die Verpflegung, andere schaffen Tische und Stühle heran.
4. An einem Stand werden die selbst geschriebenen Fabelbücher ausgestellt, im Pausengang werden auf einer Wandzeitung die Ergebnisse unserer letzten Umfrage zusammengefasst (,) <u>und</u> in der Klasse haben wir unsere Bilder aus dem Kunstunterricht aufgehängt.
5. Zu Beginn wird unsere Klassenlehrerin eine kleine Rede halten, einer von uns wird auch ein paar Worte zu den Gästen sprechen. Dann kann das Fest beginnen.

Seite 202, Aufgabe 2
Liebe Gäste,
in diesem Jahr läuft alles etwas anders, unsere Klasse nimmt diesmal die Organisation selbst in die Hand. Aber haben Sie keine Angst, wir haben alles im Griff.
Zu Beginn unseres Festes wollten Ihnen Silvio und Maria eigentlich einen Sketsch vorspielen, doch daraus wird nichts. Silvio ist krank geworden, Maria hat keine Lust mehr (,) und Ersatzleute haben wir nicht. Auch die geplante Karaokeshow muss ausfallen, denn unsere einzige Kandidatin war unsere Klassenlehrerin. Leider hat sie heftiges Lampenfieber (,) und wir kommen daher gleich zur Jongliernummer mit Simon. Seien Sie bitte äußerst ruhig, vielleicht halten Sie während der gesamten Vorstellung die Luft an. Es wird nicht lange dauern, denn Simon ist mit seinen Vorbereitungen schon fertig. Wir wünschen Ihnen einen abwechslungsreichen Nachmittag.

Seite 203, Aufgabe 1 a) und b)
Geisenfelder Nachrichten

Es ist wieder so weit: <u>Nachdem</u> bereits im letzten Jahr in Geisenfeld ein dreitägiges Fest stattgefunden hat, soll nun auch heuer eine Veranstaltung für Jung und Alt durchgeführt werden. Diesmal wird jedoch auf dem Marktplatz gefeiert, <u>weil</u> in diesem Jahr die Dorfwiese wegen der heftigen Regenfälle noch unter Wasser steht. Bereits am Freitag werden alle Vorarbeiten abgeschlossen sein, <u>wenn</u> alles wie geplant läuft. <u>Obwohl</u> es zunächst einige organisatorische Probleme gab, können wir nun doch ankündigen, <u>dass</u> ab 15.00 Uhr wieder ein kleiner Zoo besucht werden kann. Diesmal wird sogar ein richtiger Bär zu sehen sein. <u>Da</u> das Tier bereits sehr alt und harmlos ist, braucht jedoch niemand Angst zu haben.

Seite 203, Aufgabe 2 a)
Kaum zu glauben

Am letzten Wochenende fand in Geisenfeld ein Dorffest statt. Alle Gäste waren vergnügt und bester Laune, <u>bis</u> sich schließlich am Sonntag etwas Unerwartetes <u>ereignete</u>. An diesem Tag strömten viele Besucher auf die Festwiese. Sie wollten den Zoo anschauen, <u>der</u> in der Zeitung <u>angekündigt worden war</u>. Vor allem vor einem alten Bären blieben sie stehen. <u>Obwohl</u> er ganz friedlich <u>aussah</u>, trug er eine Kette um den Hals. Plötzlich fuhr ein Mann auf seinem Fahrrad dicht an ihm vorbei. <u>Als</u> er den Bären <u>sah</u>, fiel er vor Schreck vom Rad. Leider hatte der Tierpfleger für kurze Zeit nicht aufgepasst, <u>sodass</u> das Tier sich <u>losreißen konnte</u>. Sofort erinnerte sich der Bär an seine zwanzig Jahre Zirkuserfahrung, <u>die</u> er bereits <u>hinter sich hatte</u>. <u>Nachdem</u> er das Rad <u>aufgehoben hatte</u>, stieg er auf und radelte auf Nimmerwiedersehen davon.

Seite 204, Aufgabe 1
Christliche Feste

Jedes Jahr feiern wir christliche Feste, über deren Bedeutung nur wenige Bescheid wissen. Was hat z. B. der Hase mit Ostern zu tun? Mitunter wird erzählt, dass er als Frühlings- und Ostersymbol gilt, weil er als besonders fruchtbares Tier neues Leben schenkt.
Andere Quellen berichten, dass die Osterhasen eigentlich Osterlämmer sein sollten, die bei ungeschickten Bäckern nur hasenähnlich aussahen. Übrigens gibt es auch Eier legende Hasen. Dies wird von den so genannten Seehasen erzählt, die im Meer zu Hause sind.

Seite 204, Aufgabe 2 a)
Richtig: 1, 2, 4

Seite 204, Aufgabe 2 b)
Weihnachtquiz

1. Stimmt es, dass wir das Bild des rot-weißen Weihnachtsmannes einer alten Getränke-Werbung zu verdanken haben? Angeblich wurde 1930 der Weihnachtsmann mit dem weißen Bart, dem roten Mantel und dem weißen Pelz zum ersten Mal gezeichnet. Zuvor soll er nur braun gekleidet gewesen sein, doch können wir das glauben?
2. Obwohl es in Japan nur wenige Christen gibt, sollen viele Japaner Weihnachten feiern. Angeblich liegt dies an den großen Warenhäusern, die in der Weihnachtszeit ähnlich wie die Kaufhäuser in West-Europa geschmückt sind. Richtig oder falsch?
3. Kannst du dir vorstellen, dass im Jahre 2000 in der Advents- und Weihnachtszeit ca. 10 000 Zimmerbrände von der bundesdeutschen Feuerwehr gelöscht werden mussten? Sie sollen durch unbeaufsichtigte Kerzen, falsch eingesetztes Tischfeuerwerk oder auch durch durchgebrannte Lichterketten entstanden sein.
4. Der beliebteste Weihnachtsbraten bei uns soll nach wie vor die Gans sein, obwohl Ente und Wild auch sehr beliebt sein sollen. Stimmt das?
5. Nachdem im Jahre 2000 zu Weihnachten viel verzehrt worden ist, sollen die deutschen Bundesbürger zusammen an die 200 000 t zugenommen haben. Süßigkeiten, Torten, Gebäck und fettes Essen sollen dafür verantwortlich gewesen sein. Ist das realistisch?

Seite 205, Aufgabe 3
„Malen hat mir schon immer Spaß gemacht", dachte er und klopfte an die Tür.

Seite 206, Aufgabe 1 b)

vorangestellter Begleitsatz	nachgestellter Begleitsatz
2	1
6	3
	4
	5

Seite 206, Aufgabe 3
1. Nach dem Essen sprach Eulenspiegel zur Wirtin: „Gebt mir nun den Lohn fürs Essen."
2. Diese entgegnete: „Du schuldest mir vierundzwanzig Pfennige!"
3. Eulenspiegel widersprach: „Ich habe gegessen, um Geld zu verdienen und möchte den Lohn für diese schwere Arbeit."
4. Da gab die Wirtin zur Antwort: „Die Mahlzeit sei dir gegönnt, aber Geld bekommst du nicht noch zusätzlich."
5. Ärgerlich brummte Eulenspiegel: „Schade! Warum habe ich mir solche Mühe gegeben und für drei gegessen?"
6. Die Wirtin schrie ihm hinterher: „Lass dich nicht mehr hier blicken!"

Seite 207, Aufgabe 5
Auch ein Schelm

„Es ist so ein Glatteis draußen, dass ich bei jedem Schritt vorwärts zwei zurückgerutscht bin!", entschuldigt sich der zu spät kommende Jens.
„Wie hast du es dann geschafft hier anzukommen?", fragt der Lehrer.
„Ich habe mich umgedreht und bin heimwärts gegangen", antwortet Jens.

| Deutsch | Klasse | Name | Datum | Nr. |

Informationen suchen

1 Suche Informationen zum Begriff „Ginko". Bearbeite den Suchauftrag mit möglichst vielen Lexika.
Du kannst dabei herkömmliche Lexika, ein Lexikon auf CD-ROM oder eines aus dem Internet verwenden.

2 Beantworte mit Hilfe der Formularkärtchen folgende Fragen:
– Wie heißt das Lexikon?
– Welche Informationen konntest du im Lexikon finden?
– Wie hast du den Lexikonartikel verstanden?
– Welche Besonderheiten hat das von dir gewählte Lexikon?

_____ (Name des Lexikons)

_____ (Suchbegriff)

Der Lexikonartikel enthält folgende Informationen:

_____
_____
_____
_____

☐ Buch
☐ CD-ROM
☐ Internet

Der Lexikonartikel ist
☐ gut
☐ nicht so einfach
☐ sehr schwierig
zu verstehen.

Besonderheiten: _____

_____ (Name des Lexikons)

_____ (Suchbegriff)

Der Lexikonartikel enthält folgende Informationen:

_____
_____
_____
_____

☐ Buch
☐ CD-ROM
☐ Internet

Der Lexikonartikel ist
☐ gut
☐ nicht so einfach
☐ sehr schwierig
zu verstehen.

Besonderheiten: _____

Deutsch	Klasse	Name	Datum	Nr.

Informationen aus Texten entnehmen

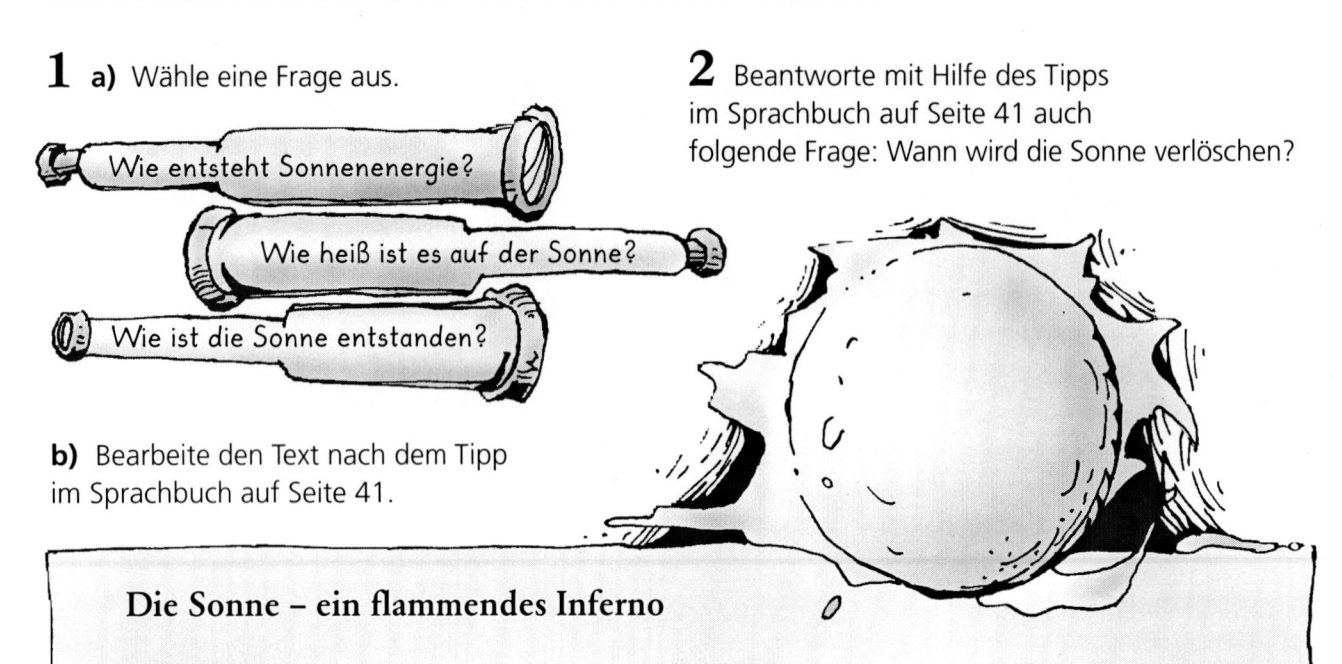

1 a) Wähle eine Frage aus.

- Wie entsteht Sonnenenergie?
- Wie heiß ist es auf der Sonne?
- Wie ist die Sonne entstanden?

2 Beantworte mit Hilfe des Tipps im Sprachbuch auf Seite 41 auch folgende Frage: Wann wird die Sonne verlöschen?

b) Bearbeite den Text nach dem Tipp im Sprachbuch auf Seite 41.

Die Sonne – ein flammendes Inferno

Seit Menschengedenken leuchtet die Sonne vom Himmel und ermöglicht auf unserer Erde Leben. Wissenschaftler gehen davon aus, dass die Sonne vor fünf Milliarden Jahren aus einer unvorstellbar großen Wolke aus Gas und Staub entstanden ist. Diese Wolke zog sich zusammen, verdichtete sich, drehte sich
5 dabei immer schneller und bildete eine große Kugel. Je mehr sich der Gasball zusammenzog, umso heißer wurde er, bis die Temperatur mehrere Millionen Grad betrug.
Damit kam ein Prozess in Gang, der auch noch heute anhält: Unter riesigem Druck findet in der Sonne eine Verschmelzung von Gasatomen statt und eine
10 unvorstellbar große Menge von Energie wird freigesetzt. Gewaltige Gasblasen und riesige Strahlenbündel schießen aus dem Sonneninnern nach außen. An der Oberfläche toben Flammenstürme, und Feuerfackeln schießen bis zu 100 000 Kilometer in die Höhe.
In der Korona, das ist die äußerste Gashülle der Sonne, entstehen Temperaturen
15 bis 5 Millionen Grad, im Sonnenkern beträgt die Temperatur 15 Millionen Grad. Wissenschaftler haben ausgerechnet, dass die von der Sonne abgegebene Energie ausreicht, um das Wasser aller Ozeane in zehn Sekunden verdampfen zu lassen.
Glücklicherweise wird der größte Teil der Sonnenenergie in den Weltraum ab-
20 gestrahlt. Nur ein geringer Teil trifft auf die Erde und erwärmt die Ozeane und die Kontinente. Übrigens benötigt das Licht für den 150 Millionen Kilometer langen Weg von der Sonne zur Erde acht Minuten.
Diese „Energieverschwendung" hat Folgen: In jeder Sekunde verliert die Sonne 10 Millionen Tonnen Material. Etwa die Hälfte des Energievorrates hat sie be-
25 reits verbraucht. Eines Tages wird sie verlöschen wie andere Sterne auch. Zuvor jedoch wird sie sich um das 150fache ihrer jetzigen Größe aufblähen und durch ihre zunehmende Hitze ein Leben auf der Erde unmöglich machen. Aber dieses Ereignis dürfte erst in etwa fünf Milliarden Jahren eintreten.

| Deutsch | Klasse | Name | Datum | Nr. |

Wichtige Informationen zusammenfassen

1 a) Lies im Sprachbuch den Tipp auf Seite 43.

b) Fasse die wichtigsten Informationen des Textes zusammen. Dein Text sollte dabei nicht mehr als zehn Zeilen umfassen.

Ohne Sonne kein Leben

Die Erde ist der einzige uns bekannte Planet, auf dem es Leben gibt. Dies verdanken wir der Sonne, die uns Licht und Wärme schenkt.
Die Energie der sichtbaren Sonnenstrahlen, die wir als Licht wahrnehmen, brauchen fast alle Pflanzen, um wachsen zu können. Die Pflanzen wiederum
5 sind die Lebensgrundlage der meisten Tiere und sie sind auch die Voraussetzung für die Ernährung des Menschen.
Aber auch Tiere und Menschen brauchen das Licht der Sonne in vielfältiger Form. Der Wechsel von Tag und Nacht bestimmt unsere Wach- und Schlafphasen und damit viele unserer Körpervorgänge. Im Winter und nach langen
10 Regenperioden sind wir Menschen richtiggehend sonnenhungrig, denn wir brauchen die Strahlen der Sonne, um lebenswichtige Vitamine zu bilden. Es sind die nicht sichtbaren ultravioletten Strahlen, die diese Wirkung auslösen. Allerdings: Setzen wir uns diesen Strahlen zu lange aus, laufen wir Gefahr, Hautkrebs zu bekommen.
15 Andere lebenswichtige Aufgaben des Lichts können wir im Tierreich beobachten. Bienen z.B. orientieren sich beim Fliegen nach dem Stand der Sonne und auch Vögel nutzen die Sonne als Kompass.
Ohne die Sonne herrschten auf der Erde Weltraumtemperaturen von minus 273 Grad. Die Sonne sorgt durch ihre Strahlen für genau die Wärme, die Tiere
20 und Pflanzen benötigen, um leben zu können. Nur wenige „Überlebenskünstler" im Tier- und Pflanzenreich sind in der Lage, unter den extremen Witterungsbedingungen der Eisregionen oder der Wüsten zu existieren. Dies zeigt uns, wie schmal der Temperaturbereich ist, in dem Leben, wie wir es kennen, möglich ist.
25 Die von der Sonne ausgehende Wärme bestimmt auch das Klima. Durch die Wärme verdunstet Meerwasser und es bilden sich Wolken, die uns den lebensnotwendigen Regen bringen. Durch die Sonneneinstrahlung erwärmen sich auch das Land und die Luft. Dies führt zu einem komplizierten Wechselspiel, das wir Wetter nennen.
30 Nur durch die Entfernung von 150 Millionen Kilometern zwischen Sonne und Erde sind diese einzigartigen Temperaturbedingungen gegeben, die Leben ermöglichen.

Copy 4
Mit eigenen Worten 5

Im Wörterbuch nachschlagen, S. 44–48

Deutsch	Klasse	Name	Datum	Nr.

Das Alphabet üben

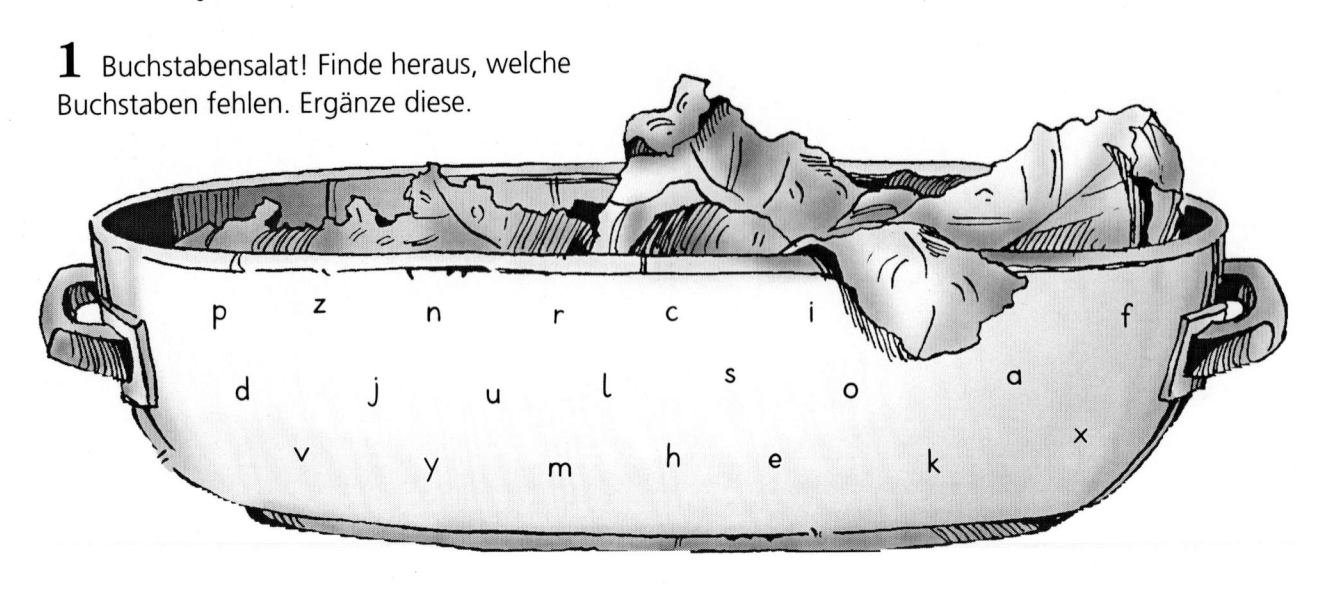

1 Buchstabensalat! Finde heraus, welche Buchstaben fehlen. Ergänze diese.

p z n r c i f
d j u l s o a
v y m h e k x

2 Bestimme die Vorgänger und Nachfolger zu den vorgegebenen Buchstaben.

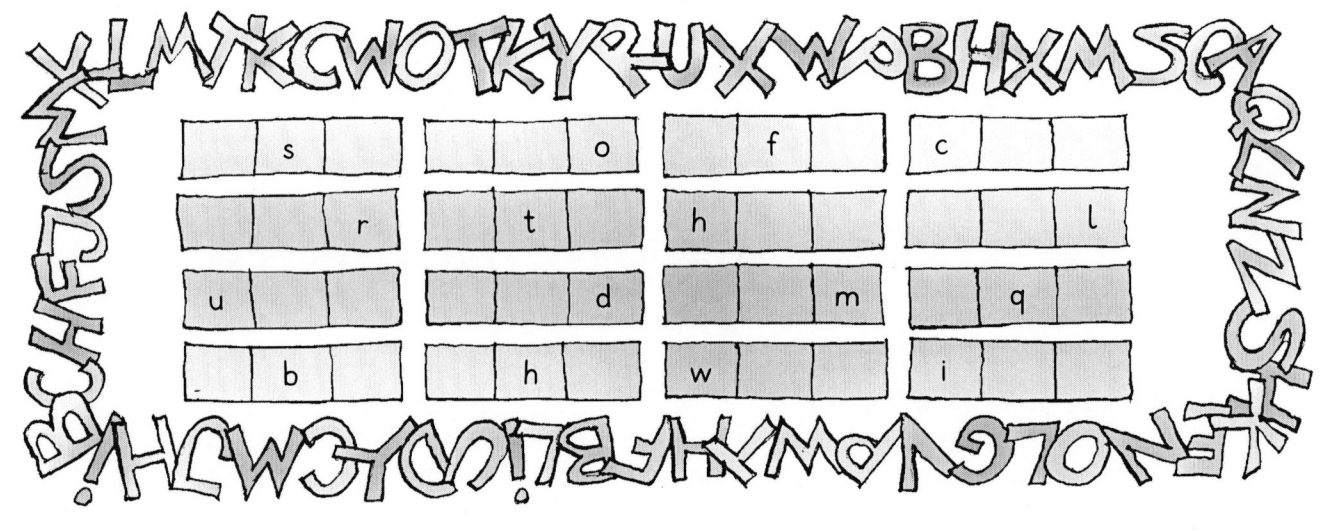

		s				o			f			c	
		r			t			h					l
u						d			m			q	
	b				h			w				i	

3 a) Welche Buchstaben folgen im Abc auf C, D, T, S, R, B, G?
Schreibe die Buchstaben auf. Welches Wort ergibt sich?

b) Welche Buchstaben gehören zwischen O und Q, G und I, X und Z, R und T, H und J, J und L? Schreibe die Buchstaben in der richtigen Reihenfolge auf.

c) Welcher Buchstabe steht vor dem U, welcher vor dem B?
Welcher Buchstabe folgt dem E, welcher dem D?
Welcher Buchstabe steht zwischen K und M?
Schreibe die Buchstaben in der richtigen Reihenfolge auf.

Im Wörterbuch nachschlagen, S. 44–48

Copy 5 — Mit eigenen Worten 5

| Deutsch | Klasse | Name | Datum | Nr. |

Wörter nach dem Alphabet ordnen

1 Ordne die Wörter in jeder Zeile nach dem Alphabet ein.

dumm Deckel Datum				Dieb	Dom
eitel erfinden Efeu		Eifer			Elfe
neu noch Nadel Nixe				niemand	
Reifen rau rot reisen		regnen			
Traum Tor toll tauchen Teich					

2 Trage in die Lücken Wörter ein, die in die Reihenfolge des Alphabets passen. Nimm dein Wörterbuch zu Hilfe.

basteln _____ bauen _____ _____ bummeln

_____ fast _____ _____ fett _____

Haus _____ heimlich _____ _____ hoffen

mager _____ Marke _____ Masse _____

reich _____ reiten _____ _____ Ring

3 Welches Wort ist falsch eingeordnet? Kreise es ein und markiere den richtigen Platz.

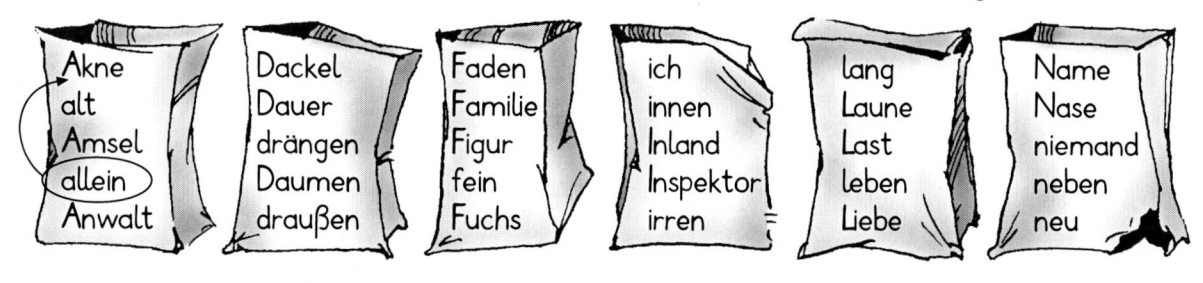

- Akne / alt / Amsel / (allein) / Anwalt
- Dackel / Dauer / drängen / Daumen / draußen
- Faden / Familie / Figur / fein / Fuchs
- ich / innen / Inland / Inspektor / irren
- lang / Laune / Last / leben / Liebe
- Name / Nase / niemand / neben / neu

4 Welche der folgenden Wörter kannst du zwischen **Partner** und **Praxis** einordnen? Unterstreiche sie.

platzen parallel Pflicht Pilot parken Post Panik prima Pickel Prinzessin pfiffig Palme Polster platt Presse prahlen Pflaster pendeln privat Polizei paar Planet Politik probieren Paradies

Copy 6
Mit eigenen Worten 5   Im Wörterbuch nachschlagen, S. 44–48

Deutsch	Klasse	Name	Datum	Nr.

Im Wörterbuch nachschlagen

1 Zwischen welchen Leitwörtern (oder Leitbuchstaben) steht:

_____ Kluft _____

_____ geben _____

_____ Plakat _____

_____ Musik _____

_____ tanzen _____

_____ eifrig _____

2 Passen die hier unterstrichenen Wörter zwischen die Leitwörter? Kreuze an:

Tablette – Tabak – teilen: ja ☐ nein ☐   teilnehmen – Teppich – Tor: ja ☐ nein ☐

Leim – Lage – Los: ja ☐ nein ☐   quer – raufen – Rasse: ja ☐ nein ☐

Fleiß – Frack – Frachter: ja ☐ nein ☐   Miete – Mist – möblieren: ja ☐ nein ☐

gegen – Gewinn – giftig: ja ☐ nein ☐   toll – Transport – träge: ja ☐ nein ☐

Park – Pfeffer – pflastern: ja ☐ nein ☐

3 Suche folgende Wörter im Wörterbuch:
Meniskus – Meister – Metzger – Mensch – merken – Meinung – Metall – Memme
Stehen sie *vor*, *nach* oder *zwischen* den Leitwörtern **melken** und **Messer**?

vorher   dazwischen   nachher

Meister _____   _____   _____

_____   _____   _____

_____   _____   _____

_____   _____   _____

Texte vorlesen I

1 a) Schau dir im Sprachbuch die Tipps auf Seite 50 und 51 an.

b) Bereite die beiden Auszüge zum Vorlesen vor.

Die Mutprobe
Astrid Lindgren

„Rotzbengel! – Rotzbengel!" Gellend und triumphierend tönte es durch die Stille des Abends. Er, der mit Rotzbengel gemeint war, erhob sich aus dem Erdbeerbeet und spähte zum Nachbarn hinüber. Aber der Feind war nicht zu sehen. Stattdessen kam wieder das herausfordernde:
5 „Rotzbengel! – Rotzbengel!" Da wurde der in dem Erdbeerbeet ernstlich wild. „Komm raus, du Feigling!", schrie er. „Komm raus und sag das noch einmal – wenn du dich getraust!"
Ein knallgelber Kopf schoss blitzschnell aus dem dichten Blätterwerk der Kastanie, die hinter dem Zaun des Nachbarn stand. „Wenn ich mich ge-
10 traue?", sagte der Knallgelbe und spuckte lässig über den Zaun. „Wenn ich mich getraue? Rotzbengel!"
Es ging wie ein Lauffeuer durch das Dorf. Albin und Stig sind aneinandergeraten! Und schon nach wenigen Minuten standen sie da, draußen auf dem Weg, in gespannter Erwartung, alle Jungen des Dorfes.
15 Ja, Albin und Stig waren aneinandergeraten. Das taten sie jeden Abend. Das hatten sie schon getan, solange man sich erinnern konnte. Es war ein Wettstreit zwischen ihnen, ein Wettstreit, der ungefähr neun Jahre dauerte. Das heißt, genau gesagt, seitdem Albin und Stig in die Wiege gelegt worden waren.

Der Wettstreit geht weiter

Am Vormittag hatte es geregnet. Und gerade dort, wo Albin an der Holzbude stand, kam jetzt ein kleiner Regenwurm aus der Erde gekrochen. Da hatte Albin plötzlich einen Einfall. „Ich kann einen Regenwurm essen. Das kannst du nicht!" Und wupps! hatte er den Regenwurm verschluckt.
5 „Bravo, Albin!", riefen die Albinisten. „Stig kann auch einen Regenwurm essen!", schrien die Stiglinge und begannen, sofort nach einem Regenwurm für Stig zu suchen. Stig wurde etwas blass um die Nase. Es schien, als sei Regenwurm nicht gerade sein Lieblingsgericht. Aber seine Anhänger hatten einen unter einem Stein gefunden und brachten ihn an. „Du wagst
10 es nicht, du Feigling", sagte Albin. Da aß Stig den Regenwurm auf. Aber danach verschwand er hinter einem Baum. Langsam kam er wieder und sah sehr überlegen aus. „Regenwurm essen kann jeder Rotzjunge. Aber ich bin vom Holzbudendach gesprungen. *Den* Rekord brichst du nicht."

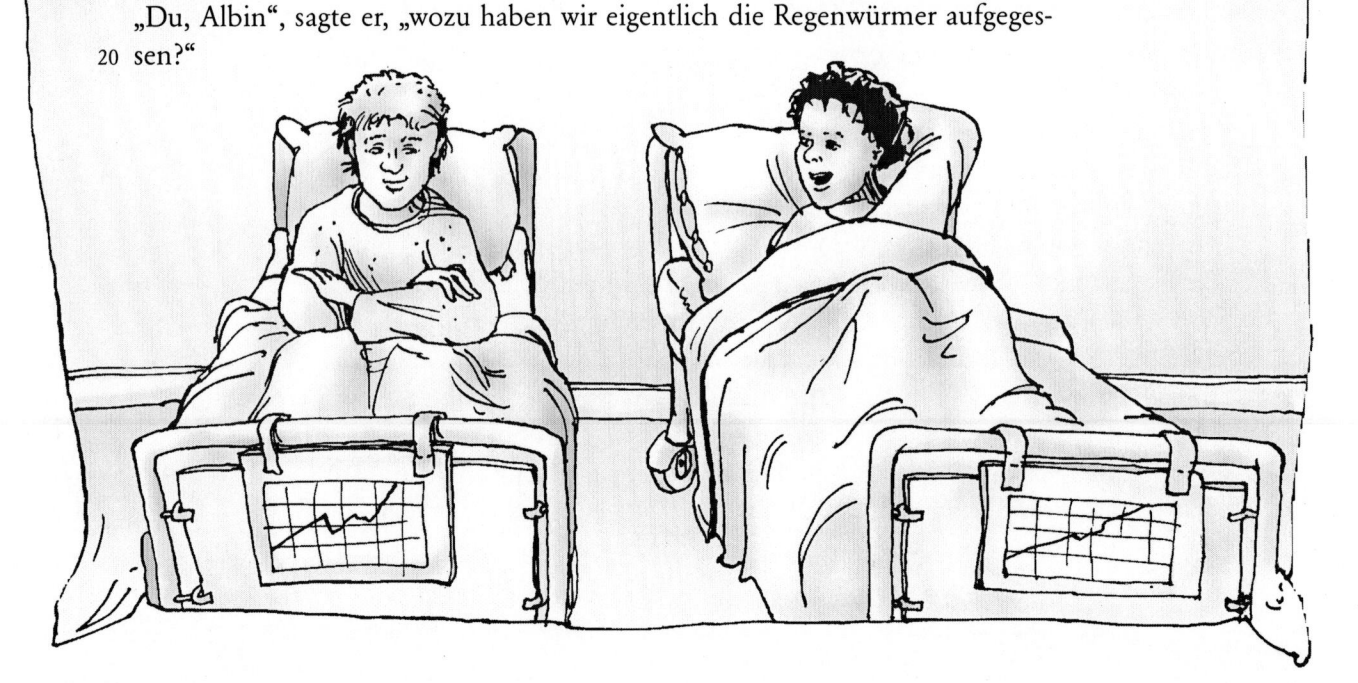

Texte vorlesen II

1 a) Lies im Sprachbuch den Tipp auf Seite 52.
b) Bereite den Text für einen Lesevortrag vor.

2 Kennzeichne auch in den vorausgehenden Textabschnitten (Seite 7), wie du die wörtlichen Reden sprechen willst.

Das Ende der Mutprobe

„Ich springe sogar vom Kuhstalldach", sagte Albin. Aber ihn fröstelte, als er es sagte. „Bravo, Albin!", riefen die Albinisten. „Das wagt er nie", sagten die Stiglinge. Die Leiter wurde zum Giebel des Kuhstalldaches geschleppt. (…) Albin kletterte mit zitternden Knien die Leiter hinauf. Er stand auf dem Kuhstall-
5 dach. Er sah in die Tiefe. (…) „Er hat Angst!", schrie Stig triumphierend.
„Zeig es ihm!", schrien die Stiglinge. „Spring du vom Kuhstalldach, dann kann er da oben mit seiner Schande stehen bleiben." (…) Da kletterte Stig auch auf das Dach. „Rotzbengel", sagte Albin freundlich zu ihm. „Rotzbengel bist du selber", sagte Stig. Dann sah er herunter und sagte eine Weile gar
10 nichts mehr. „Spring, Albin!", schrien die Albinisten. „Spring, Stiggi! Dann lernt Albinchen sich schämen", gaben die Stiglinge den Stich zurück. Stig und Albin schlossen die Augen. Zusammen taten sie den Sprung in die Tiefe. (…) Danach lagen sie nebeneinander, jeder in seinem Krankenhausbett, und sahen eigensinnig jeder in seine Richtung. Aber, wie es so war, bald schielten sie sich
15 an und begannen zu kichern, trotz ihrer gebrochenen Beine. Dann lachten sie lauter und lauter, bis man es schließlich im ganzen Krankenhaus hören konnte. Und dann sagte Albin: „Wozu war das eigentlich gut – vom Kuhstalldach zu springen?" Und Stig lachte so laut, dass er beinahe nicht sprechen konnte. „Du, Albin", sagte er, „wozu haben wir eigentlich die Regenwürmer aufgeges-
20 sen?"

| Deutsch | Klasse | Name | Datum | Nr. |

Texte vorlesen III

1 Bereite den Text zum Vorlesen vor. Berücksichtige dazu die Checkliste in deinem Sprachbuch auf Seite 53.

Am schlimmsten ist der Mensch
Elke Kahlert

„Natürlich", sagte das Kaninchen und nickte eifrig mit dem Kopf, „natürlich fürchte ich mich vor der Schlange."
„Ich auch", piepste die Maus. „Und wie!"
„Vor der Schlange?", fragte das Kaninchen.
5 „Klar", sagte die Maus, „aber mehr noch vor der Katze. Katzen sind was Schreckliches."
„Ich verstehe euch nicht", meinte die Gazelle, „Katzen und Schlangen! Wie man sich davor fürchten kann! Ich sage euch, am schlimmsten ist der Löwe."
10 „Ach, der Löwe", sagte die Maus und verzog ihre Schnauze, „vor dem Löwen hab' ich eigentlich kaum Angst. Für den bin ich zu klein, der sieht mich ja überhaupt nicht. Es sei denn, er ist furchtbar hungrig, und ich tanz' ihm direkt vor der Nase herum. Na, blöd werd' ich sein. Nö, ich finde Löwen ganz nette Tiere."
15 „Du hast vielleicht eine Ahnung", sagte die Gazelle und probierte, auf drei Beinen zu stehen.
„Du", fragte da das Kaninchen, „gibt's eigentlich irgendein Wesen, vor dem sich auch der Löwe fürchtet?"
Alle drei dachten angestrengt nach.
20 „Ich hab's", rief das Kaninchen und nickte eifrig mit dem Kopf, „ich glaube, der Löwe fürchtet sich vor den Menschen."
„Und der Mensch?", fragte die Gazelle, die jetzt wieder auf vier Beinen stand. „Vor wem fürchtet sich der Mensch?"
„Vor mir", sagte die Maus nach einer kleinen Pause.
25 Sie fand sich plötzlich riesig.

Copy 10
Mit eigenen Worten 5

Geschichten erfinden, S. 66–69

| Deutsch | Klasse | Name | Datum | Nr. |

Zu einer Bildergeschichte erzählen

1 a) Was für eine Handlung ergibt sich aus den Bildern?
b) Wie könnte der Ausflug enden?
c) Überlege, welche Personen in deiner Geschichte vorkommen, und gib ihnen Namen.
d) Schreibe zu den Bildern deine Geschichte. Was denken und sprechen die Personen?
e) Verwende passende Verben und Adjektive.

2 Auch die folgenden Bilder können Auslöser für eine Geschichte sein.

Deutsch	Klasse	Name		Datum	Nr.

Eine Fantasiegeschichte schreiben

Hell spiegelte sich das Sonnenlicht in den dunkel getönten Scheiben des neuen Hauses in unserem Stadtteil. Es stand einfach da, groß und weitläufig, und man konnte nicht durch die Scheiben ins Innere blicken. Ich war noch nie drinnen und ich kannte auch niemanden, der schon einmal in dem Haus gewesen wäre. Denn vor der Eingangstür, die ebenfalls aus getöntem Glas bestand, hielt sich immer ein grimmig dreinblickender Wächter in einer schwarzen Uniform auf. Der würde niemanden durchlassen!
Doch als ich heute bei dem Haus um die Ecke bog, war der Platz vor dem Eingang leer. Neugierig trat ich näher. Sollte ich? Das war vielleicht die Chance!
Rasch lief ich zur Tür, aber ich fand weder eine Türklingel noch einen Öffner. Doch da! Plötzlich glitten die beiden Türflügel auf und ich huschte ins Innere. Mein Herz klopfte mir bis zum Hals. Ich blickte mich um. Nichts – keine Menschenseele. Alles glänzte und spiegelte so wie draußen. Was nun? Mir gegenüber war die Wand halbkreisförmig gebogen und mehrere Türen führten offensichtlich in dahinter liegende Räume. Ich rannte auf eine Tür zu, drückte die Türklinke und …

1 So beginnt eine Geschichte, von der wir noch nicht wissen, wie sie weitergeht.
Gib in Stichpunkten an, was du in den drei Abschnitten erfährst.

2 Stelle dir die Person vor, die in der Ich-Form erzählt. Was erfährst du von ihr? Was könntest du über sie vermuten? Male dir aus, wer sie ist, wie sie ist.

3 Setze die Geschichte fort.
Vielleicht fällt dir eine eigene Fortsetzung ein … Du kannst aber auch eine der folgenden Fortsetzungen aussuchen und sie weiterschreiben.

A … öffnete die Tür. Mir gegenüber stand ein kleines, silbern glänzendes Männchen. Nein, kein Männchen. Ein Roboter empfing mich und begleitete mich bei meinem Rundgang durchs Haus. …

B … öffnete die Tür. Da war nichts als gähnende, schwarze Leere. Als sich meine Augen an die Dunkelheit gewöhnt hatten, erkannte ich eine Vielzahl schwach blinkender Sterne und im Vordergrund stand majestätisch ein Raumschiff. Schon löste sich ein Raumgleiter und kam auf mich zu. …

Überlege, wie deine Geschichte weitergehen soll:
– Was erlebt deine Hauptperson?
– Passiert etwas Überraschendes?
– Treten neue Personen auf?
– Wie endet deine Geschichte?
– Welche Überschrift kannst du deiner Geschichte geben?
Erstelle dir auf einem Zettel einen Plan. Deinen Erzählplan kannst du in Stichworten aufschreiben oder du kannst ein Cluster anfertigen.

- sprechender Roboter
- jedes Zimmer anders
- wie in einer fremden Welt

Roboter sprechend — jedes Zimmer anders — fremde Welt

4 Schreibe nun die Geschichte. Denke daran, am Schluss die Rechtschreibung zu überprüfen.

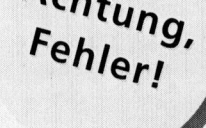

Texte überarbeiten I

1 Hier hat ein Schüler angefangen, seinen Aufsatz zu überarbeiten. In der Erzählung findest du noch weitere Stellen, die korrigiert werden müssen.

Lies die Info in deinem Sprachbuch auf Seite 72 und überarbeite die Erzählung.

Achtung, Fehler!

<u>Woran ich nicht gerne zurückdenke</u>

In der letzten Woche hatte ich Geburtstag Doch leider verlief der Tag anders, als ich ihn mir vorgestellt hatte.⌋Als ich morgens ins Wohnzimmer kam, ~~traue~~ traute ich meinen Augen kaum: Vor mir stand ein ~~cooles~~ tolles Mountainbike. Natürlich¹ ich³ wollte² es⁴ sofort ausprobieren.

5 Meine ersten Fahrversuche ~~mußte~~ musste wohl auch unser neugierige Nachbar, Herr Kolle, beobachtet haben, der plötzlich in Garten erschien. ~~Ich kann Herrn Kolle nicht ab.~~*¹ Denn, wo er auftaucht, endet es meistens im Chaos. Ein tolles Fahrrad!, sagte er, So eins hätte ich als Kind auch gern einmal gehabt, ~~sagte~~ meinte er. Ohne mich zu fragen, fragte mein

10 Vater daraufhin Na, Herr Kolle, wollen Sie vielleicht auch eine Runde drehen? Darauf hatte er fermutlich gewartet, denn begeistert reißt er das Rad an sich und war kurz darauf um die nächste Ecke verschwunden. Ich war sauer. Nach einer Viertelstunde war er immer noch nicht wieder da. Erst eine halbe Stunde später tauchte von Wei-

15 tem ein Person auf, die wir bald als dem humpelnden Herrn Kolle erkannten. Herr Kolle hatte nicht gewusst, dass das Mountainbike keine Rücktrittbremse besaß, und war daher bergab in einen nahe gelegenen Ententeich gerast. Zerknirscht übergab mir unser Nachbar das Rad, das von oben bis unten mit Schlamm überdekt war und zudem im

20 Vorderad eine Acht aufwies. So hatte ich mir nicht vorgestellt meinen Geburtstag.

*¹ Ich mag Herrn Kolle nicht.

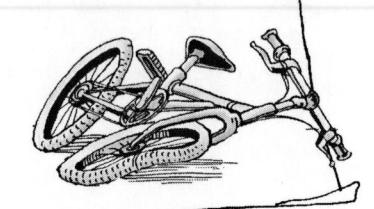

Texte überarbeiten II

1 Überarbeite den Text mit Hilfe der Checkliste in deinem Sprachbuch auf Seite 73.

Woran ich gerne zurückdenke

An einen schönen Sommertag traf ich mich nachmittags mit zwei Freundinnen. Uns war langweilig und so überlegten wir, wie wir den Rest des Tages verbringen wollten. Schon bald fallen uns die tollsten Streiche ein. Meike schlug vor: „Wie können doch bei Frau Schmidt die
5 Wäsche von der Leine nehmen und verstecken" Doch das lehnten wir alle ab. Dann aber kommen wir auf eine superstarke Idee: Wir besorgten uns einen alten Schuhkarton und füllten diesem mit Kaninchenmist. Sorgfältig wickelten wir um den Karton Geschekpapier und eine Schleife. Dann legten wir das scheinbare Geschenk auf einen Radfahr-
10 weg. Hinter einer Hecke beobachteten wir das weitere Geschehen. Schon bald kam unserer erstes Opfer. Es war unser Nachbarsohn Udo Müller, der neugierig vom Rad stieg und das Paket genau betrachtete Schließlich blickte er einmal nach links und nach rechts, dann er lud das Paket auf seinen Gepäckträger und sauste mit dem Pakert davon.
15 War das eine Gaudi! Erst am nächsten Tag erfuhren wir, dass Udo das Paket neugierig beim Abendessen ausgepackt hatte. Udo und seine Eltern fanden das nicht so witzig. Seine Mutter beschwerte sich daraufhin bei meinen Eltern, weil sie wusste natürlich, wer im Umkreis eine Kaninchenzucht besaß. Obwohl meine Mutter mit mir schimfte,
20 denke ich gern an diesen Streich zurück, denn wir hatten einen Mordsspaß.

Copy 14
Mit eigenen Worten 5

Andere informieren, S. 74–76

Deutsch	Klasse	Name	Datum	Nr.

Über Ereignisse berichten

Wie jedes Jahr: Großes Feuerwehrfest
17. Mai 2...
Sportplatz

Im großen Festzelt gibt es reichlich Speis' und Trank.

Zur Unterhaltung spielt die beliebte Musikkapelle Florian.

Für die Kinder bieten wir ein attraktives Programm:
- Besichtigung des großen Feuerwehrwagens
- Geschicklichkeitsparcours
- Spritzwettbewerbe

1 Um über ein Feuerwehrfest zu berichten, musst du dir zu den W-Fragen Notizen machen. Schau dir dazu die Zeichnung an und ergänze sie durch selbst erdachte Angaben.

Was für ein Fest? _____

Wann? _____

Wo? _____

Wer hat das Fest organisiert? _____

2 Lege durch Ziffern auf deinem Notizzettel fest, in welcher Reihenfolge du berichten willst.

Welche Attraktionen? _____

Wie viele Besucher? _____

Wie war die Stimmung? _____

3 Schreibe einen zusammenhängenden Bericht in dein Heft. So kannst du anfangen:
Am 17. Mai fand heuer unser Feuerwehrfest statt. Das große Festzelt war auf dem Sportplatz aufgebaut …

4 Du kannst auch über ein Straßenfest, einen Markttag oder einen „Tag der offenen Tür" berichten.

Andere informieren, S. 77

Copy 15
Mit eigenen Worten 5

| Deutsch | Klasse | Name | | Datum | Nr. |

Wege beschreiben

1 Nimm einen Bleistift zur Hand und suche den Weg aus dem Labyrinth.

2 Beschreibe in deinem Heft den Weg aus dem Labyrinth. Berücksichtige dabei wichtige Orientierungspunkte, z. B. Gehe durch die Öffnung am Start und wende dich am Springbrunnen nach links.

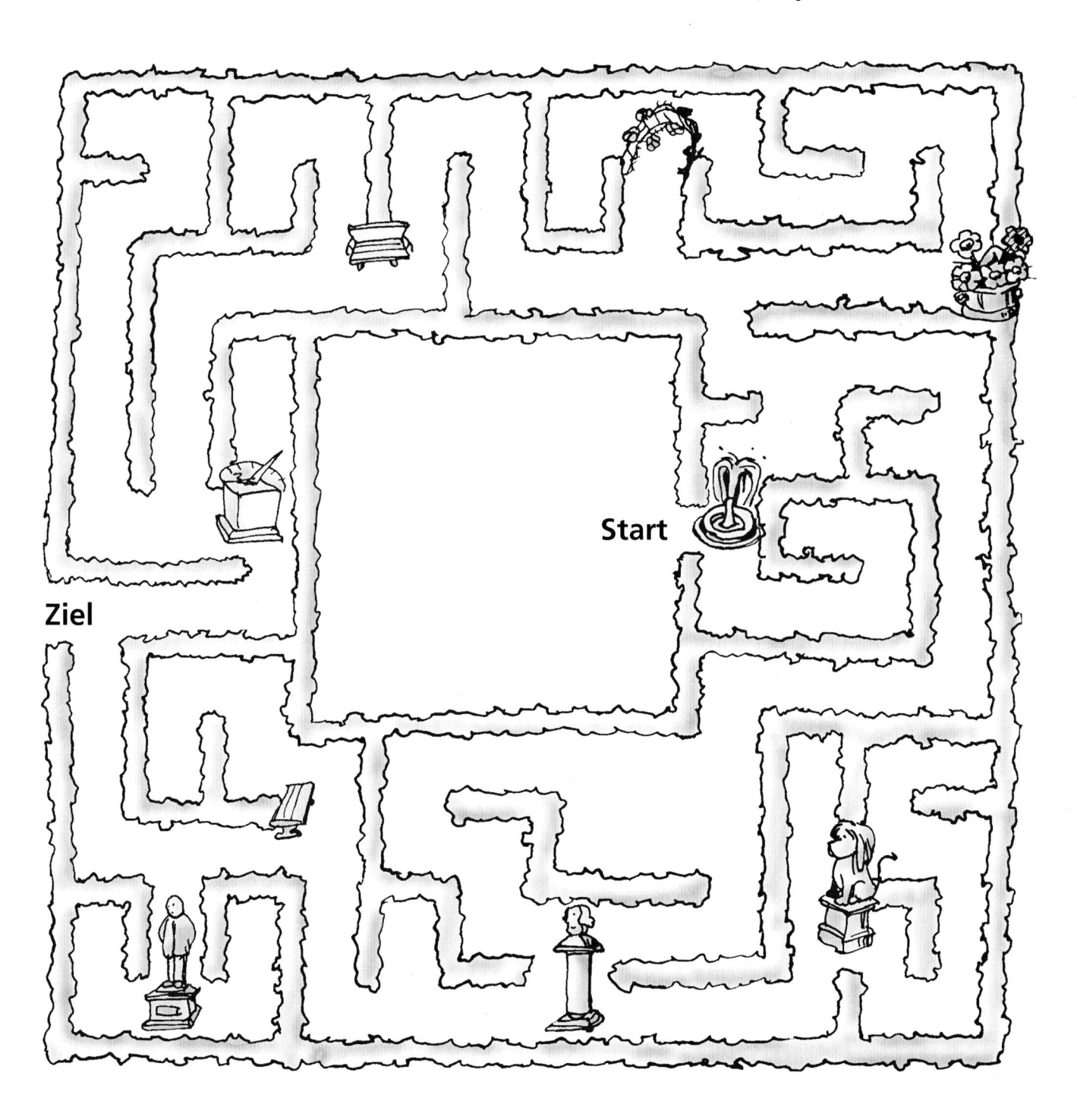

Start

Ziel

Einen literarischen Text beschreiben I

Hannes fehlt
Ursula Wölfel

Sie hatten einen Schulausflug gemacht. Jetzt war es Abend und sie wollten mit dem Bus zur Stadt zurückfahren. Aber einer fehlte noch. Hannes fehlte. Der Lehrer merkte es, als er die Kinder zählte.

„Weiß einer etwas von Hannes?", fragte der Lehrer.

Aber keiner wusste etwas. Sie sagten: „Der kommt noch."

Sie stiegen in den Bus und setzten sich auf ihre Plätze.

„Wo habt ihr ihn zuletzt gesehen?", fragte der Lehrer.

„Wen?", fragten sie. „Den Hannes? Keine Ahnung. Irgendwo. Der wird schon kommen."

Draußen war es kühl und windig, aber hier im Bus hatten sie es warm. Sie packten ihre letzten Butterbrote aus.

Der Lehrer und der Busfahrer gingen die Straße zurück. Einer im Bus fragte: „War der Hannes überhaupt dabei? Den hab' ich gar nicht gesehen."

„Ich auch nicht", sagte ein anderer.

Aber morgens, als sie hier ausstiegen, hatte der Lehrer sie gezählt und beim Mittagessen im Gasthaus hatte er sie wieder gezählt und dann noch einmal nach dem Geländespiel. Da war Hannes also noch bei ihnen.

„Der ist immer so still", sagte einer.

„Von dem merkt man gar nichts."

„Komisch, dass er keinen Freund hat", sagte ein anderer, „ich weiß noch nicht einmal, wo er wohnt."

Auch die anderen wussten das nicht.

„Ist doch egal", sagten sie.

Der Lehrer und der Busfahrer gingen jetzt den Waldweg hinauf. Die Kinder sahen ihnen nach.

„Wenn jetzt dem Hannes was passiert ist?", sagte einer.

„Was soll denn passiert sein?", rief ein anderer. „Meinst du, den hätte die Wildsau gefressen?"

Sie lachten. Sie fingen an, sich über die Angler am Fluss zu unterhalten, über den lustigen alten Mann auf dem Aussichtsturm und über das Geländespiel. Mittenhinein fragte einer: „Vielleicht hat er sich verlaufen? Oder er hat sich den Fuß verstaucht und kann nicht weiter. Oder er ist bei den Kletterfelsen abgestürzt?"

„Was du dir ausdenkst!", sagten die anderen. Aber jetzt waren sie unruhig. Einige stiegen aus und liefen bis zum Waldrand und riefen nach Hannes. Unter den Bäumen war es schon dunkel. Sie sahen auch die beiden Männer nicht mehr. Sie froren und gingen in den Bus zurück.

Keiner redete mehr. Sie sahen aus den Fenstern und warteten. In der Dämmerung war der Waldrand kaum noch zu erkennen.

Da kamen die Männer mit Hannes. Nichts war passiert. Hannes hatte sich einen Stock geschnitten und dabei war er hinter den anderen zurückgeblieben. Dann hatte er sich etwas verlaufen. Aber nun war er wieder da, nun saß er auf seinem Platz und kramte im Rucksack. Plötzlich sah er auf und fragte: „Warum seht ihr mich alle so an?"

„Wie? Nur so", sagten sie. Und einer rief: „Du hast ganz viele Sommersprossen auf der Nase!" Sie lachten alle, auch Hannes.

Er sagte: „Die hab' ich doch schon immer."

Einen literarischen Text beschreiben II

1 Lies den Text *Hannes fehlt* auf der Copy 16 durch.

2 Überlege, um welche Art von Text es sich handelt. Kreuze die richtige Antwort an.

Gedicht ☐   Sachtext ☐

Krimi ☐   Märchen ☐

Erzählung ☐   Schwank ☐

3 a) Um den Kerninhalt des Textes zu formulieren, musst du den Text zusammenfassen. Lies dazu die Geschichte noch einmal durch und markiere wichtige Stellen.
b) Fasse den Kerninhalt der Geschichte in drei bis vier Sätzen zusammen.

Sie hatten einen Schulausflug gemacht. Jetzt war es Abend und sie wollten mit dem Bus zur Stadt zurückfahren. Aber einer fehlte noch. Hannes fehlte. Der Lehrer merkte es, als er die Kinder zählte. „Weiß einer etwas von Hannes?", fragte der Lehrer. Aber keiner wusste etwas.

_____

_____

_____

_____

4 a) Schau dir die Gestaltung des Textblattes noch einmal genau an. Lies dazu die Info im Sprachbuch auf Seite 81.
b) Überprüfe, um welche Art von Illustration es sich handelt.
c) Notiere deine Feststellungen in Stichpunkten.
d) Welche Aufgabe hat die Illustration? Soll sie
– abbilden,
– ergänzen,
– erklären,
– veranschaulichen?

5 Schreibe die vollständige Beschreibung der äußeren Form (Schriftbild und Illustration) in dein Heft.

Merkmale von Sachtexten beschreiben

Unterwegs für Tiere und Umwelt

„Tierschutz zum Anfassen" nennt sich ein Projekt des Deutschen Tierhilfswerks, bei dem sich junge Tierfreunde zwischen zehn und fünfzehn Jahren auf einer gemeinsamen
5 Reise für Tiere engagieren können.
Im letzten Jahr ging die Reise zum Beispiel nach Hannoversch-Münden. Die dortige Jugendherberge war Basislager und Ausgangspunkt für tägliche Ausflüge, zum Beispiel in
10 ein Tierheim, in dem die Jugendlichen von den Schicksalen der vielen ausgesetzten Tiere erfuhren. Es war ganz klar, dass die Gruppe gern mit anpackte und beim Säubern der Hundeboxen und Katzenklos half.
15 Neben einem Tag auf einem Ökobauernhof und einer Waldwanderung gehörte auch der Besuch des Bärenparks in Worbis zu den Höhepunkten. Im ehemaligen Tierpark in Worbis finden Bären, die zuvor unter qualvollen Be-
20 dingungen in Zoos oder als Zirkusattraktionen gehalten wurden, ein artgerechtes Zuhause.

Dort wohnt auch die 20-jährige Braunbärendame Mischka. Früher fristete sie in einem Zoo, dem das Geld ausgegangen war, ein er-
25 bärmliches Dasein in einem nur 15 Quadratmeter großen Käfig. Der Boden dort war betoniert und die einzige Abwechslung boten ein paar alte Autoreifen. Schließlich wurden Tierschützer auf Mischka aufmerksam, kauf-
30 ten sie frei und brachten sie nach Worbis. Neben schönen Erinnerungen und einer selbst gemachten Zeitung über ihre Erlebnisse nahmen die Teilnehmer auch viele Ideen mit nach Hause, wie sie Tieren helfen können.

nach: Das große Jugendbuch, Das Beste, 1999

---

1 Lies den Text konzentriert durch.

2 Bestimme die Textart. Lexikonartikel ☐
Erzählung ☐   Sachtext ☐   Brief ☐

3 Um den Text zu beschreiben, musst du den Kerninhalt erarbeiten.
a) Markiere wichtige Stellen.
b) Fasse diese Stellen in deinem Heft in zwei Sätzen zusammen.
Du kannst so anfangen:
In dem Text „Unterwegs für Tiere und Umwelt" geht es um ein Projekt …

4 a) Betrachte die äußere Form des Textes. Lies dazu in der Info im Sprachbuch auf Seite 81 nach, welche Merkmale du berücksichtigen musst.
b) Halte die Ergebnisse deiner Betrachtung in Stichworten fest.
c) Beschreibe in deinem Heft die äußere Form des Textes.

| Deutsch | Klasse | Name | Datum | Nr. |

Copy 19
Mit eigenen Worten 5

Einen persönlichen Brief schreiben, S. 83–86

Einen Brief schreiben

1 a) Suche dir aus den Vorschlägen rechts einen Anlass für einen Brief aus. Du kannst dir auch selbst einen Anlass ausdenken.
b) Trage deinen Brief in die Vorlage ein.

Briefanlässe:
– Einladung zu einer Party, zu einem Freundschaftsspiel, zur Mitgestaltung einer Tombola, zu einer Sportvorführung …
– Dank für ein Geschenk
– Anregung zum Besuch einer Veranstaltung, zu gemeinsamen Ferien …

Hallo _____ ,

Tschüs

Rand:
an allen Seiten ca. 3 cm

Datum: z. B. *12. Juni 2001*

Anrede:
z. B. *Hallo* oder *Liebe(r)*
Komma nach der Anrede

Leerzeile zwischen Anrede und Text; im Text bei Absätzen und vor dem Gruß

nach dem Komma der Anrede Text mit Kleinschreibung beginnen

Gruß ohne Satzzeichen

Gedichtwerkstatt

1 Die Verse des Gedichtes sind durcheinandergewürfelt worden. Versuche, es in seine ursprüngliche Form zu bringen. Helfen können dir dabei:
– der Inhalt,
– die Satzzeichen am Ende eines Verses,
– die Reimformen.

Noch ein kleiner Tipp: Die Anzahl der Verse ist in allen Strophen des Gedichtes gleich. Verbinde durch Linien die Zeilen, die aufeinanderfolgen.

Die erste alte Tante sprach:
„Wir müssen nun auch dran denken,
Was wir zu ihrem Namenstag
Dem guten Sophiechen schenken."

Und muss sich auch noch bedanken."

Das mag Sophiechen nicht leiden."

Darauf sprach die zweite Tante kühn:

„Ja", sprach sie, „mit gelben Ranken!

Ich weiß, sie ärgert sich nicht schlecht

„Ich schlage vor, wir entscheiden

Der dritten Tante war das recht:

Uns für ein Kleid in Erbsengrün,

Ein Gedicht vortragen

1 Bereite das Gedicht für einen Vortrag vor. Berücksichtige die Checkliste.

Zauberspruch
Mirjam Pressler

Wenn schräg tagnachts der Klubu schreint

Und lasch der Lamenturo weint,

die Warzenwogen schlingen,

dann will ich wallewalle wingen.

Wenn aus dem Wald der Wodu wiebelt,

der Hodudodu sich bekriebelt,

die Sagabundas ächzkrächz singen,

dann will ich wallewalle wingen.

Und wenn der Nebuloso schleift

Und Akakazias heiß bereift,

die Wiebelkiebel klingen,

dann will ich wallewalle wingen.

CHECKLISTE
Lebendig und anschaulich vortragen
- Plane angemessene Sprechpausen ein. (Kennzeichnung: / für kurze Pause, // für lange Pause)
- Betone besonders wichtige Wörter. (Kennzeichnung durch Unterstreichen)
- Passe die Tonlage der jeweiligen Situation an. Beachte dabei Lesetempo, Lautstärke und Stimmung.
- (Kennzeichnung durch passende Randbemerkungen)
- Prüfe, ob du deinen Lesevortrag durch Mimik und Gestik unterstützen kannst.

Ein Gedicht spielen

1 Aus diesem Gedicht kann man eine Spielszene machen.
a) Klärt in Partnerarbeit, wer welche Textstelle spricht, und schreibt es auf.

b) Überlegt, in welcher Situation und wie diese Szene gesprochen werden soll. Bringt dies durch treffende Gestik und Mimik zum Ausdruck. Erraten die Zuschauer, welche Situation ihr euch überlegt habt?

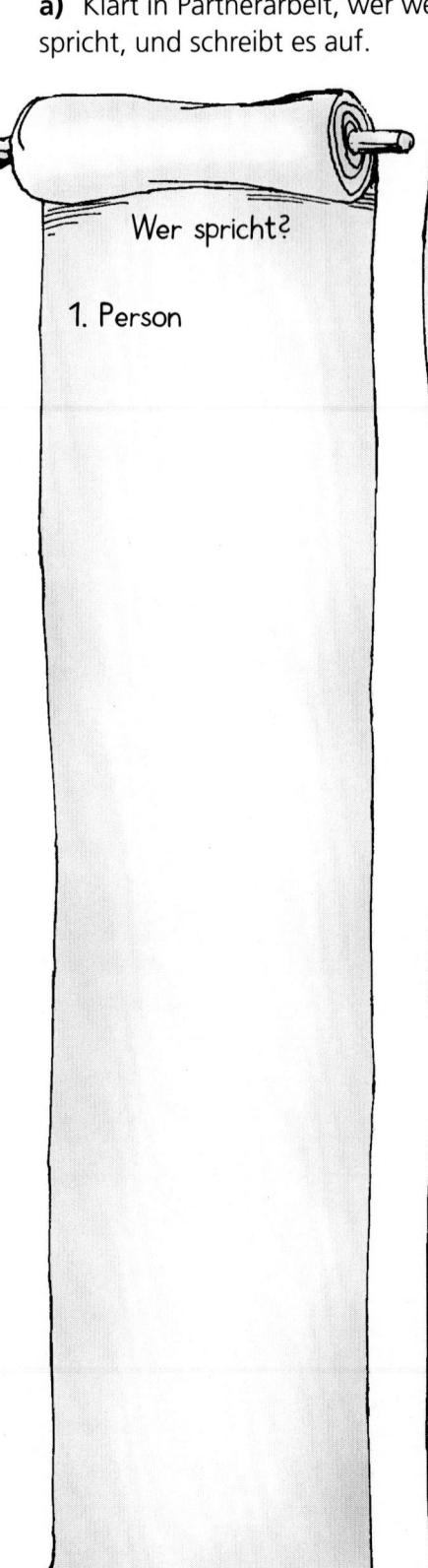

Wer spricht?	Wie?	
1. Person	(fragend)	**eulen** *Ernst Jandl*

bist eulen
ja
bin eulen
ja ja
sehr eulen

bist auch eulen
ja
bin auch eulen
sehr eulen
ja ja

will aber nicht mehr eulen sein
bin schon zu lang eulen gewesen

will auch nicht mehr eulen sein
bin auch schon zu lang eulen gewesen

ja
mit dir da
mit dir da auch
bin nicht mehr eulen ja
bin nicht mehr eulen auch
ja ja
ja ja auch

doch wer einmal eulen war
der wird eulen bleiben immer
ja

ja ja

Märchen, S. 103–109

Merkmale von Märchen bestimmen

1 Woran kannst du erkennen, dass es sich bei dem Text um ein Märchen handelt? Lies dazu die Info im Sprachbuch auf Seite 106. Unterstreiche im Text die typischen Merkmale.

Prinzessin Mäusehaut

Ein König hatte drei Töchter; da wollte er wissen, welche ihn am liebsten hätte, ließ sie vor sich kommen und fragte sie. Die älteste sprach, sie habe ihn lieber als das ganze König-
5 reich; die zweite, als alle Edelsteine und Perlen auf der Welt; die dritte aber sagte, sie habe ihn lieber als das Salz. Der König war aufgebracht, dass sie ihre Liebe zu ihm mit einer so geringen Sache vergleiche, übergab sie einem
10 Diener und befahl, er solle sie in den Wald führen und töten.
Wie sie in den Wald gekommen waren, bat die Prinzessin den Diener um ihr Leben; dieser war ihr treu und würde sie doch nicht
15 getötet haben, er sagte auch, er wolle mit ihr gehen und ganz nach ihren Befehlen tun. Die Prinzessin verlangte aber nichts als ein Kleid von Mäusehaut, und als er ihr das geholt, wickelte sie sich hinein und ging fort.
20 Sie ging geradezu an den Hof eines benachbarten Königs, gab sich für einen Mann aus und bat den König, dass er sie in seine Dienste nehme. Der König sagte es zu und sie solle bei ihm die Aufwartung haben. Abends
25 musste sie ihm die Stiefel ausziehen, die warf er ihr allemal an den Kopf. Einmal fragte er, woher sie sei. „Aus dem Lande, wo man den Leuten die Stiefel nicht um den Kopf wirft."
Der König ward da aufmerksam, endlich
30 brachten ihm die anderen Diener einen Ring; Mäusehaut habe ihn verloren, der sei zu kostbar, den müsse er gestohlen haben. Der König ließ Mäusehaut vor sich kommen und fragte, woher der Ring sei. Da konnte sich

35 Mäusehaut nicht länger verbergen, sie wickelte sich von der Mäusehaut los, ihre goldgelben Haare quollen hervor und sie trat heraus, so schön, aber auch so schön, dass der König gleich die Krone von seinem Kopf abnahm
40 und ihr aufsetzte und sie für seine Gemahlin erklärte.
Zu der Hochzeit wurde auch der Vater der Mäusehaut eingeladen, der glaubte, seine Tochter sei schon längst tot, und erkannte sie
45 nicht wieder. Auf der Tafel aber waren alle Speisen, die ihm vorgesetzt wurden, ungesalzen, da ward er ärgerlich und sagte: „Ich will lieber nicht leben, als solche Speise essen!"
Wie er das Wort ausgesagt, sprach die Köni-
50 gin zu ihm: „Jetzt wollt ihr nicht leben ohne Salz und doch habt Ihr mich einmal wollen töten lassen, weil ich sagte, ich hätte Euch lieber als Salz!" Da erkannte er seine Tochter und küsste sie und bat sie um Verzeihung und
55 es war ihm lieber als sein Königreich und alle Edelsteine der Welt, dass er sie wiedergefunden.

Copy 24
Mit eigenen Worten 5

Märchen, S. 103–109

Deutsch	Klasse	Name	Datum	Nr.

Märchen selbst erfinden

1 Die folgenden fünf Textstellen stammen aus dem Märchen „Der Teufel mit den drei goldenen Haaren" von den Brüdern Grimm.
a) Lies dir die Textabschnitte sorgfältig durch.

b) Entwirf mit den Textabschnitten ein neues Märchen. Entwickle stichpunktartig einen Erzählplan.
c) Schreibe das Märchen in dein Heft.

> Es war einmal eine arme Frau, die gebar ein Söhnlein. Dem Glückskind wurde geweissagt, es werde die Tochter des Königs zur Frau haben.

> Endlich fand er den Eingang zur Hölle. Der Teufel war nicht zu Hause.

> Er bedankte sich und verließ die Hölle.

> „Wer meine Tochter haben will, der muss mir aus der Hölle drei goldene Haare vom Kopf des Teufels holen."

> Endlich traf er bei seiner Frau ein, die sich herzlich freute. Dem König brachte er, was er verlangt hatte: die drei goldenen Haare des Teufels.

Eulenspiegelgeschichte als Comic gestalten

1 Überlege, wie du die Eulenspiegelgeschichte in deinem Sprachbuch, Seite 110, als Comic gestalten kannst.

Lege durch die Bilder die wichtigsten Handlungsschritte fest. Gib in Sprechblasen den Text so wieder, dass die Pointe verständlich ist.

Merkmale eines Schwanks bestimmen

Nasreddin lässt sich nicht foppen

Ein junger Mann ohne Erfahrung hatte sich auf einer Reise eine kleine Auswahl chinesischen Porzellans gekauft. Im Hafen angelangt und eben im Begriff sich auszuschiffen, fasste
5 er den Plan, sein Porzellan wegtragen zu lassen, ohne den Träger für seine Mühe zu bezahlen. Er traf dabei auf Nasreddin und sagte zu ihm: „Wenn du mir diesen Pack in meine Karawanserei* trägst, so werde ich dir drei gute Rat-
10 schläge geben."

„Einverstanden", antwortete Nasreddin dem schlauen Gesellen.

Er nahm die Last auf und trug sie in die Karawanserei. Als er dort ein paar Stufen emporge-
15 stiegen war, sagte er: „Nun höre ich." Der andere sagte: „Wenn man dir sagt, dass der Hunger dem Sattsein vorzuziehen ist, so glaube es nicht."

„Ich verstehe", sagte der Hodscha** und ging
20 wieder ein paar Stufen weiter. Dann sagte er: „Was hast du mir noch zu sagen?"

„Wenn man dir sagt, Armut sei besser als der Reichtum, so glaube es nicht."

Nasreddin ging weiter und bat ihn nach eini-
25 gen Stufen wieder zu sprechen. „Zum Dritten: Wenn man dir sagt, dass es besser ist, zu Fuß zu gehen als zu reiten, so glaube es nicht. Das sind die Ratschläge, die ich dir geben wollte."

Nasreddin stieg die Treppe vollends hinauf
30 und als er ganz oben war, warf er seine Last hinunter. Der junge Mann schrie: „Was machst du da?" Und der Hodscha sagte: „Wenn man dir sagt, dass in dem Pack da ein einziges Stück heil und ganz geblieben ist, so glaube es
35 nicht."

* *Reiseunterkunft an einer Karawanenstraße*
** *Geistlicher, Lehrer, Meister*

1 Bei dem Text handelt es sich um einen Schwank. Belege die folgenden Merkmale mit jeweils einem Satz.

Was bringt dich zum Lachen?

___

Welche menschliche Schwäche wird dargestellt?

___

Worin besteht die Pointe?

___

2 Formuliere im Heft drei andere „gute" Ratschläge.

3 Denke dir eine weitere Möglichkeit aus, wie du auf die drei „Ratschläge" des Reisenden reagieren könntest, und schreibe sie auf.

Nomen und Artikel, S. 124

Copy 27 — Mit eigenen Worten 5

| Deutsch | Klasse | Name | Datum | Nr. |

Das Nomen in vier Fällen I

1 a) Setze in die Lücken passende Nomen ein.
b) Überprüfe, in welchem Fall (Kasus) die Nomen jeweils stehen. Nimm dazu die Info im Sprachbuch auf Seite 124 zu Hilfe.

Machen Sie Urlaub bei uns!!!

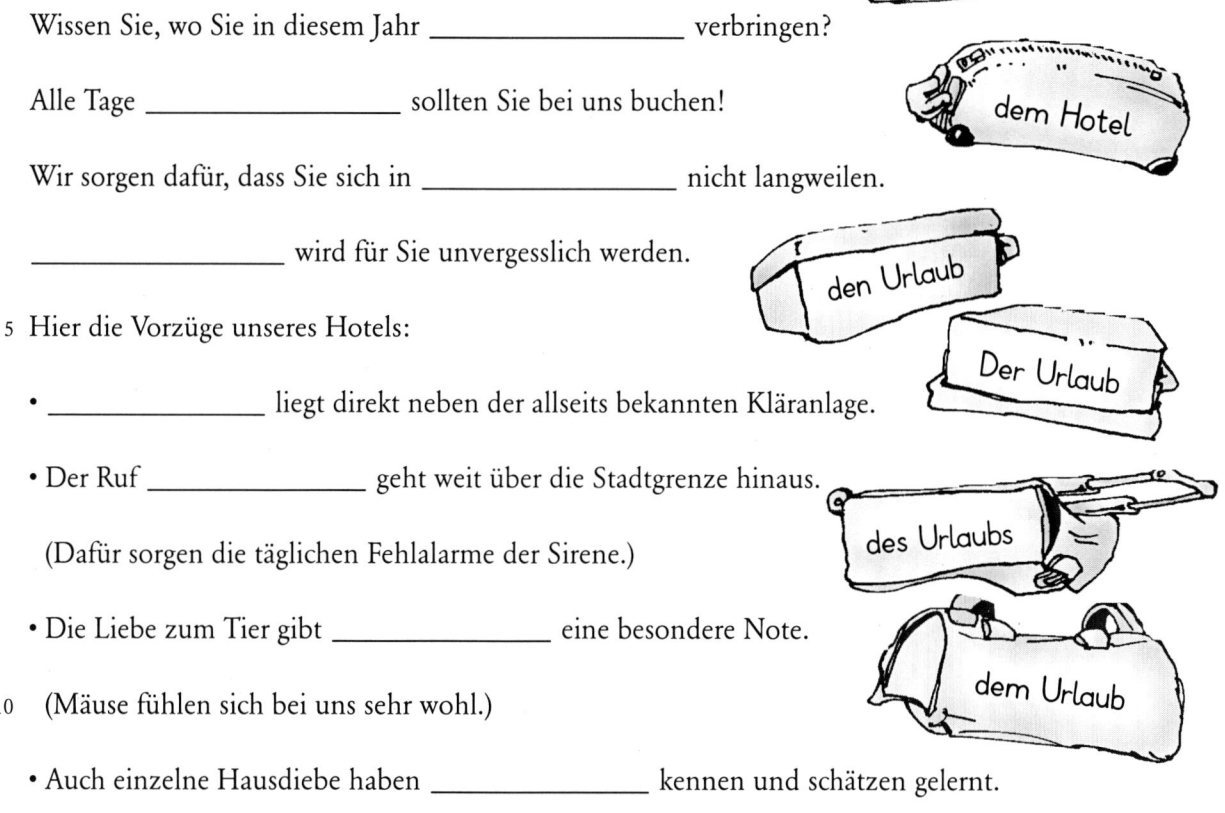

Wissen Sie, wo Sie in diesem Jahr _____ verbringen?

Alle Tage _____ sollten Sie bei uns buchen!

Wir sorgen dafür, dass Sie sich in _____ nicht langweilen.

_____ wird für Sie unvergesslich werden.

5 Hier die Vorzüge unseres Hotels:

• _____ liegt direkt neben der allseits bekannten Kläranlage.

• Der Ruf _____ geht weit über die Stadtgrenze hinaus.

(Dafür sorgen die täglichen Fehlalarme der Sirene.)

• Die Liebe zum Tier gibt _____ eine besondere Note.

10 (Mäuse fühlen sich bei uns sehr wohl.)

• Auch einzelne Hausdiebe haben _____ kennen und schätzen gelernt.

Koffer-Beschriftungen: des Hotels, das Hotel, Das Hotel, dem Hotel, den Urlaub, Der Urlaub, des Urlaubs, dem Urlaub

2 Setze die Nomen in Klammern im richtigen Fall ein.

1. Sie sollten nicht _____ (FAHRSTUHL) benutzen.

   Darin wohnt _____ (HUND) unseres Portiers.

2. Bitte geben Sie _____ (KATZEN) nichts zu fressen.

   Sie sollen _____ (MÄUSE) auf _____ (DACHBODEN) fangen.

Dem oder den? Den richtigen Artikel setzen

1 Schreibe auf die Schreiblinien die Ausdrücke in den Klammern richtig auf.

Der Hase und der Igel

An _____

(ein schöner Sonntagmorgen) im Herbst ging der Igel im Feld spazieren.

Dort traf er _____ (der Hase). Höflich wie er war, grüßte er

_____ (der vornehme Herr). Doch der hochmütige

5 Hase gab _____ (der Igel) eine herablassende Entgegnung.

Dies ärgerte natürlich _____ (der Igel), und er ließ seinerseits

_____ (der Hase) eine passende Antwort zukommen.

Zu allem Überfluss machte sich der Hase auch noch über die krummen Beine des Igels lustig.

Schließlich einigte man sich auf _____ (ein Wettkampf),

10 der erweisen sollte, wer denn nun die schnelleren Beine habe. Ihr alle kennt

_____ (der Trick) des Igels: Er stellte seine Frau, die genauso

wie er aussah, auf _____ (der Acker) an das Ende der Rennstrecke,

einer Furche. Er selbst traf _____ (der Hase) am anderen Ende

des Ackers und jeder von den beiden begab sich an _____

15 (der Startplatz). Dreiundsiebzig Mal raste Meister Lampe durch seine Furche und ebenso oft

narrte das Igelpaar _____ (der Hase). Immer wenn er ans Ziel kam,

trat _____ (der Hase) ein Igel entgegen. Sie beließen ihn während

des ganzen Rennens in _____ (dieser Irrtum).

Nach dem vierundsiebzigsten Lauf fiel der Hase tot um.

Personalpronomen einsetzen

1 Setze entweder die Nomen *(Katze, Maus, Mäuse, Petra)* oder passende Pronomen ein.

Petras Katze

Petra hat eine schöne schwarze Katze. _____ wird von _____ sehr geliebt. Oft leckt _____ _____ sogar aus lauter Freundschaft die Hand. Das mag _____ aber nicht. _____ zieht die Hand dann immer schnell zurück. Aber _____ meint jedes Mal, das wäre eine Auffor-

5 derung zum Spielen. _____ springt dann hoch erfreut um _____ herum. Wenn _____ sich schließlich doch auf das Spiel einlässt, _____ am Nacken packt und am Bauch kitzelt, freut _____ sich wie toll.

Aber _____ ist immer wieder betrübt, dass _____ diese nied-

10 lichen kleinen Mäuse umbringen muss. Erst fängt _____ _____ , dann lässt _____ _____ scheinbar wieder frei. Aber im letzten Moment, kurz vor dem Mauseloch, schnappt _____ _____ dann wieder. Wenn _____ das sieht, versucht _____ , _____ die Beute abzujagen. Aber _____ ist immer schneller

15 als _____ und saust mit _____ im Maul auf und davon. Hinterm Haus verzehrt _____ _____ in aller Ruhe.

Copy 30
Mit eigenen Worten 5

Pronomen, S. 128

| Deutsch | Klasse | Name | Datum | Nr. |

Possessivpronomen

1 Schreibe die passenden Pronomen auf die Doppellinie und beende die Sätze nach eigener Vorstellung.

Ich schenke meiner Mutter einen Blumenstrauß.

Er schenkt _____

Ihr schenkt _____

Du fängst _____ Hamster wieder ein. _____

Wir fangen _____

2 Setze die in Klammern stehenden Pronomen in der gebeugten Form ein.

Nichts wie weg hier!

Weißt du, was ca. 300 Menschen machen, wenn sie im Biergarten plötzlich von einem

Regenguss überrascht werden? Ich habe es letztes Wochenende erlebt und war anscheinend

die Einzige, die es lustig fand. _____ (Mein) Eltern sprangen auf und rafften

_____ (uns) Sachen zusammen. Am Nachbartisch stürzte ein Mann noch rasch

5 _____ (sein) Bier hinunter, bevor er _____ (sein) Frau beim Aufräumen

half. _____ (Ihr) Kinder suchten in der Zwischenzeit _____ (ihr)

Spielzeug. Ein Junge rief verzweifelt nach _____ (sein) Hund. Zwei Jugendliche

sprangen auf _____ (ihr) Fahrräder und radelten los. Nur gut, dass wir mit

_____ (uns) Auto da waren. Da rief _____ (mein) Mutter uns

10 schon zu: „Nehmt _____ (euer) Beine in die Hand und rennt los!"

Doch auch der schnellste Sprint _____ (mein) Lebens nützte nichts.

Bis ich im Auto saß, war _____ (mein) Kleidung vollkommen durchnässt.

Verben: Personal- und Zeitformen

1 Setze den folgenden Text ins Präteritum.
Beachte aber, dass die wörtliche Rede im Präsens stehen muss.
Trage die Verben in gebeugter Form in die Lücken ein.

Katja und Charly

„Du _____ (sehen) heute wieder blendend aus", _____ (murmeln)

Katja leise. Voller Stolz _____ (betrachten) sie Charly, ihren Goldhamster.

Doch den kleinen Kerl _____ (beeindrucken) dies überhaupt nicht.

Blitzschnell _____ (wirbeln) seine Pfötchen auf dem Laufrad im Kreis herum.

5 „Ich _____ (sehen), du _____ (hören) mir wieder einmal gar nicht zu",

_____ (tadeln) sie ihn. „Aber du _____ (werden) schon sehen,

ich _____ (bekommen) dich noch." Sie _____ (holen) eine Mohrrübe

und _____ (halten) ihm ein Stückchen hin. Sofort _____ (springen)

Charly an das Käfiggitter, als er die Köstlichkeit _____ (sehen).

10 Doch Katja _____ (necken) ihn: „Verehrte Leute, ihr _____ (sehen)

jetzt Charly mit seinem Mohrrübentanz." Und wirklich, beim Versuch, sein Lieblingsfutter

zu ergattern, _____ (sich drehen) der putzige Hamster im Kreis herum.

Nach einiger Zeit _____ (sich wenden) Katja wieder an ihre unsichtbaren

Zuschauer: „Wie wir _____ (sehen), _____ (haben) sich Charly

15 nun seine Leibspeise _____ (verdienen)."

Sie _____ (herausnehmen) ihn _____ auf ihre Hand und

_____ (geben) ihm das Stückchen Rübe. Beide _____ (sehen) nun

zufrieden aus.

Präsens und Präteritum

1 Ergänze die fehlenden Verben im Präteritum.

So ein Durcheinander

Gestern Morgen _____ (reißen) mich in meinem Körbchen lautes Türenschlagen aus dem Schlummer. Was _____ (bedeuten) das schon wieder? Um mich herum _____ (herrschen) eine entsetzliche Hektik. Alles _____ (rennen) an mir vorbei. Sven _____ (müssen) noch in aller Eile seine Hausarbeiten erledigen

5 und _____ (finden) natürlich seinen Füller nicht. Dabei _____ (jammern) er ganz schrecklich, bis seine Mutter sich _____ (entschließen), ihm bei der Suche nach seinem Füller zu helfen. In dem Chaos _____ (laufen) die kleine Kathrin durch den Flur und _____ (stolpern) über mich. Natürlich _____ (bellen) ich wie verrückt. Statt mir zu helfen, _____ (bekommen) ich einen Klaps mit der

10 Zeitung, damit ich endlich _____ (aufhören) zu bellen. Da _____ (sein) ich vielleicht sauer und _____ (beschließen), mich unter das Bett von Frauchen zu verziehen. Die _____ (sollen) mich ruhig suchen und vermissen.

2 Hier kannst du die Schreibung schwieriger Präsens- und Präteritumformen trainieren. Ergänze jeweils die fehlenden Formen in der dritten Person Singular.

Infinitiv	Präsens	Präteritum
wissen	er weiß	er wusste
lassen		
reißen		
schließen		
essen		

Präteritum, Perfekt, Plusquamperfekt

1 Ergänze jeweils die fehlenden Verbformen.

Präteritum	Perfekt	Plusquamperfekt
sie verschwanden	sie sind verschwunden	sie waren verschwunden
er bellte	_____	_____
_____	ich bin gelaufen	_____
_____	_____	du hattest geträumt
_____	_____	ihr hattet gehofft
_____	_____	wir waren gefahren

2 Präteritum oder Plusquamperfekt? Setze die richtige Zeitform ein.

Pech gehabt!

Emil _____ wie immer auf seinem alten Fahrrad die Post _____ (austragen). Nachdem er sein Fahrrad an einen Zaun _____ (lehnen), _____ (gehen) er in ein Haus, um die Briefe zu verteilen. Inzwischen _____ (kommen) ein Junge vorbei. Er _____ (halten) das alte Rad für sperrmüllreif und _____ (montieren) den

5 noch brauchbaren Sattel ab. Als Emil wieder aus dem Haus _____ (kommen), _____ (sehen) er den Jungen gerade noch um die Ecke biegen. Schnell _____ (laufen) er hinter dem Jungen her, nachdem er zuvor noch seine Tasche auf den Boden _____ (werfen). Es _____ (gelingen) ihm zwar, seinen Sattel zurückzubekommen, doch noch ehe er sein Fahrrad wieder _____ (erreichen), _____ ein Sperrmüllauto

10 _____ (vorfahren). Bevor Emil eingreifen _____ (können), _____ (werfen) die Männer das Rad schon ins Müllauto, wo es zermalmt wurde.

Zeitformen richtig einsetzen

1 Setze die richtige Zeitform ein.

Der Beginn des Lebens auf der Erde

Wie und wann das Leben auf der Erde _____ (entstehen), _____ (sein) immer noch ungewiss. Biochemiker, die die chemischen Verbindungen und Prozesse des lebenden Organismus _____ (erforschen), _____ (übereinstimmen) im Großen und Ganzen darin _____, dass die ersten Lebewesen

5 wahrscheinlich vor drei Milliarden Jahren _____ (entstehen). Das _____ (sein) lange nach der flüssigen Phase der Erdgeschichte, zu einer Zeit, als die Zusammensetzung der Atmosphäre schon einigermaßen _____ (feststehen). Sie _____ (sein) sich im Allgemeinen auch darüber einig, dass sich alle Lebewesen, Pflanzen und Tiere aus einem einzigen gemeinsamen Vorfahren _____ (entwickeln).

10 Als sich die Erde endgültig zu einer festen Kugel _____ (verdichten), enthielt die Atmosphäre unterschiedliche Mengen chemischer Stoffe. Unter Ultraviolett-Bestrahlung der Sonne _____ (zersetzen) sich das Wasser unaufhörlich in seine gasförmigen Bestandteile, Wasserstoff und Sauerstoff. Unter diesen Bedingungen _____ (brauchen) sich nur eine einzige Form durchzusetzen

15 und das Leben auf der Erde _____ (beginnen).

Adjektive I

1 Gestalte die Erzählung lebendiger, indem du passende Adjektive einsetzt.

2 Wie geht das Abenteuer wohl aus? Schreibe die Geschichte in deinem Heft weiter.

Abenteuer auf der Burg

In der Nähe unseres Dorfes steht eine *düstere* Burg.

Ihre Mauern sind schon verfallen. Aber es gibt

noch einige Gänge, die in die Burg führen.

Eines Tages kam mein Freund Ulli zu mir und

5 zeigte mir eine Karte, auf der die Umrisse der

Burg eingezeichnet waren. An einer Stelle war

mit Farbe ein X aufgemalt und man konnte die

Buchstaben „Schatz" entziffern. „Die Karte habe ich auf unserem Dachboden in einer Kiste

10 entdeckt", erklärte Ulli seinen Fund.

Wir nahmen unsere Räder und fuhren durch

den Wald zur Burg. Als wir ankamen, war es

schon später Nachmittag. Sofort suchten wir

die angegebene Stelle. Dazu mussten wir einen

15 Gang entlanggehen. Es roch. Auf einmal

stießen wir auf eine Tür. Sie war nur angelehnt.

Sollten wir weitergehen?

Wortwolken: groß, feucht, hölzern, düster, rot, schnell, dumpf, dunkel, muffig, staubig, riesig, morsch, alt, schmal, hoch, aufgeregt, finster, dünn, klein, unheimlich

Adjektive II

1 In Werbetexten haben Adjektive eine besondere Bedeutung. Das hat die Firma in diesem Fall wohl aber vergessen.

a) Lies die Werbeanzeige.
b) Schreibe die Anzeige neu, indem du vor jedes Nomen ein möglichst passendes Adjektiv setzt.

> Den Mitarbeitern unserer Firma ist es gelungen, ein Gerät zu entwickeln, das überall einsetzbar ist. Die Bedienung macht es möglich, dass es für Männer, Frauen, Jungen und Mädchen geeignet ist. Durch die Beschichtung des Rahmens ist es auch draußen einsetzbar. Das Gerät zeichnet sich durch sein Gewicht, seine Belastbarkeit und die Lebensdauer aus. Damit Sie lange daran Spaß haben, wurde bei
>
> **Sprinti X**
>
> der Entwicklung und Herstellung Wert auf Sicherheit und Qualität gelegt. Erhältlich ist es nicht nur in Sport- und Freizeitgeschäften, Sie können es auch über das Internet bestellen. Der Preis richtet sich nach Besonderheiten bei der Ausstattung oder des Designs.
>
> Der Kauf bedeutet für Sie einen Schritt in die Zukunft, den Sie nie bereuen werden.

Deutsch	Klasse	Name		Datum	Nr.

Satzglieder herausfinden

Seit gestern haben wir einen Neuen in der Klasse.
DER EINEM IM MÄDCHEN NEBEN NEUE SCHÜLER SITZT UNTERRICHT.

1 So beginnt eine Geschichte.
a) Finde heraus, wie der zweite Satz heißt. Du solltest dabei aber keine Wörter weglassen, hinzufügen oder verändern.
b) Schreibe den Satz auf.

2 Du kannst den Satz auch anders beginnen. Es gibt noch zwei Möglichkeiten. Schreibe sie auf.

3 Vergleiche die drei Sätze. Welche Wörter bleiben beim Umstellen immer zusammen? Umkreise sie in deinen Sätzen mit der gleichen Farbe.

4 Ordne ein, aus wie vielen Wörtern die gefundenen Satzglieder bestehen.

Ein Wort   Zwei Wörter   Drei Wörter

5 Ermittle durch Umstellen, aus wie vielen Satzgliedern jeder Satz besteht. Schreibe die Anzahl der Satzglieder auf.

a) Der Neue war am Anfang sehr zurückhaltend und schüchtern. ___
b) Im Geschichtsunterricht blühte er dann richtig auf. ___
c) Auch die Lehrerin staunte über sein Wissen. ___
d) Er liest wohl häufig Geschichtsbücher oder Geschichtsromane in seiner Freizeit. ___

Deutsch	Klasse	Name		Datum	Nr.

Prädikat I

1 a) Setze die fehlenden Satzglieder in die Lücken ein. Achte auf den Punkt am Satzende.

b) Lies die Spalten von oben nach unten. An welcher Stelle steht das Prädikat?

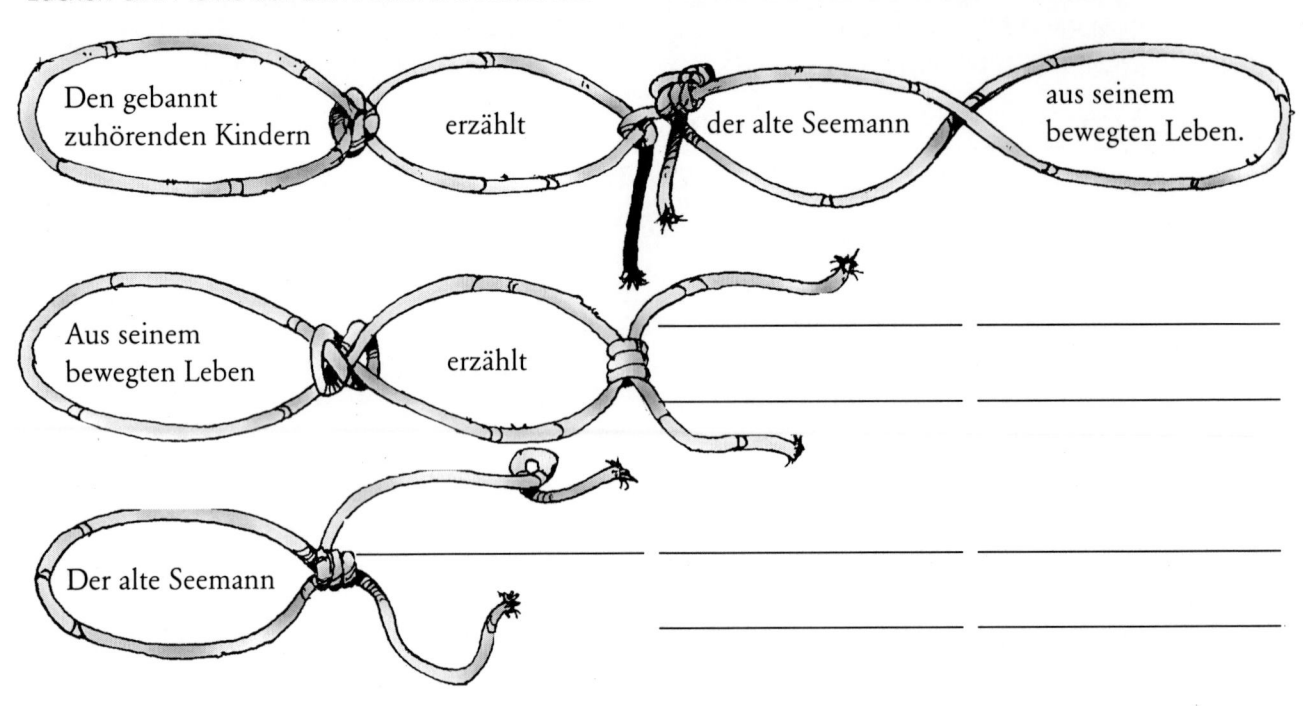

| Den gebannt zuhörenden Kindern | erzählt | der alte Seemann | aus seinem bewegten Leben. |

| Aus seinem bewegten Leben | erzählt | _____ | _____ |

| Der alte Seemann | _____ | _____ | _____ |

2 Stelle auch die folgenden Sätze zweimal um, vermeide aber Fragesätze. Prüfe, an welcher Stelle das Prädikat steht.

Bereits als Junge kam er auf ein Schiff. _____

_____

_____

Seine erste Reise führte ihn damals nach Südamerika. _____

_____

_____

3 Unterstreiche in den folgenden Sätzen das Prädikat. Du kannst es mit „Was tut der?" oder „Was tun die?" erfragen.

1. Jubelnd begrüßten die Einheimischen die Schiffsmannschaft.
2. Geschickt entluden die Packer das Schiff.
3. Die Mannschaft verließ das Schiff zum Landgang.
4. Sie feierten ihre Ankunft bis in die Nacht hinein.
5. Schon am nächsten Tag ging es weiter Richtung Kap Horn.

Prädikat II

Meisterdetektiv Nick ist schon wieder hinter einer Bande her.
Diese will ihn an der Nase herumführen und schickt ihm diesen Brief:

Hallo, Mister Knatterton!

Hier suchen sich der König der Unterwelt und seine Bande. Sie genießen uns immer noch? Erwarten Sie sich keine Mühe. Wir melden ein süßes Leben von den vielen tausend Dollarpäckchen. Nicht nur Essen und Wein machen vorzüglich. Auch der rote Ferrari, der schwarze Porsche und der lila Lamborghini führen uns eine tägliche Freude. Sie sind unsere Geldquelle, nicht? Mehrere Tunnel kennen uns inzwischen dorthin.
Großer Meister, wir schmecken Sie.
Die drei XXX

1 Von welcher Geldquelle, von welchen Tunneln ist hier die Rede? Kombiniere:
– Hier stimmt etwas nicht mit den Prädikaten. Unterstreiche in jedem Satz das Prädikat.
– Welches Prädikat gehört wohin?

2 Schreibe den Brieftext richtig auf. Jetzt kannst du den Inhalt des Briefes verstehen.

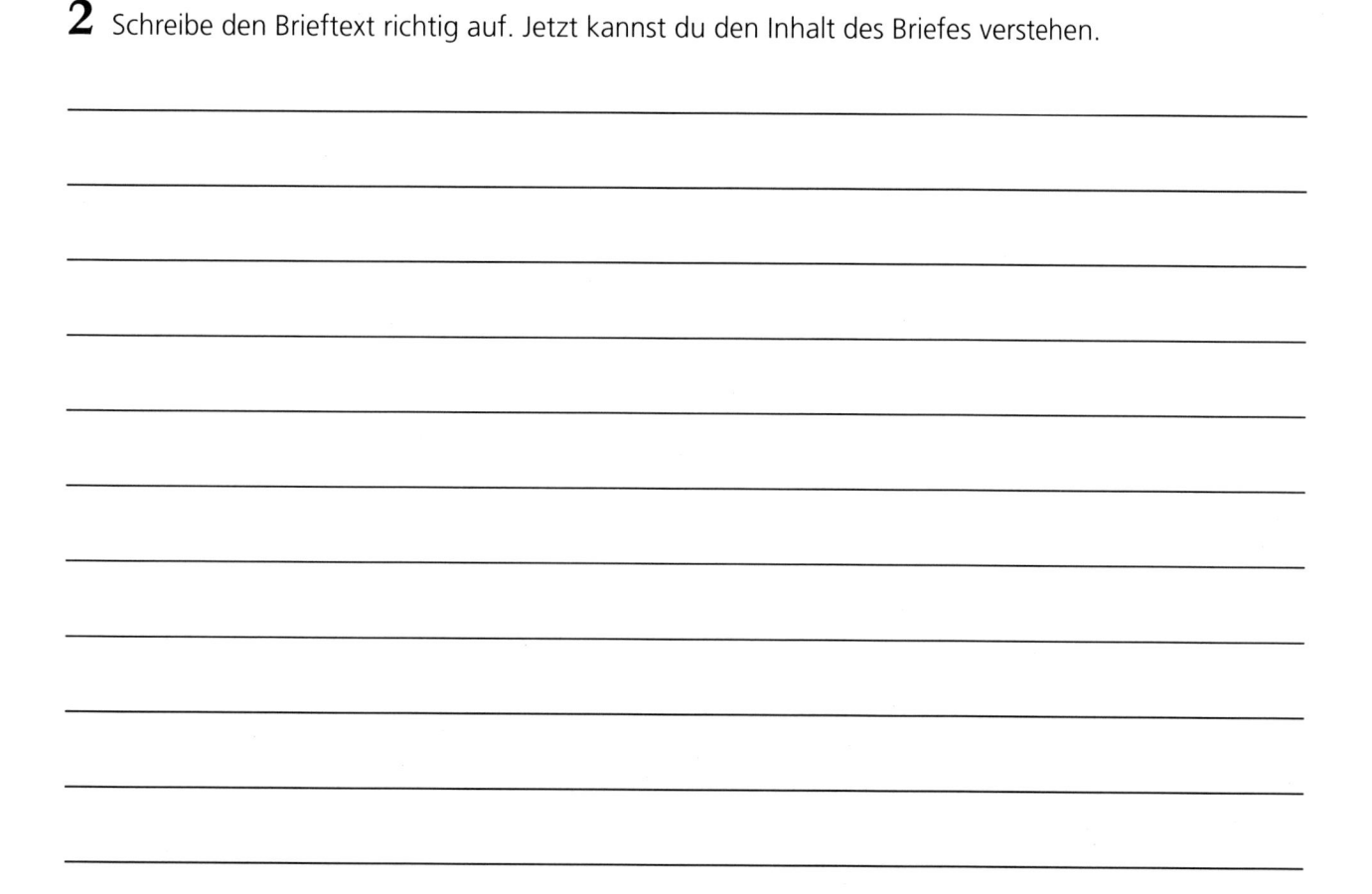

| Deutsch | Klasse | Name | Datum | Nr. |

Subjekt I

1 Wie heißen in diesen Sätzen die Subjekte? Unterstreiche sie.

Im Zirkus

1. Der beleibte Zirkusdirektor begrüßt zu Beginn der Vorstellung das gespannte Publikum auf dem Balkon.
2. Danach spielt auf der Tribüne die bunt gekleidete Musikkapelle einen lauten Tusch.
3. Nach dem Musikstück führt ein kleines Mädchen die weißen Pferde herein.
4. Es hält die Tiere am goldfarbenen Halfter fest.
5. Ein lauter Trommelwirbel macht auf den Höhepunkt aufmerksam.
6. Jetzt stehen alle Pferde nur auf ihren Hinterhufen.
7. Die lustigen Clowns machen viele Späße.
8. Zum Schluss kommen alle noch einmal in die Manege.

2 Ergänze das fehlende Subjekt oder das fehlende Prädikat.

Die Macht der Gewohnheit

Im letzten Jahr _____ ein Zirkus in unsere Stadt. Meine Schwester und ich

_____ die Vorstellung am Samstagnachmittag. Die Tiernummer mit einem

großen Elefanten _____ uns ganz besonders. Bei einer bestimmten Melodie

stellte sich _____ auf ein kleines rotes Podest. Dann ließ _____ sich

5 mit dem Hinterteil darauf nieder.

Als nach zehn Tagen _____ wieder abreiste, passierte etwas Aufregendes.

Um zum Bahnhof zu kommen, _____ die Zirkusleute mit den Tieren durch die Stadt.

Der Elefant _____ gerade an einem knallroten VW-Käfer vorbei, als aus dem Autoradio

die bekannte Melodie ertönte. _____ schaute sich nach seinem Podest um.

10 Sein Blick _____ auf den Käfer. Wenig später _____ er sich auf das Auto.

_____ drückte dieses auf die Hälfte seiner Größe zusammen.

Subjekt II

1 Was kann man im folgenden Text verbessern? Achte auf die Stellung der Satzglieder.

b) Mit welchem Satzglied beginnt jeder Satz? Du fragst nach diesem Satzglied mit „Wer oder was?"

Wintermuffel

Sebastian ist ein Wintermuffel. Er sitzt am liebsten mit einem spannenden Buch oder seinen Comics im Sessel neben der Heizung. Er hasst kalte Füße, kalte Hände, eine rote Nase, rote Ohren, Husten und Schnupfen. Er würde zu gern Winterschlaf halten von Winteranfang bis Frühlingsanfang.

Seine Mutter ist anderer Meinung. Er sollte an einem Tag wie heute einen Winterspaziergang machen. Der Schnee glitzert in der Sonne. Raureif schmiegt sich an jeden Zweig. Die Luft ist kristallklar.
Sebastian zieht es allerdings vor, in die Abenteuerwelt seiner Bücher abzutauchen.

2 Du kannst den Text interessanter gestalten, wenn du nicht jeden Satz mit dem gleichen Satzglied beginnen lässt.

a) Probiere verschiedene Möglichkeiten aus.
b) Schreibe den verbesserten Text auf.

Deutsch	Klasse	Name	Datum	Nr.

Objekte I

1 Unterstreiche in verschiedenen Farben
- die Prädikate,
- die Subjekte,
- die Dativobjekte,
- die Akkusativobjekte.

2 Wie könnte der Ausflug des Hamsters ausgehen? Schreibe den Brief zu Ende. Welche Grußformel du wählst, bleibt dir überlassen.

Liebe Lisa, Wolnzach, 9. Juli 2...

heute schreibe ich dir einen langen Brief, denn ich möchte dir und deiner Familie einige Neuigkeiten erzählen.

Gestern fand unser Klassenfest statt. Schon am Vormittag hatten wir unseren Klassenraum geschmückt. Früh am Nachmittag betraten wir das Zimmer. Die Feier machte uns zunächst viel Spaß. Einige Schüler hatten Kuchen und Getränke mitgebracht. Majas Bruder hatte der Klasse seine Musikanlage geborgt. Laut sangen wir die Lieder mit und Fabian zeigte uns seine neuesten Tanzkünste. Doch plötzlich hörten wir einen lauten Schrei. Timo zeigte uns entsetzt seine leere Tasche. Leider hatte er nämlich trotz vieler Proteste seinen Hamster heimlich mitgebracht. Offenbar war es dem Tier jedoch zu langweilig geworden. Denn der Hamster war ihm entwischt.

Objekte II

Speech bubble words: den Dinosauriern, eine Geschichte, mein Fernglas, den Freunden, die Maschine, große Angst, die „Insel der Dinosaurier", mich, mir, die Tür meiner Zeitmaschine

1 Welche Objekte passen zu den Sätzen?
Ergänze die angefangenen Sätze.

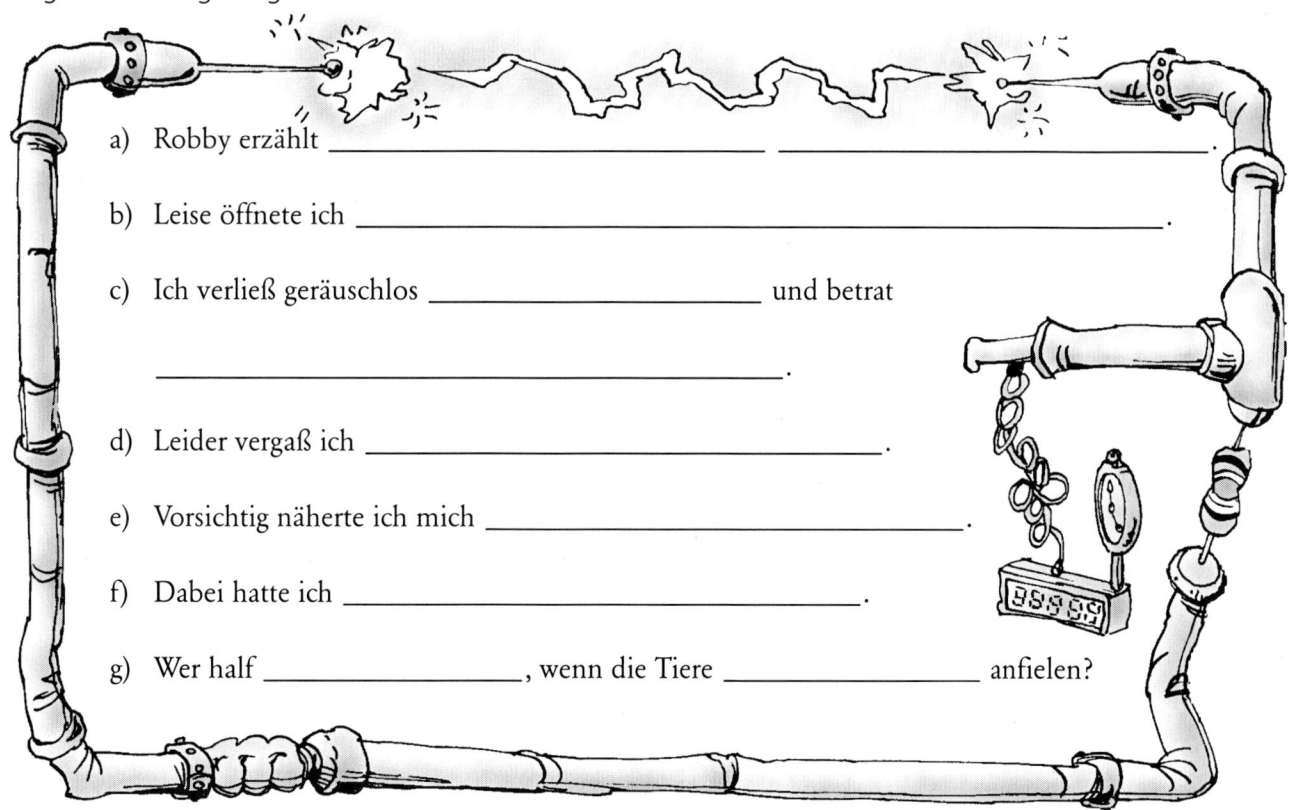

a) Robby erzählt _____ _____

b) Leise öffnete ich _____ .

c) Ich verließ geräuschlos _____ und betrat

_____ .

d) Leider vergaß ich _____ .

e) Vorsichtig näherte ich mich _____ .

f) Dabei hatte ich _____ .

g) Wer half _____ , wenn die Tiere _____ anfielen?

2 Unterstreiche die Dativobjekte und die Akkusativobjekte in unterschiedlichen Farben.

3 Robbys Geschichte ist noch nicht zu Ende. Bilde weitere Sätze mit Dativobjekten und Akkusativobjekten. Unterstreiche auch hier die Objekte in zwei Farben.

Adverbialien

1 Unterstreiche in den kurzen Zeitungsartikeln alle Adverbialien.

REGENSBURG – Am Freitagabend herrschte in der Regensburger Innenstadt buntes Treiben. Jung und Alt feierten Halloween. Spukbegeisterte hatten dafür vorher ihre Vorbereitungen getroffen: An vielen Straßenlaternen hingen Hexen, Zauberer oder Skelette (selbstverständlich keine echten). Seit drei Tagen ist Halloween vorbei, doch bis jetzt hat niemand die Figuren entfernt. Bis morgen Abend können die Besitzer sie abholen. Danach wandern sie in den Müll.

AUGSBURG – Als die 82-jährige Berta H. in der letzten Nacht das Haus verließ, traute sie ihren Augen kaum. Mitten auf der Straße standen zwei Skelette, die sich prächtig amüsierten. Ängstlich lief die Frau zum nächsten Polizeirevier. Doch am Schalter entdeckte die Frau eine Polizistin, die sich als Hexe verkleidet hatte. Verwirrt flüchtete sie in ihre Wohnung. Frau H. wusste nicht, dass man gestern in Augsburg Halloween feierte.

MÜNCHEN – Gegen seinen Willen wurde in der vergangenen Woche ein Junge zum Notarzt gebracht. Der Junge wollte zu einer Halloween-Party. Um besonders gruselig auszusehen, hatte er sich blutrote Farbe ins Gesicht geschmiert. Kaum betrat der Junge abends den Bürgersteig, wurde er von einem vorbeifahrenden Polizisten entdeckt. Dieser bestand darauf, den Jungen ins Krankenhaus zu fahren. Dort wunderten sich die Ärzte sehr.

2 a) Erstelle in deinem Heft eine Tabelle nach folgendem Muster.
b) Ordne die Adverbialien aus den Zeitungsartikeln ein.

Temporaladverbialien (Wann? Seit wann? Wie lange)	Lokaladverbialien (Wo? Woher? Wohin?)
am Freitagabend	

3 Unterstreiche mit unterschiedlichen Farben die Subjekte sowie die Dativ- und Akkusativobjekte.

Hauptsatz und Nebensatz

1 a) Lies den Text.
b) Unterstreiche alle Nebensätze.
c) Markiere die Konjunktionen farbig.
d) Setze die fehlenden Kommas.

Familienurlaub

Im letzten Sommer fuhren wir ans Meer. Der Arzt hatte Vater dazu geraten weil Seeluft seine Atembeschwerden lindern sollte. Nachdem wir am Ferienort angekommen waren nahmen wir sofort unsere Badesachen und liefen an den Strand. Wir wollten alle gleich ins Wasser springen obwohl es noch sehr kalt war. Vater hatte es besonders eilig. Während wir noch unsere Badekleidung anzogen war er schon auf dem Weg ins Meer. Leider hatte er gar nicht gemerkt dass er immer noch seine Brille trug. Ich wollte ihn noch warnen. Doch Vater tauchte bereits mit einem großen Sprung im Meer unter. Nachdem er wieder die Wasseroberfläche erreicht hatte war seine Brille verschwunden. Leider fanden wir sie nicht wieder obwohl wir alle lange im Wasser suchten. Da Vater ohne Brille kaum sehen kann musste er sich eine neue kaufen.

2 In den folgenden Sätzen passen die Nebensätze nicht zu den Hauptsätzen. Verbinde die Haupt- und Nebensätze richtig miteinander und schreibe sie in dein Heft.

a) Im Sommer fahren wir ans Meer, während Paul im Sand Burgen baut.
b) Im Meer macht das Baden besonders Spaß, nachdem ich mir im letzten Jahr so einen starken Sonnenbrand geholt hatte.
c) Vater und Mutter sitzen im Strandkorb, obwohl das Wasser sehr kalt ist.
d) Ich creme mich am Strand jetzt immer sehr sorgfältig ein, weil die Seeluft gut für die Atemwege ist.

Deutsch	Klasse	Name		Datum	Nr.

Wortbildung: Zusammensetzungen

1 Die folgenden Bilder stellen Nomen dar, die durch Zusammensetzung entstanden sind. Ein Wortteil lautet immer „SCHUH".

a) Stelle fest, ob das Nomen „SCHUH" Grundwort (Damen**schuhe**) oder Bestimmungswort (**Schuh**größe) ist.

b) Schreibe die zusammengesetzten Nomen geordnet auf.

Das Nomen „-SCHUH" ist Grundwort:

_____

_____

_____

_____

Das Nomen „SCHUH-" ist Bestimmungswort:

_____

_____

_____

_____

2 Suche zusammengesetzte Nomen, in denen folgende Nomen einmal Grundwort, einmal Bestimmungswort sind. Schreibe sie auf.

Haus, Wurst, Hund, Schiff, Schwein, Flasche, Buch, Rad

| Deutsch | Klasse | Name | Datum | Nr. |

Wortfeld gehen

1 Ersetze das Verb *gehen* an einigen Stellen durch treffendere Verben.

Die Ferien gehen zu Ende

Am letzten Ferientag gibt es ein Sommerfest. Ina, Meike und Kathrin gehen rechtzeitig los. Zwischen vielen Menschen gehen sie in Richtung Sportplatz. Hier sind sie jeden Tag vorbeigegangen, wenn sie zum Schwimmen gingen.

5 Am Rande des Sportplatzes sind viele Stände aufgebaut. Die Freundinnen gehen einmal um den Platz herum und entscheiden dann, zu welchen Spielstationen sie gehen. Ina und Kathrin gehen zu den Wasserspielen. Hier müssen sie sechs Gläser mit Wasser füllen, sie auf ein Tablett stellen und damit sechs Meter gehen.

10 Meike geht zu der Station, wo man über ein Seil gehen muss, ohne herunterzufallen. Vor Eifer merken die Kinder zunächst gar nicht, dass mitten auf dem Platz ein Ballon niedergeht. Schnell gehen alle näher heran, um den Ballon und die Ballonfahrer aus der Nähe zu sehen. Als der Ballon wieder in die Luft gegangen ist, gehen

15 die Mädchen noch ein Eis essen. Erst als es dunkel wird, gehen sie nach Hause. Ins Bett gehen sie aber lange noch nicht.

Wortstämme – Wortfamilien

1 Trage in die Lücken die Wörter aus einer Wortfamilie ein.

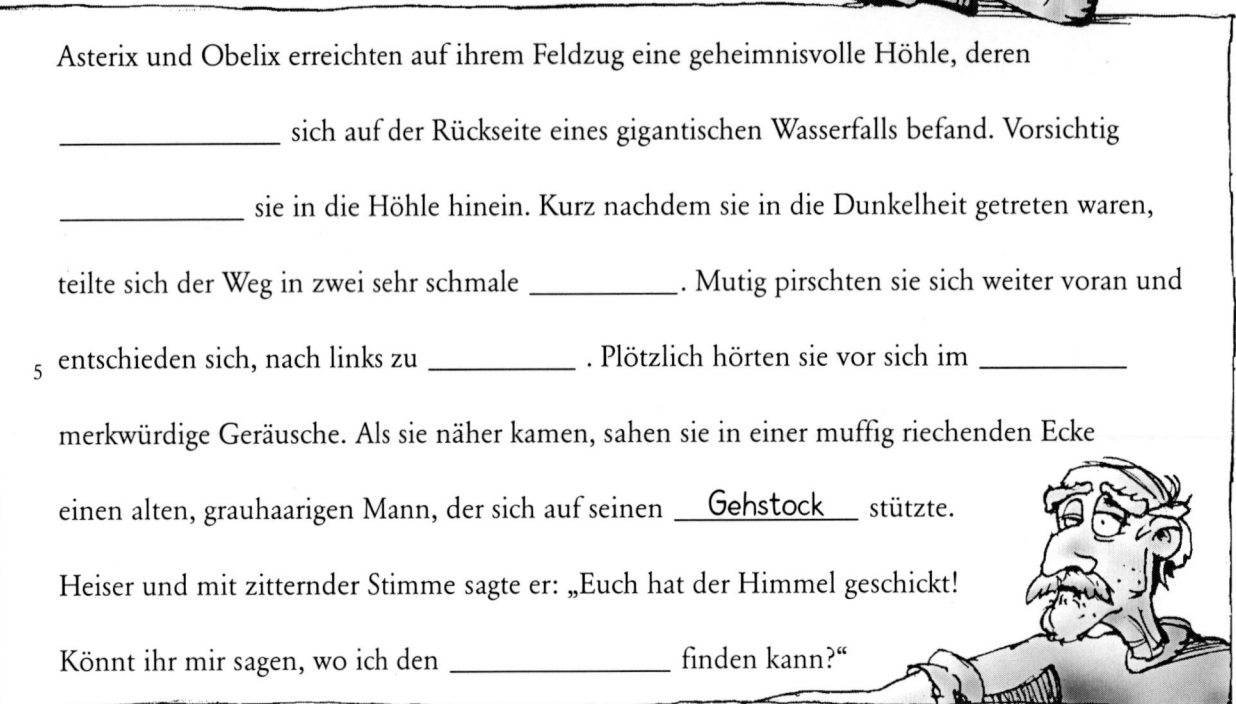

Asterix und Obelix erreichten auf ihrem Feldzug eine geheimnisvolle Höhle, deren _____ sich auf der Rückseite eines gigantischen Wasserfalls befand. Vorsichtig _____ sie in die Höhle hinein. Kurz nachdem sie in die Dunkelheit getreten waren, teilte sich der Weg in zwei sehr schmale _____. Mutig pirschten sie sich weiter voran und

5 entschieden sich, nach links zu _____. Plötzlich hörten sie vor sich im _____ merkwürdige Geräusche. Als sie näher kamen, sahen sie in einer muffig riechenden Ecke einen alten, grauhaarigen Mann, der sich auf seinen _Gehstock_ stützte. Heiser und mit zitternder Stimme sagte er: „Euch hat der Himmel geschickt! Könnt ihr mir sagen, wo ich den _____ finden kann?"

2 a) Suche weitere verwandte Wörter aus der Wortfamilie.

b) Setze die Geschichte fort. Verwende dazu deine Wörter aus der Aufgabe 2a).

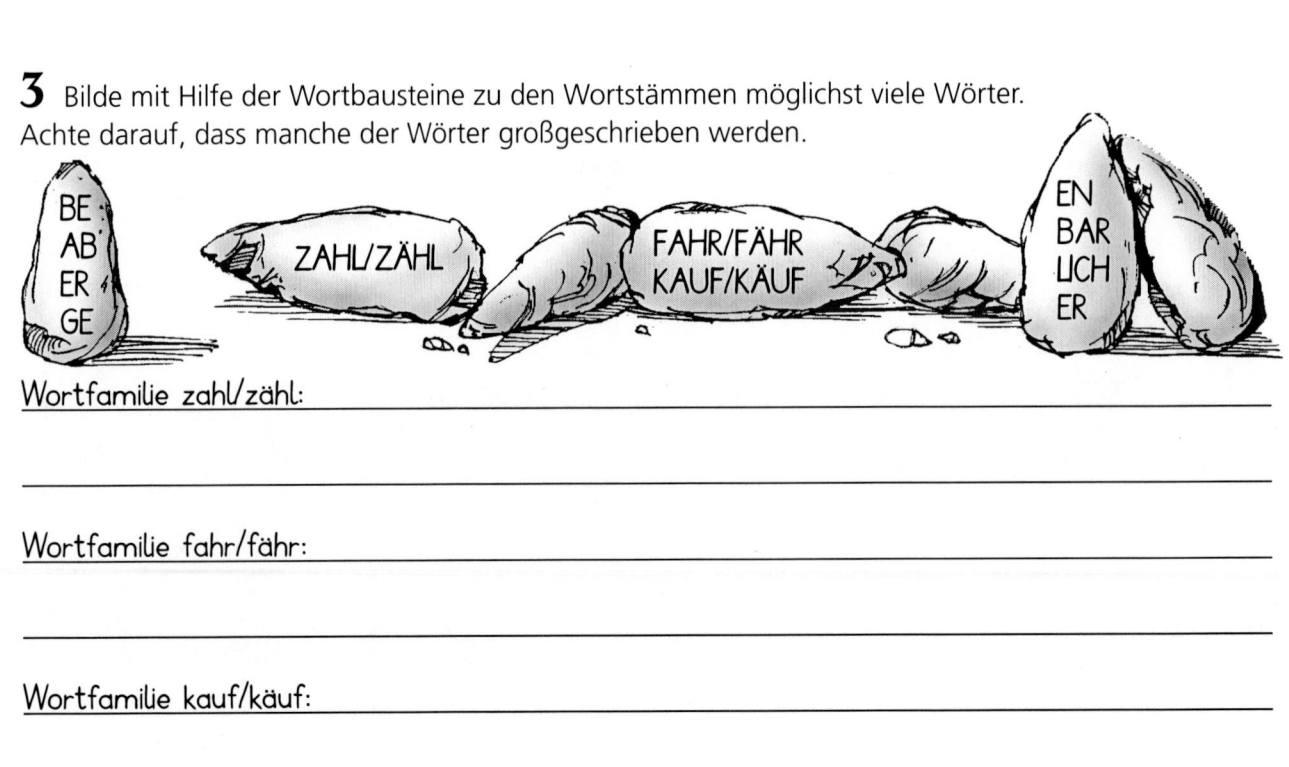

3 Bilde mit Hilfe der Wortbausteine zu den Wortstämmen möglichst viele Wörter. Achte darauf, dass manche der Wörter großgeschrieben werden.

Wortbausteine: BE / AB / ER / GE — ZAHL/ZÄHL — FAHR/FÄHR, KAUF/KÄUF — EN / BAR / LICH / ER

Wortfamilie zahl/zähl: _____

Wortfamilie fahr/fähr: _____

Wortfamilie kauf/käuf: _____

Kurz und lang gesprochene Vokale

1 a) Sprich dir die folgenden Wörter deutlich vor und entscheide, ob der Vokal im Wortstamm kurz oder lang gesprochen wird.

b) Kennzeichne den kurz gesprochenen Vokal mit einem • und den lang gesprochenen Vokal mit einem –.

müde	gibt	böse	Stadt
Laden	Gruppe	rennen	schnell
Schiff	ihm	Moor	Haar
ähnlich	immer	Lampe	gesamt
Messer	Wald	fühlen	gewöhnlich
Spiegel	Fels	viel	Blitz
Beet	mehr	Saal	Rose
fast	riesig	Sonne	hatte
Socken	Blume	lief	hetzen

2 Ordne die Wörter mit lang gesprochenem Vokal aus Aufgabe 1 in die folgende Tabelle ein.

Dehnung mit h	Dehnung mit ie	Dehnung mit Doppelvokal	Dehnung ohne Kennzeichen
_____	_____	_____	_____
_____	_____	_____	_____
_____	_____	_____	_____
_____	_____	_____	_____
_____	_____	_____	_____

3 Ordne die Wörter mit kurzgesprochenem Vokal aus Aufgabe 1 in die folgende Tabelle ein.

Wörter mit einem Doppelkonsonanten	Wörter mit verschiedenen Konsonanten
_____	_____
_____	_____
_____	_____

Copy 50
Mit eigenen Worten 5   Schreibung nach kurz gesprochenem Vokal, S. 173

Deutsch	Klasse	Name	Datum	Nr.

Doppelkonsonanten: Wortnester

1 Setze den richtigen Doppelkonsonanten *(bb, dd, ff, gg, ll, mm, pp, tt)* ein und ergänze die Buchstaben am Wortende.

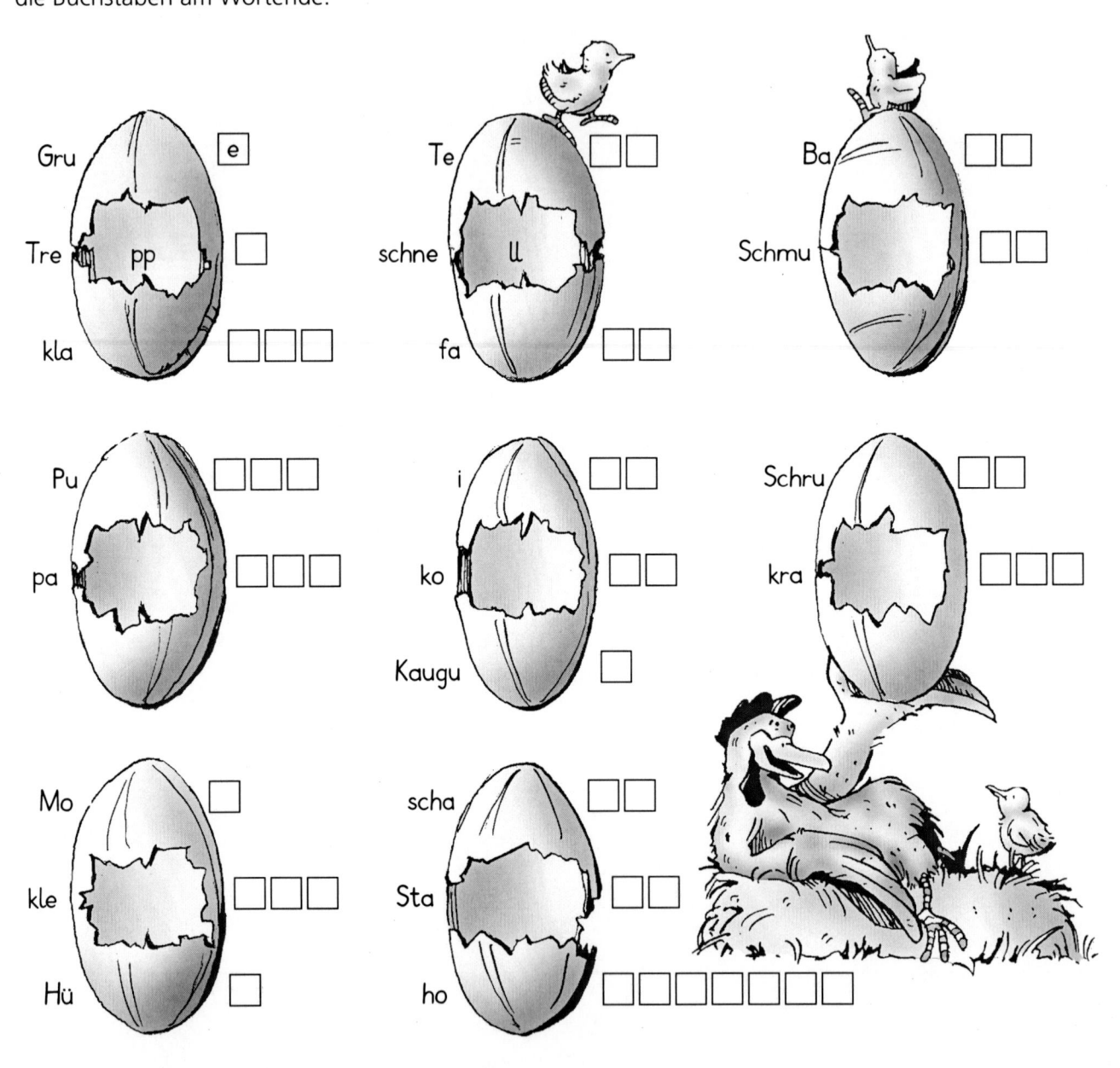

Ei 1: Gru__ e | Tre__ pp __ | kla__ __ __

Ei 2: Te__ __ | schne__ ll __ | fa__ __

Ei 3: Ba__ __ | Schmu__ __ |

Ei 4: Pu__ __ __ | pa__ __ __

Ei 5: i__ __ | ko__ __ | Kaugu__

Ei 6: Schru__ __ | kra__ __ __

Ei 7: Mo__ | kle__ __ __ | Hü__

Ei 8: scha__ __ | Sta__ __ | ho__ __ __ __ __ __ __

2 Verwende möglichst viele dieser Wörter in lustigen Sätzen.
Die Gruppe klapperte die Treppe hinunter.
Schreibe sie in dein Heft.

3 Überlege dir drei Wörter mit gleichem Doppelkonsonanten und stelle selbst auf einem anderen Blatt Wortnester her. Tauscht anschließend eure Wortnester aus.

| Deutsch | Klasse | Name | Datum | Nr. |

Schreibung nach lang gesprochenem Vokal, S. 175

Copy 51 – Mit eigenen Worten 5

Wörter mit h

1 a) Schreibe auf, welche Wörter in der Autoschlange stecken.

VERKEHRWEIHNACHTENBAHNGEFAHRDRAHTWAHRHEITZAHLLOHNFRÜHSTÜCKFEHLERGEFÜHLERZÄHLUNGBELOHNUNGDROHUNG

b) Kreise in allen Wörtern den lang gesprochenen Vokal und das nachfolgende *h* farbig ein.

c) Gestalte selbst eine „Autoschlange". Verstecke darin Wörter mit *h*.

2 Löse das Rätsel. Gesucht werden Wörter mit h. Achtung bei Umlauten: ä = ae, ö = oe, ü = ue.

nicht gelogen
25./26. Dezember
Verkehrsmittel
nicht traurig
anderes Wort für angeben
mit Nadel und Faden arbeiten
Mahlzeit am Morgen
auf Kuchen und Eis mag man …
Jahreszeit vor dem Sommer
die Blumen fangen dann an zu …
„Drahtesel"
beim Schreiben sollst du … vermeiden
Sinnesorgan
anderes Wort für „klauen"

Wörter mit ie

1 Setze in den folgenden Sätzen die Verben in das Präteritum (1. Vergangenheit).

1. Gestern _____ mir fast das Herz stehen. (bleiben)

2. Ich _____ gerade an meine Freundin. (schreiben)

3. Plötzlich _____ mir ein merkwürdiges Geräusch auf. (fallen)

4. Ich sah aus dem Fenster und _____ es nicht für möglich. (halten)

5. In unserem Garten _____ ein Elefant herum. (laufen)

6. Ich _____ meine Augen und sah noch einmal hin. (reiben)

7. Es war kein Traum, das Tier _____ sich in unserem Garten wohlzufühlen. (scheinen)

8. Meine Mutter _____ mir, den nahe gelegenen Zirkus anzurufen. (raten)

9. Eine Stunde später _____ mehrere Tierwärter den Elefanten zurück in sein Zelt. (treiben)

2 a) Schreibe zuerst jedes Wort (Nomen mit Artikel) vollständig in die Mitte.

b) Trage die Wörter dann in Großbuchstaben in das Rätsel ein. Der letzte Buchstabe in dem farbigen Kasten ist jeweils der Anfangsbuchstabe des folgenden Wortes.

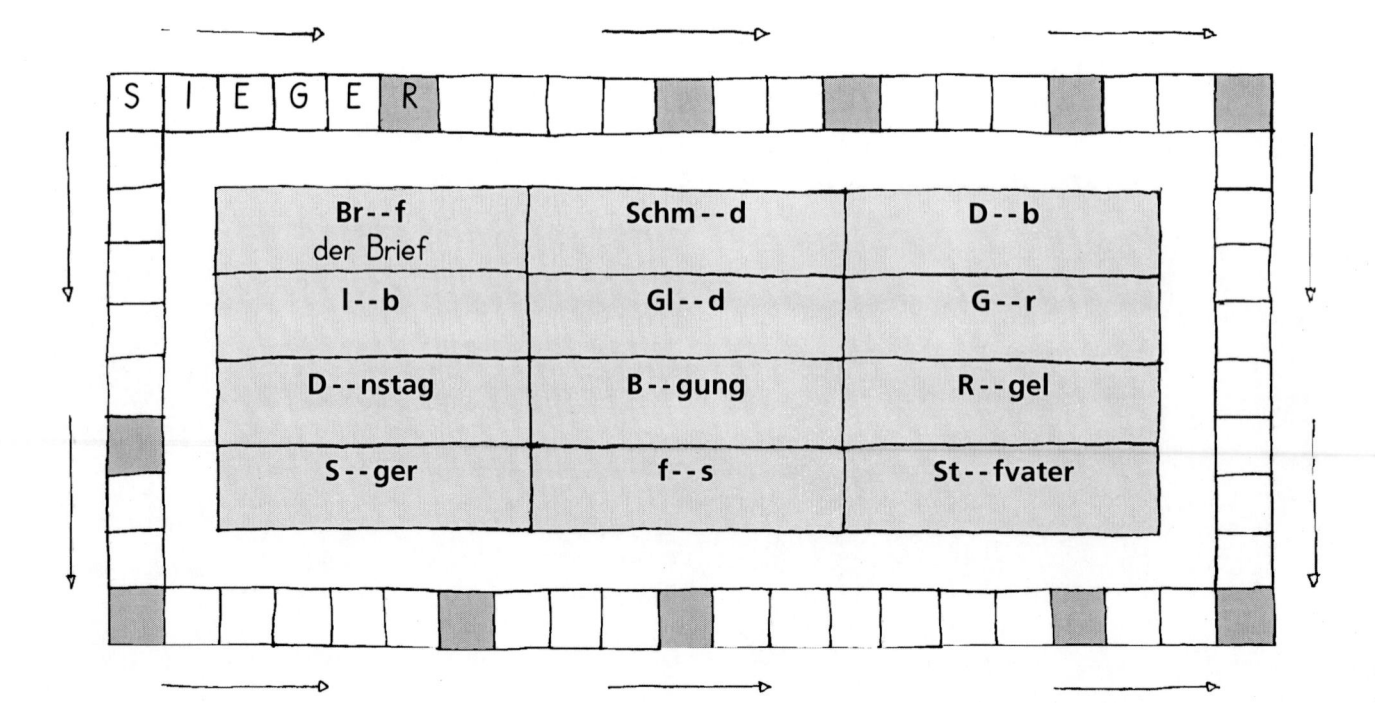

S | I | E | G | E | R

Br - - f der Brief	Schm - - d	D - - b
I - - b	Gl - - d	G - - r
D - - nstag	B - - gung	R - - gel
S - - ger	f - - s	St - - fvater

Schreibung von s-Lauten, S. 181–186

Copy 53
Mit eigenen Worten 5

Deutsch	Klasse	Name	Datum	Nr.

s-Laute I

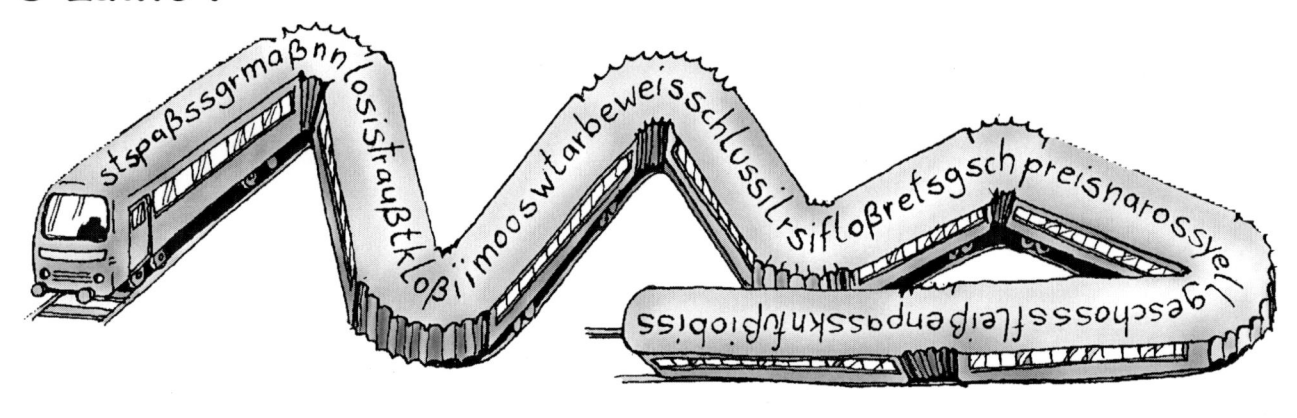

1 In der S-Bahn sind einige Nomen an Bord. Finde sie heraus und schreibe sie auf.

_____

_____

_____

_____

2 Ordne die Nomen sinnvoll in die Tabelle ein.

s	ß	ss

3 Ergänze die Tabelle durch eigene Beispiele.

Copy 54
Mit eigenen Worten 5

Schreibung von s-Lauten, S. 181–186

Deutsch	Klasse	Name	Datum	Nr.

s-Laute II

1 a) Jeder zweite Buchstabe zählt: Suche die Wörter heraus und schreibe sie auf.
b) Setze die gefundenen Wörter richtig in den Text „Der Staubfinger" ein.
c) Unterstreiche im Text weitere Wörter mit einem s-Laut.

```
a s c d h f l g i h e j ß k l l i k
c ö h ä b y e x s c o b n n d m e q r
w s e f e l r e t i z ß u i o g p e ü
t a w s a d s f a g u b ß m e h r x d
p e e m w p c a s s y s n t h e z v ä
e w r z g u a o ß g n c e n r m v a ö
q s t b z i u s o s p c l h k e b n m
d m a n r b a c u v s x k y l t a r s
r s e e z m i u o s p s ü t h e u t f
```

schließlich, _____

_____

Der „Staubfinger"

_____ saß Tom am Computer. Er _____ bis zum nächsten Tag einen Text

umgearbeitet haben. Bei einem solchem Ereignis war er immer ein _____

_____ und froh, sobald er es geschafft hatte. _____ brauchte

er eine kleine Pause. Da kam seine Mutter herein, der die Unordnung nicht _____

5 und die immer _____ zum Abstauben fand. Die nutzte sofort die Gelegenheit, um die

Tastatur abzustauben; sie _____ aber dabei, dass der Computer noch lief. Prompt

passierte das Unglück, das Programm stürzte ab. Tom kam hastig herein: „Musst du immer

abstauben, wenn der Computer eingeschaltet ist?" _____Schließlich_____ bemerkte er einiger-

maßen nervös: „Was mache ich denn nur, mein Training fängt gleich an?" Seine Mutter meinte

10 großzügig: „Na gut, eigentlich solltest du etwas _____ lernen, aber in diesem Fall

helfe ich dir und schreibe deinen Text _____ sorgfältig noch einmal ab." „Das

finde ich _____, vielen Dank", rief Tom erleichtert.

das/dass I

1 a) Setze in die Lücken *das* oder *dass* ein.

b) Überprüfe dein Ergebnis mit Hilfe der Ersatzprobe. Lies dazu den Tipp im Sprachbuch auf Seite 188.

Dein persönlicher Ratgeber

1. Wusstest du, _____ ich über dich mehr weiß, als du selbst?

2. Ich erstelle dir dein persönliches Horoskop, _____ dir auf alle Fragen eine Antwort gibt.

3. _____ wird dich interessieren: _____ Ergebnis deiner letzten Schulaufgabe.

4. Wusstest du, _____ dich jemand in der Klasse besonders gern hat?

5. Hast du dir schon Gedanken über _____ nächste Geburtstagsgeschenk gemacht, _____ du von deinen Eltern bekommst?

6. Ich weiß alles über _____ nächste Fußballspiel deines Lieblingsvereins.

7. Ich kenne sogar _____ peinlichste Geheimnis deiner Lehrer.

8. Und _____ ist noch nicht alles.

9. Ich denke, _____ du deinen Spaß haben wirst. Neugierig geworden?

10. Dann schreibe mir. Aber denke daran, _____ ich nicht umsonst arbeite! (Nur Bares ist Wahres!)

das/dass II

1 Setze in die Lücken *das* oder *dass* ein.

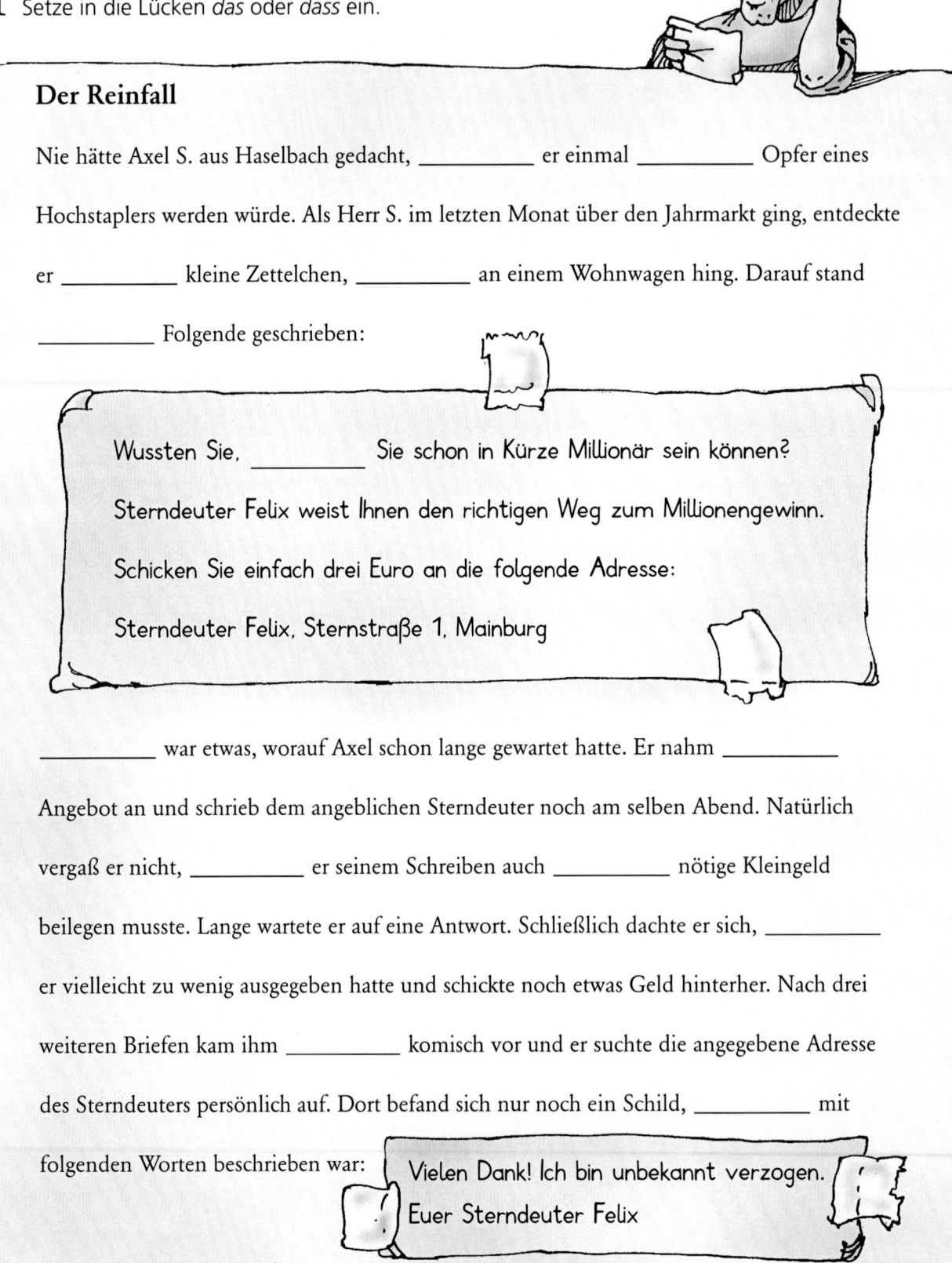

Der Reinfall

Nie hätte Axel S. aus Haselbach gedacht, _____ er einmal _____ Opfer eines Hochstaplers werden würde. Als Herr S. im letzten Monat über den Jahrmarkt ging, entdeckte er _____ kleine Zettelchen, _____ an einem Wohnwagen hing. Darauf stand _____ Folgende geschrieben:

> Wussten Sie, _____ Sie schon in Kürze Millionär sein können?
> Sterndeuter Felix weist Ihnen den richtigen Weg zum Millionengewinn.
> Schicken Sie einfach drei Euro an die folgende Adresse:
> Sterndeuter Felix, Sternstraße 1, Mainburg

_____ war etwas, worauf Axel schon lange gewartet hatte. Er nahm _____ Angebot an und schrieb dem angeblichen Sterndeuter noch am selben Abend. Natürlich vergaß er nicht, _____ er seinem Schreiben auch _____ nötige Kleingeld beilegen musste. Lange wartete er auf eine Antwort. Schließlich dachte er sich, _____ er vielleicht zu wenig ausgegeben hatte und schickte noch etwas Geld hinterher. Nach drei weiteren Briefen kam ihm _____ komisch vor und er suchte die angegebene Adresse des Sterndeuters persönlich auf. Dort befand sich nur noch ein Schild, _____ mit folgenden Worten beschrieben war:

> Vielen Dank! Ich bin unbekannt verzogen.
> Euer Sterndeuter Felix

Wie viele andere war Axel S. nur reich an Erfahrung geworden.

Wörter mit b, d, g

1 Verlängere die Wörter und schreibe sie auf. Trage die fehlenden Buchstaben ein.

frem[d]	fremdes Land
Glücksra☐	_____
Schla☐	_____
er he☐t	_____
sie zei☐t	_____
es kle☐t	_____
hal☐	_____
gesun☐	_____
Gra☐	_____
wüten☐	_____
gro☐	_____

2 Ergänze die fehlenden Buchstaben in den folgenden Wörtern.

ne☐li☐ · schie☐t · Hambur☐ · to☐te · Kin☐ · Wettbewer☐ · en☐gülti☐ · erre☐te · genu☐ · lü☐t · Win☐ · Weltrekor☐ · Lau☐ · fe☐te · Schul☐ · Schil☐

3 Lies die Sätze. Welche Wörter aus Aufgabe 2 können in die Lücken passen? Trage die Wörter in die Lücken ein.

1. Es war so _____, dass der Autofahrer das _____ zu spät sah.

2. Der neue _____ bei dem internationalen _____

   in _____ _____ bei den Reportern großes Interesse.

3. Vor lauter Übermut _____ das _____ in der Turnhalle herum.

4. Sie hatte _____ _____ vom Herumsitzen vor dem Fernseher.

5. Er _____ wie gedruckt und _____ ihr die _____ in die Schuhe.

6. Der _____ _____ das _____ von den Bäumen.

Wörter mit ä und mit äu

1 a) In jedem Rätsel findest du elf Wörter. Kreise sie zunächst ein.

b) Schreibe dann jedes Wort noch einmal richtig auf. Beachte die Groß- und Kleinschreibung.

Wörter mit ä

```
K R Ä F T I G Q Q M S R
Ä Y D H V M P Q U B V R
L W D M T E Y W Ä R M E
T R Ä D E R T G L Q S K
E G W F H G R T E K J Y
K X S C H Ä L E N K T T
H P W C X N S X N H W C
Y P J Ä R Z T E T K Ä R
T S T T G E W R R F H G
N N Ä H E N R W N D L H
L Y Q P V Q L Ä L T E R
J C R W G G T H R P N V
```

Wörter mit äu

```
G M M C G P Q L B B B X
Y S Ä U B E R N G N L X
L Ä K G R G K L X H Ä C
Q U T R Ä U M E Y X U V
K R X Q U N S B L G L M
Ä E L Q N R H Ä U F I G
U T B F E Ä G U F V C Z
F T Y F C U T M L H H Ä
E J H Z Ä M N E Ä H P U
R F Y F Q E N W U V W N
G R Ä U L I C H S G S E
Q S V M T L T O E H K W
```

2 Ordne die gefundenen Wörter im Heft nach *Nomen, Verben, Adjektiven*.

3 Suche zu den gefundenen Wörtern verwandte Wörter mit *a* bzw. *au* und schreibe sie in dein Heft: *die Kälte – kalt, die Bäume – der Baum*.

Groß- und Kleinschreibung I

1 a) Schreibe bei jedem Nomen den großen Anfangsbuchstaben über das Wort.

b) Unterstreiche – soweit vorhanden – die Signalwörter für die Großschreibung.

Drum
Josef Guggenmos

Das schiefe haus
im tiefen wald,
das ist der räuber
aufenthalt.
Warum ist das räuberhaus
schief und krumm?
Warum, warum,
warum, -rum, -rum?

Wenn abends die räuber
beisammenhocken,
am feuer die füße
mit den nassen socken,
ja, wenn sie da sitzen
beim gewilderten braten,
erzählen sie sich
ihre heldentaten.

Mit tollen gebärden
beim flackernden feuer
berichten sie grässliche
abenteuer.
Und jeder weiß
immer wieder was. –
Was sie einst vollbrachten,
ganz unglaublich ist das!

Es ist auch nicht wahr,
sie flunkern und lügen,
sie lügen, dass sich
die balken biegen.
Und weil sie immer
so kräftig logen,
dass sich die balken
mit ächzen bogen,

drum ist das räuberhaus
gar so krumm.
Drum, drum, drum, drum,
drum, drum, drum, drum.

Groß- und Kleinschreibung II

1 Schreibe den Text in richtiger Groß- und Kleinschreibung auf. Wende bei Zweifelsfällen die Artikelprobe an, um festzustellen, ob ein Wort ein Nomen ist.

Was man sich vom Schlaraffenland erzählt ...

MÜDE SCHÜLER TRÄUMEN IN LANGWEILIGEN SCHULSTUNDEN OFT VOM SCHLARAFFENLAND. WER HINEINGELANGEN WILL, MUSS
5 SICH ERST DURCH EINEN GEWALTIGEN BERG AUS KÖSTLICHEM, SÜSSEM REISBREI ESSEN. DANN BRAUCHT MAN NUR NOCH DIE HAND AUSZUSTRECKEN, UM
10 SATT ZU WERDEN: DA WACHSEN HEISSE WÜRSTCHEN AN DEN BÄUMEN UND KNUSPRIGE BRÖTCHEN HÄNGEN GLEICH DANEBEN. SCHÜSSELN MIT DAMPFENDEN
15 KLÖSSEN UND KNACKIGEM GEMÜSE STEHEN ÜBERALL AUF DEN GEDECKTEN TISCHEN. FERTIG GEBRATENE SCHWEINE MIT DEM POLIERTEN BESTECK SCHON IM
20 RÜCKEN RENNEN EINEN FAST UM. WENN SICH EIN GESTRESSTER SCHÜLER FAUL INS GRAS LEGT, FLIEGEN IHM SAFTIGE HÄHNCHENKEULEN IN DEN MUND.
25 AUS DEN FRIEDLICHEN TEICHEN SPRINGEN GEDÜNSTETE FISCHE AUF EIN LAUTES PFEIFEN HERAUS. IM GRÜNEN GRAS LIEGEN DORT WÜRZIGE KÄSESTÜCKE WIE STEINE
30 HERUM. UND ÜBERALL GIBT ES RIESIGE SPRINGBRUNNEN, AUS DENEN JEDES KÖSTLICHE GETRÄNK HERAUSSPRUDELT, DAS MAN SICH WÜNSCHT.
35 IM SCHLARAFFENLAND SIND SCHULEN NATÜRLICH VERBOTEN.

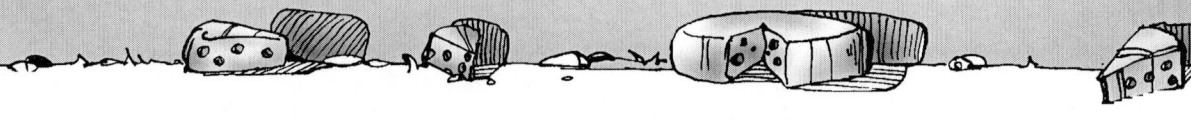

2 Zeige, was du kannst: In den unten stehenden Texten wurde an einigen Stellen gegen die Großschreibung verstoßen. Markiere die falsch geschriebenen Wörter und schreibe den Text noch einmal richtig ab.

In der Großen pause sitzt Petra in einer Ecke und beschreibt Eifrig einen Kleinen Zettel.
„Was machst du denn da?", fragt Moni und kommt neugierig näher.
„Ich schreibe mir einen Spickzettel für die schwere Mathearbeit!"
„Du? Aber du schreibst doch immer eine Eins!"
„Normalerweise schon, aber heute stand in meinem Horoskop: Vorbereitung zahlt sich aus!"

Der deutschlehrer erzählt seiner Klasse, dass die Meisten Berühmten Dichter schon tot sind.
Da meldet sich Klaus: „Das kann nicht sein – die Straßenbahn war heute früh voll von Dichtern!"
„Wie kommst du denn darauf?"
„Na, als die Türen nicht mehr zugingen, rief der schlaue fahrer laut ins Mikrofon: ‚Alle Dichter zusammenrücken!'"

Das Komma bei Aufzählungen

1 Setze in den folgenden Texten die fehlenden Kommas.

Fasching

Die Faschingszeit beginnt am 11.11. um 11:11 Uhr und endet im Februar oder März des folgenden Jahres. In den letzten Wochen des Faschings finden Umzüge, Tanzveranstaltungen, lustige Elferratssitzungen und viele andere Feste statt. Bei den Veranstaltungen geht es lustig, närrisch, bunt, ausgelassen oder auch kritisch zu. Gerne werden Politiker, wirtschaftliche Verhältnisse oder bestimmte Ereignisse eines Ortes auf die Schippe genommen. Im dichten Gewühl des Faschingsumzugs auf den überfüllten Straßen oder im Tanzsaal fühlen sich die Menschen frei. Sie laufen mit gefärbten Haaren, bemalten Gesichtern und bunten Kleidern herum. (8 Kommas)

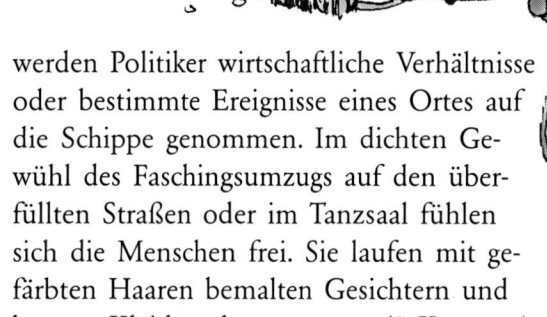

Spielen ist Spitze!

Heute gibt es Computerspiele für jede Altersgruppe, für unterschiedliche Geschmäcker und in vielen Arten. Du findest Geschicklichkeitstests, alte und neue Würfelspiele, tolle Abenteuerspiele, interessante Wissensspiele, Lernspiele, Spring- und Rennspiele, echt wirkende Sportspiele und bekannte Kartenspiele. Bevor du zu spielen anfängst, kannst du meist die Anzahl der Spieler, die Schnelligkeit und den Schwierigkeitsgrad einstellen. Wenn du einen leistungsfähigen Computer, das nötige Zubehör und die entsprechende Software besitzt, kannst du mit Freunden spannende Stunden erleben. (9 Kommas)

Der verflixte Automat

Habt ihr an eurer Schule auch einen Getränkeautomaten? Bei uns befindet sich so ein lästiger, geldhungriger und launischer Apparat. Gestern raubte er mir wieder mal den letzten Nerv. Nach dem Sport nutzte ich schnell die Zeit. Ich sauste zum Automaten, holte mein letztes Kleingeld heraus, steckte die Münzen in den vorgesehenen Schlitz, drückte die Wahltaste und freute mich auf mein Erfrischungsgetränk. Abgespannt, durstig und ungeduldig wartete ich auf mein Getränk. Nichts tat sich! Bei der fünften Wiederholung konnte ich meine Wut nicht mehr bremsen. Der verflixte Automat sollte es büßen. Wütend bearbeitete ich das widerspenstige Gerät. Ich trat, boxte, schlug und hämmerte gegen die Maschine. Unglücklicherweise muss ich zu laut gewesen sein. In diesem Moment schaute mein Klassenlehrer aus der Tür und erwischte mich „auf frischer Tat". (7 Kommas)

Kommas in Satzreihen und Satzgefügen

1 Setze die fehlenden sieben Kommas.

Das Leben des Karl May

Wir alle kennen Bücher und Filme über Winnetou und Old Shatterhand doch über deren Autor Karl May wissen viele von uns kaum etwas. Karl May wurde im Jahre 1842 im Erzgebirge geboren. Seine Kindheit war zunächst schwierig denn er war das fünfte Kind einer armen Weberfamilie und er erblindete kurz nach seiner Geburt. Erst in seinem fünften Lebensjahr konnte er durch eine Operation wieder sehen. May wollte Lehrer werden aber seine Amtszeit war nur von kurzer Dauer. Er wurde nämlich beschuldigt, eine Taschenuhr gestohlen zu haben. Aus diesem Grunde musste May ins Gefängnis und dies blieb nicht seine einzige Straftat. Es folgten weitere jahrelange Haftstrafen denn noch öfter wurde er des Diebstahls überführt. In seiner Haftzeit begann er zu schreiben und auch danach setzte er seine schriftstellerische Tätigkeit fort. Als 40-Jähriger konnte er schließlich von seinen zahlreichen Büchern leben aber schon bald bekam er neue Probleme. 1899 wurde der Autor von seinen Fans plötzlich als Schwindler bezeichnet denn bis dahin hatte er vorgegeben, alle seine Abenteuer selbst erlebt zu haben. Das stimmte jedoch nicht. 1912 starb Karl May schließlich doch sein Werk ist auch fast hundert Jahre später vielen Menschen bekannt.

2 a) Setze die fehlenden neun Kommas. **b)** Markiere die Konjunktionen und unterstreiche das Verb am Ende des Nebensatzes.

Das Werk des Karl May

Nachdem die Figuren Old Shatterhand, Winnetou und Hadschi Halef Omar über Jahre hinweg viele Millionen Menschen begeistert haben gehört Karl May heute zu den erfolgreichsten Schriftstellern. Wie uns allen bekannt ist sind die Abenteuer Karl Mays inzwischen in Büchern, im Fernsehen, auf Kassette oder CD sowie auch im Comic zu verfolgen. Meistens wählte der Autor in seinen Werken exotische Schauplätze weil dies die Fantasie der Leser besonders anregt. Hier lässt er seine Helden kämpfen oder die Friedenspfeife rauchen wenngleich er selbst die meisten dieser Landschaften wohl nie kennengelernt hat. Heutzutage wissen nur noch wenige dass viele seiner Werke zunächst als Fortsetzungsgeschichten in Zeitschriften erschienen. Da Karl May damals seitenweise bezahlt wurde zog er manche Geschichten besonders in die Länge. Deshalb dürfen wir uns nicht wundern dass über viele Seiten Naturbeschreibungen zu finden sind. Dass Karl Mays Werke auch heute noch so beliebt sind hat verschiedene Gründe. Viele Leser mögen die Abenteuergeschichten weil sie einfach zu lesen sind und auf Spannung und Komik nicht verzichtet wird.

Kommas setzen Zeichen, S. 200–204

Copy 63 — Mit eigenen Worten 5

| Deutsch | Klasse | Name | Datum | Nr. |

Immer diese Kommas!

1 Lies dir die Sätze durch.
Welche Aussagen hältst du für richtig?
Die Lösung erhältst du, wenn du für die folgenden Ziffern Buchstaben aus dem Alphabet setzt:
18 ☆ 9 ☆ 3 ☆ 8 ☆ 20 ☆ 9 ☆ 7: 1, 2 ,4

Weihnachtsquiz

1. Stimmt es dass wir das Bild des rot-weißen Weihnachtsmannes einer alten Getränke-Werbung verdanken? Angeblich wurde 1930 der Weihnachtsmann mit dem weißen Bart dem roten Mantel und dem weißen Pelz zum ersten Mal gezeichnet. Zuvor soll er nur braun gekleidet gewesen sein doch können wir das glauben?

2. Obwohl es in Japan nur wenige Christen gibt sollen viele Japaner Weihnachten feiern. Angeblich liegt dies an den großen Warenhäuser die in der Weihnachtszeit ähnlich wie die Kaufhäuser in West-Europa geschmückt sind. Richtig oder falsch?

2 Setze die fehlenden Kommas.

3. Kannst du dir vorstellen dass im Jahre 2 000 in der Advents- und Weihnachtszeit ca. 10 000 Zimmerbrände von der bundesdeutschen Feuerwehr gelöscht werden mussten? Sie sollen durch unbeaufsichtigte Kerzen falsch eingesetztes Tischfeuerwerk oder auch durch durchgebrannte Lichterketten entstanden sein.

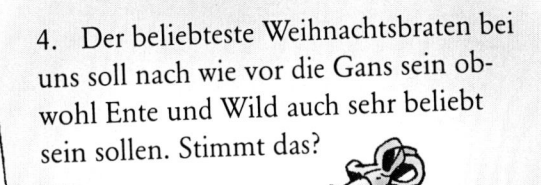

4. Der beliebteste Weihnachtsbraten bei uns soll nach wie vor die Gans sein obwohl Ente und Wild auch sehr beliebt sein sollen. Stimmt das?

5. Nachdem im Jahre 2000 zu Weihnachten viel verzehrt worden ist sollen die deutschen Bundesbürger zusammen an die 200 000 t zugenommen haben. Süßigkeiten Torten Gebäck und fettes Essen sollen dafür verantwortlich gewesen sein. Ist das realistisch?

Zeichensetzung bei der wörtlichen Rede

1 a) Unterstreiche in jedem Satz wie im ersten Beispiel den Begleitsatz.

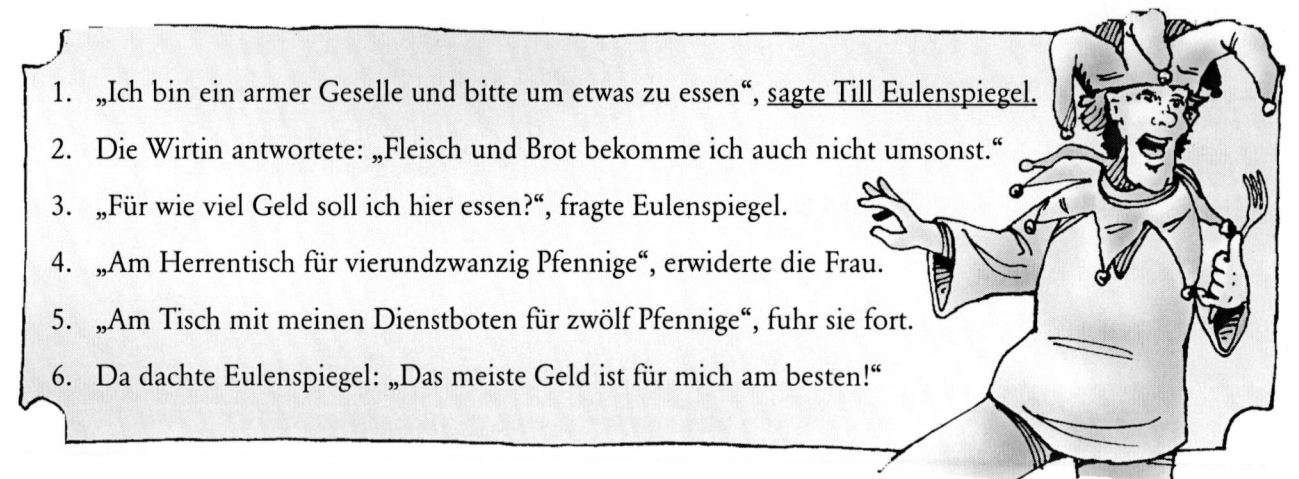

1. „Ich bin ein armer Geselle und bitte um etwas zu essen", <u>sagte Till Eulenspiegel.</u>
2. Die Wirtin antwortete: „Fleisch und Brot bekomme ich auch nicht umsonst."
3. „Für wie viel Geld soll ich hier essen?", fragte Eulenspiegel.
4. „Am Herrentisch für vierundzwanzig Pfennige", erwiderte die Frau.
5. „Am Tisch mit meinen Dienstboten für zwölf Pfennige", fuhr sie fort.
6. Da dachte Eulenspiegel: „Das meiste Geld ist für mich am besten!"

b) In welche Spalte der folgenden Tabelle musst du die Sätze einordnen?

vorangestellter Begleitsatz	nachgestellter Begleitsatz
	1

2 Ergänze die fehlenden Satzzeichen.

a) Nach dem Essen sprach Eulenspiegel zur Wirtin Gebt mir nun den Lohn fürs Essen.

b) Diese entgegnete Du schuldest mir vierundzwanzig Pfennige!

c) Eulenspiegel widersprach Ich habe gegessen um Geld zu verdienen und möchte den Lohn für diese schwere Arbeit.

d) Da gab die Wirtin zur Antwort Die Mahlzeit sei dir gegönnt, aber Geld bekommst du nicht noch zusätzlich.

e) Ärgerlich brummte Eulenspiegel Schade! Warum habe ich mir solche Mühe gegeben und für drei gegessen?

f) Die Wirtin schrie ihm hinterher Lass dich nicht mehr hier blicken!

Fernsehen unter der Lupe, S. 116

Copy 65
Mit eigenen Worten 5

Deutsch	Klasse	Name	Datum	Nr.

Wann ist eine Sendung gut?

Bewertungsbogen

Sendung: _____
Tag, Zeit: _____
Beobachter: _____

Merkmale	Punkte	Begründung
1. _____	1 2 3 4 5 6	_____
2. _____	1 2 3 4 5 6	_____
3. _____	1 2 3 4 5 6	_____
4. _____	1 2 3 4 5 6	_____
5. _____	1 2 3 4 5 6	_____
6. _____	1 2 3 4 5 6	_____

Erreichte Punktzahl: ☐

Dies entspricht Note: ☐

0 → 6	7 → 12	13 → 18	19 → 24	25 → 30	31 → 36
6	**5**	**4**	**3**	**2**	**1**

Deutsch	Klasse	Name	Datum	Nr.

Vorlage für Trio-Spiel (Zeitformen)

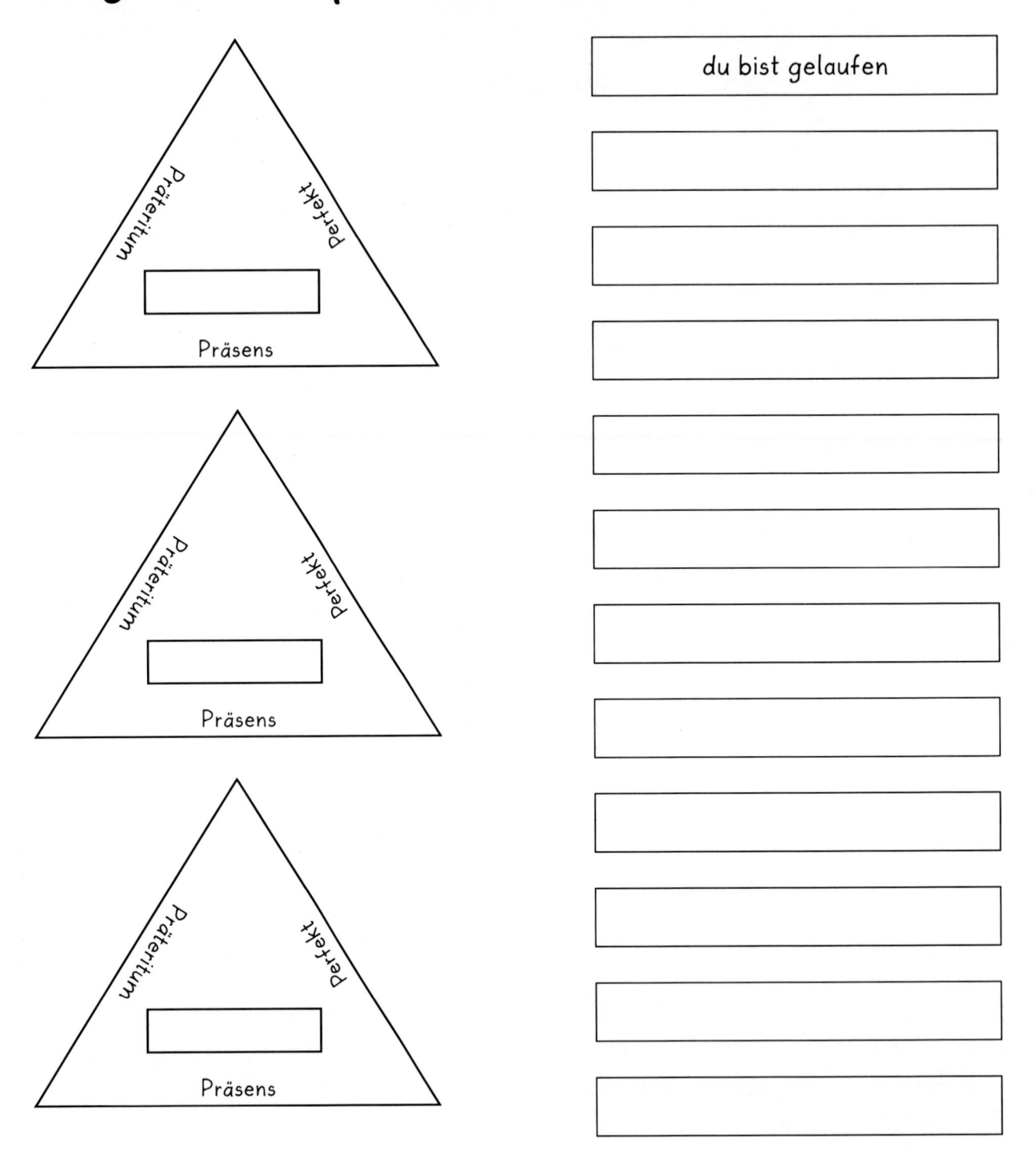

(Drei Dreiecke mit den Beschriftungen „Präteritum", „Perfekt" und „Präsens" an den drei Seiten sowie einem leeren Feld in der Mitte.)

Anlegekärtchen:
- du bist gelaufen
- (leer)
- (leer)
- (leer)
- (leer)
- (leer)
- (leer)
- (leer)
- (leer)
- (leer)
- (leer)
- (leer)

Spielanleitung:
Schneidet die Dreiecke und die Anlegekärtchen aus. In die Mitte des Dreiecks schreibt ihr das Wort, zu dem die Zeitformen zu suchen sind. Auf die Anlegekärtchen werden die Wörter in den entsprechenden Zeitformen in der 2. Person Singular (*du läufst*) geschrieben. Die Streifen werden mit der Schrift nach unten auf den Tisch gelegt. Die Dreiecke werden verteilt. Jeder zieht einen Streifen und sieht nach, ob er sie an seinem Dreieck anlegen kann.

Satzgliedermaschine

Montageanleitung:

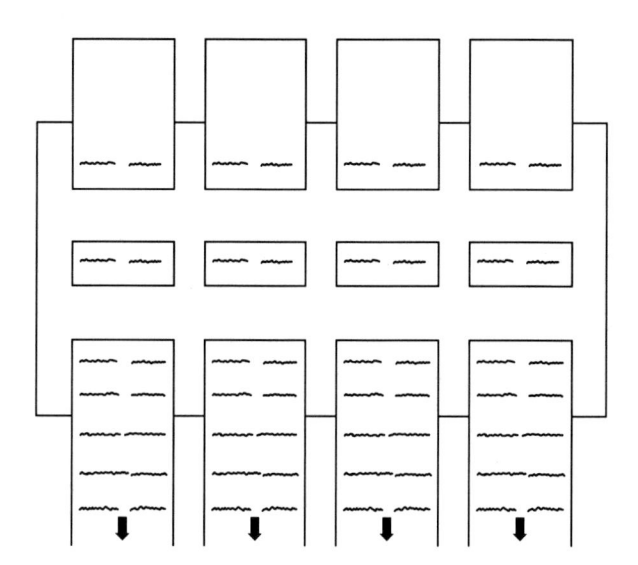

Schneide die Satzgliedermaschine und
die Satzgliederstreifen (Copy 67 und 68) aus.
Schlitze auf der Satzgliedermaschine die
acht gestrichelten Linien ein, die über
und unter den vier Feldern liegen.
Danach schneidest du vorsichtig die vier Felder
aus, damit es Fenster werden.
Stecke jetzt die Streifen in die Schlitze über
den Fenstern und ziehe sie dann aus den
Schlitzen unterhalb der Fenster wieder heraus.

1 a) Schiebe die Streifen so hin und her,
dass die Wörter in den Fenstern einen
sinnvollen Satz ergeben.
b) Welche lustigen Sätze kannst du bilden?

2 a) Überprüfe, an welchen Stellen
("Fenstern") die Subjekte stehen können.
b) An welcher Stelle stehen die Prädikate?
c) Wo stehen die Prädikate, wenn du
einen Fragesatz bildest?
d) Wähle einen Satz aus und erprobe alle
Umstellungsmöglichkeiten. Schreibe sie auf.

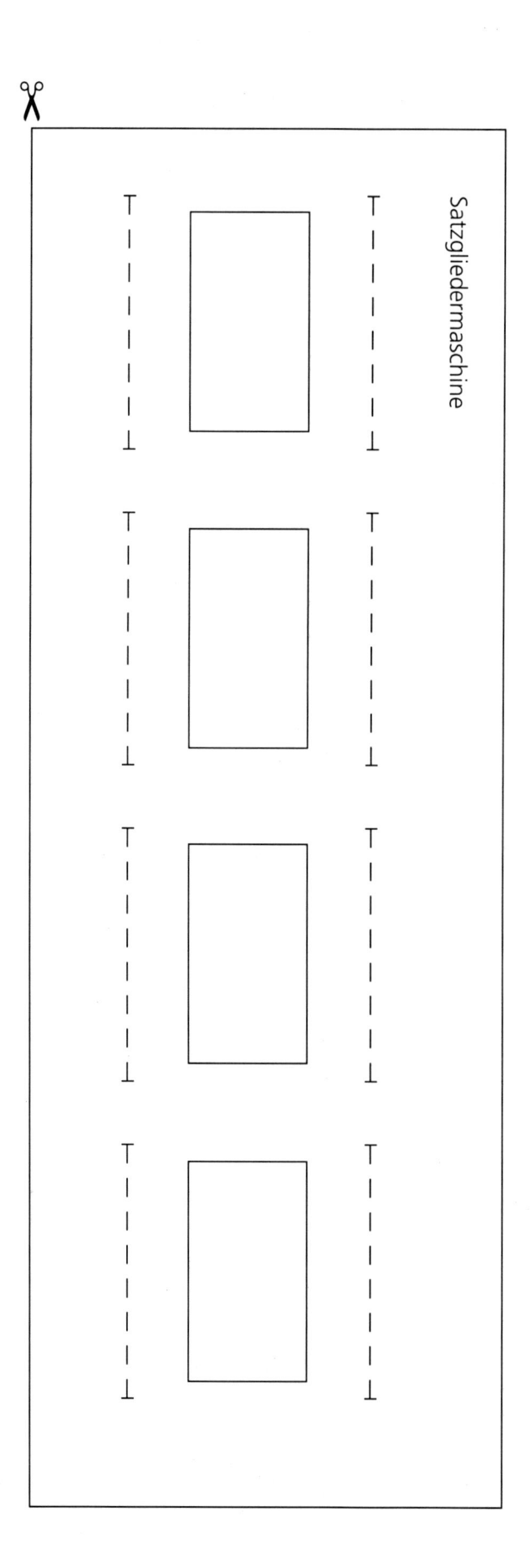

Deutsch | **Klasse** | **Name** | **Datum** | **Nr.**

Satzgliederstreifen

SUBJEKT	PRÄDIKAT	OBJEKT 3	OBJEKT 4
DAS KLEINE PONY	GIBT	DEM AFFEN	EINEN KUSS
EIN ARTIST	ERLÄUTERT	DEM HELFER	SEINEN TRICK
SIE	SCHENKEN	DER OMA	EINEN BLUMENSTRAUSS
DIE RAUBTIERE	GEHORCHEN	DEM DOMPTEUR	EINE BELOHNUNG
WIR	FOLGEN	DEM CLOWN	DIE EINNAHMEN
DER DIREKTOR	REICHT	DEN TIEREN	EIN PAAR LECKERBISSEN
DIE KASSIERERIN	ÜBERGIBT	DEM DIREKTOR	DAS HINDERNIS
PAUL UND PICO	KAUFEN	DEM PONY	MÖHREN
DIE PFERDE	ÜBERSPRINGEN	DEN KANINCHEN	FÜR DIE VORSTELLUNG
DER ZAUBERER	BESORGT	DEN ARTISTEN	DIE GLÜCKWÜNSCHE
DIE ZUSCHAUER	DANKEN	DEM STAR	
ER	ÜBERBRINGT		

So arbeitet ihr mit dem Übungszirkel

1) Die Aufgabenstationen werden an geeigneten Plätzen im Klassenraum ausgelegt oder aufgehängt.

2) Ihr könnt in Einzelarbeit, in Partnerarbeit oder in Gruppen die Aufgaben lösen.

3) In welcher Reihenfolge ihr die Stationen bearbeitet, ist euch überlassen.

4) Schreibt die Ergebnisse auf einen Stationenzettel oder auf einen anderen Zettel.

5) Vergleicht eure Ergebnisse mit den Lösungskarten auf der Kontrollstation.

6) Korrigiert eure Fehler.

So arbeitet ihr mit dem Übungszirkel

1) Die Aufgabenstationen werden an geeigneten Plätzen im Klassenraum ausgelegt oder aufgehängt.

2) Ihr könnt in Einzelarbeit, in Partnerarbeit oder in Gruppen die Aufgaben lösen.

3) In welcher Reihenfolge ihr die Stationen bearbeitet, ist euch überlassen.

4) Schreibt die Ergebnisse auf einen Stationenzettel oder auf einen anderen Zettel.

5) Vergleicht eure Ergebnisse mit den Lösungskarten auf der Kontrollstation.

6) Korrigiert eure Fehler.

Copy 70
Mit eigenen Worten 5

Stationenlaufzettel   Name: _____

Schreibe hier deine Ergebnisse auf. Vergleiche sie mit den Lösungskarten.

Station 1 Datum: _____ Kontrolle: _____	**Station 6** Datum: _____ Kontrolle: _____
Station 2 Datum: _____ Kontrolle: _____	**Station 7** Datum: _____ Kontrolle: _____
Station 3 Datum: _____ Kontrolle: _____	**Station 8** Datum: _____ Kontrolle: _____
Station 4 Datum: _____ Kontrolle: _____	**Station 9** Datum: _____ Kontrolle: _____
Station 5 Datum: _____ Kontrolle: _____	**Station 10** Datum: _____ Kontrolle: _____

Copy 71
Mit eigenen Worten 5

Station Nr. ___

Station Nr. ___

Station Nr. ___

Station Nr. ___

↑ hier falzen

Copy 72 a
Mit eigenen Worten 5

Märchen, S. 103–109

Station 1 — Märchen gesucht

```
V O X D M I S U G D I E S I E B E N R A B E N R K
J O K I I H A N S I M G L Ü C K K R M N E X W R H
O Q W E W J W T F Z P Z O G K Z Ö O J A F R S A J
R F E B R O T K Ä P P C H E N A N P U P Q U F P O
I D E R F R O S C H K Ö N I G M I E H F P M H U L
N G X E Y D G E V E G M V Q J S G Y F Q I P K N O
D F A M L E C X V N W F H Y T T D Y M T F E Z Z Z
E H N E I R H F E H B H Y T U F R A U H O L L E X
U O M R O G L V F H I I N X N J O R M K R S K L B
N R O S U E W S F E I X W Y R C S P F D G T O T G
D B Q T Z S S X S M E L U P S W S P D I I I Q P J
J R D A S T A P F E R E S C H N E I D E R L E I N
O S N D A I D I E S T E R N T A L E R K H Z O A M
R G F T Z E X T P X S U A G T U B R J L D C P T N
I R C M C F G P Z C Q L B J O E A C G U O H P A J
N V A U F E V U I K H N U W U F R J V G R E V N N
G T G S V L E S C H N E E W I T T C H E N N N H O
E Y C I W T Q M L U H Ä N S E L U N D G R E T E L
L B M K D E F A S C H E N P U T T E L R Ö G Y I M
G C W A P K Q V Z P F I S W E C S N E E S M Z P K
Q N C N T A T G T C Z P L R W B G L G T C E T J P
Z M I T E T T O M P H O L N O T D H F E H I Y O W
Z V E E W E Q H W H V C G P Y E M C T L E J D P T
G B O N Q R D I E G O L D E N E G A N S N M S A S
O Y V O M F I S C H E R U N D S E I N E R F R A U
```

1 a) In dem Wortgitter sind 20 Märchentitel versteckt. Finde sie heraus und schreibe sie auf.
b) Unterstreiche die Märchen, die du gut kennst.

_____
_____
_____
_____
_____
_____

Märchen, S. 103–109

Copy 72 b
Mit eigenen Worten 5

Station 1
Lösungsblatt

		D					D	I	E	S	I	E	B	E	N	R	A	B	E	N	
J		I	H	A	N	S	I	M	G	L	Ü	C	K	K						R	
O		E												Ö				R		A	
R		B	R	O	T	K	Ä	P	P	C	H	E	N	N				U		P	
I	D	E	R	F	R	O	S	C	H	K	Ö	N	I	I				M		U	
N		E		D										G				P		N	
D		M		E										D				E		Z	
E		E		R						F	R	A	U	H	O	L	L	E			
U		R		G								O					S			L	
N		S		E								S			D		T			I	
D		T		S								S			I		I				
J		D	A	S	T	A	P	F	E	R	E	S	C	H	N	E	I	D	E	R	L	E	I	N
O			D	I	E	S	T	E	R	N	T	A	L	E	R	K		Z		
R		T		E								B			L	D	C			
I		M		F								A			U	O	H			
N		U		E								R			G	R	E			
G		S		L		S	C	H	N	E	E	W	I	T	T	C	H	E	N	N	
E		I		T				H	Ä	N	S	E	L	U	N	D	G	R	E	T	E	L
L		K		E	F	A	S	C	H	E	N	P	U	T	T	E	L	R	Ö	
		A		K													E	S		
		N		A													T	C		
		T		T													E	H		
		E		E													L	E		
		N		R	D	I	E	G	O	L	D	E	N	E	G	A	N	S	N	
			V	O	M	F	I	S	C	H	E	R	U	N	D	S	E	I	N	E	R	F	R	A	U

Lösung:

1. Die Bremer Stadtmusikanten
2. Das tapfere Schneiderlein
3. Vom Fischer und seiner Frau
4. Der gestiefelte Kater
5. König Drosselbart
6. Hänsel und Gretel
7. Rumpelstilzchen
8. Die kluge Gretel
9. Die goldene Gans
10. Die sieben Raben
11. Schneewittchen
12. Der Froschkönig
13. Die Sterntaler
14. Aschenputtel
15. Dornröschen
16. Hans im Glück
17. Rotkäppchen
18. Frau Holle
19. Rapunzel
20. Jorinde und Joringel

Station 2

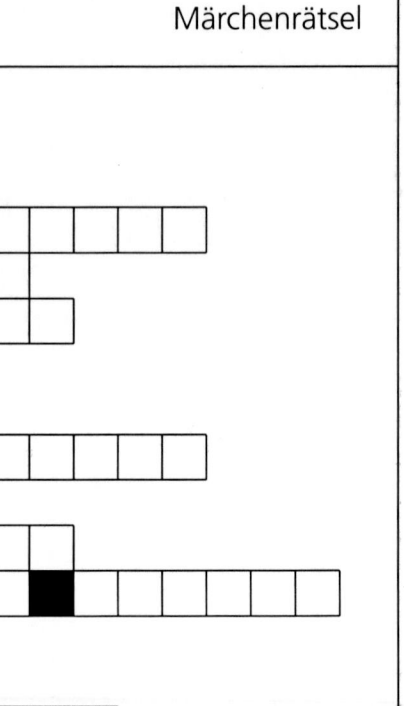

Märchenrätsel

1. Ein Haustier verhilft seinem Herrn zu Reichtum und Ansehen. Das Tier trägt Stiefel.
2. Sie fällt in einen 100-jährigen Schlaf.
3. Nach vielen Tauschgeschäften ist er schließlich arm und glücklich.
4. Sie lebt bei den sieben Zwergen.
5. Sieben Geschwister haben Angst vor einem Wolf. Wie heißen die Tiere im Titel des Märchens?
6. Die Hauptperson des Märchens ist sehr tapfer und kann sieben Fliegen auf einen Streich erlegen. Welchen Beruf hat sie?
7. Sie will ihre Großmutter besuchen.
8. Wenn sie die Betten schüttelt, dann schneit es.
9. Ein König sitzt im Teich und kann nur durch einen Kuss erlöst werden kann.
10. Sie verlaufen sich im Wald und landen bei einer Hexe.
11. Schwester von Schneeweißchen.
12. Nur ihr passt der verlorene Schuh.
13. Wie heißt das Märchen, in dem ein Vater seine Söhne zu Vögeln verwünscht?
14. Sie lässt ihr goldenes Haar als Leiter herunter.
15. „Ach, wie gut, dass niemand weiß, dass ich … heiß!" Wer sagt das?
16. In Bremen haben Tiere durch ihr Geschrei Räuber verjagt. Wie heißt der Titel des Märchens?

1 Löse das Rätsel. Bei richtiger Lösung ergeben die markierten Felder, von oben nach unten gelesen, eine Märchenfigur.

Die Märchenfigur heißt: _____ .

Station 2 — Lösungsblatt

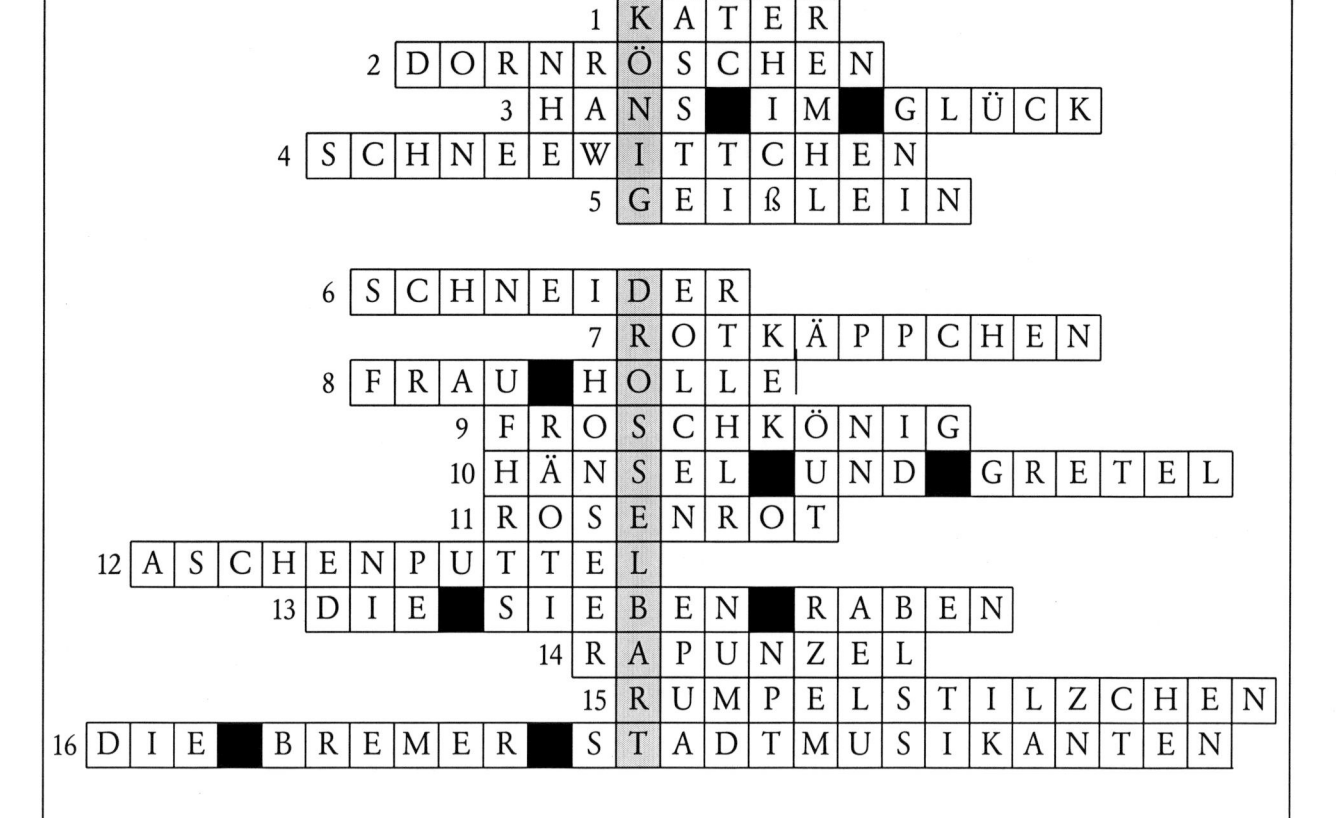

1. KATER
2. DORNRÖSCHEN
3. HANS IM GLÜCK
4. SCHNEEWITTCHEN
5. GEIßLEIN
6. SCHNEIDER
7. ROTKÄPPCHEN
8. FRAU HOLLE
9. FROSCHKÖNIG
10. HÄNSEL UND GRETEL
11. ROSENROT
12. ASCHENPUTTEL
13. DIE SIEBEN RABEN
14. RAPUNZEL
15. RUMPELSTILZCHEN
16. DIE BREMER STADTMUSIKANTEN

Die Märchenfigur heißt: König Drosselbart.

Copy 72 e
Mit eigenen Worten 5

Märchen, S. 103–109

Station 3 — Merkmale eines Märchens

Achtung: Zur Lösung benötigt jede Schülerin und jeder Schüler eine Kopie dieser Station.

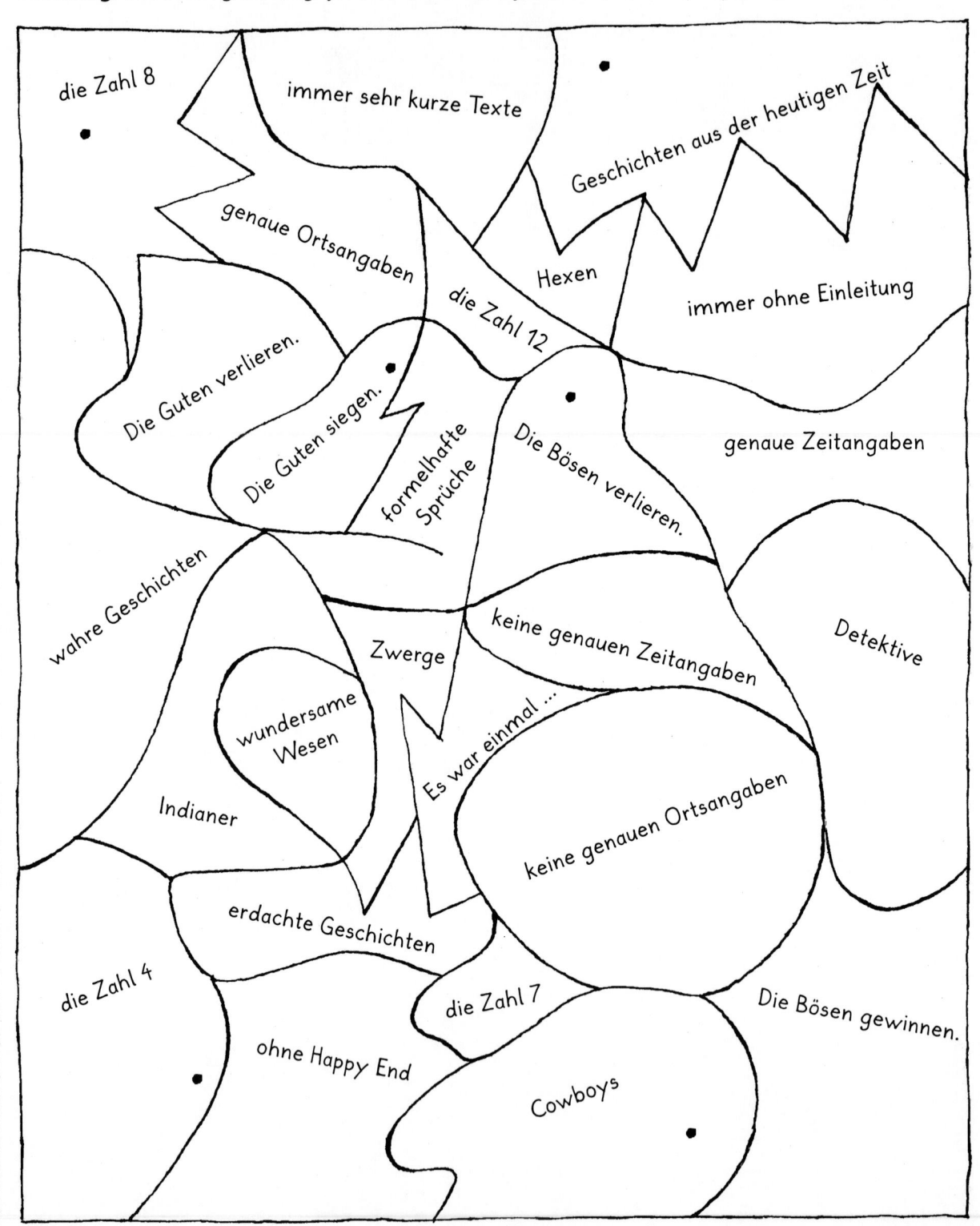

- die Zahl 8
- immer sehr kurze Texte
- Geschichten aus der heutigen Zeit
- genaue Ortsangaben
- Hexen
- die Zahl 12
- immer ohne Einleitung
- Die Guten verlieren.
- Die Guten siegen.
- formelhafte Sprüche
- Die Bösen verlieren.
- genaue Zeitangaben
- wahre Geschichten
- Zwerge
- keine genauen Zeitangaben
- Detektive
- wundersame Wesen
- Es war einmal …
- Indianer
- keine genauen Ortsangaben
- erdachte Geschichten
- die Zahl 4
- die Zahl 7
- Die Bösen gewinnen.
- ohne Happy End
- Cowboys

1 Male die Felder farbig, in denen typische Märchenmerkmale genannt werden.
Bei richtiger Lösung ergeben die markierten Felder eine Märchenfigur.

Die Märchenfigur heißt: _____ .

Märchen, S. 103–109

Copy 72 f
Mit eigenen Worten 5

Station 3 — Lösungsblatt

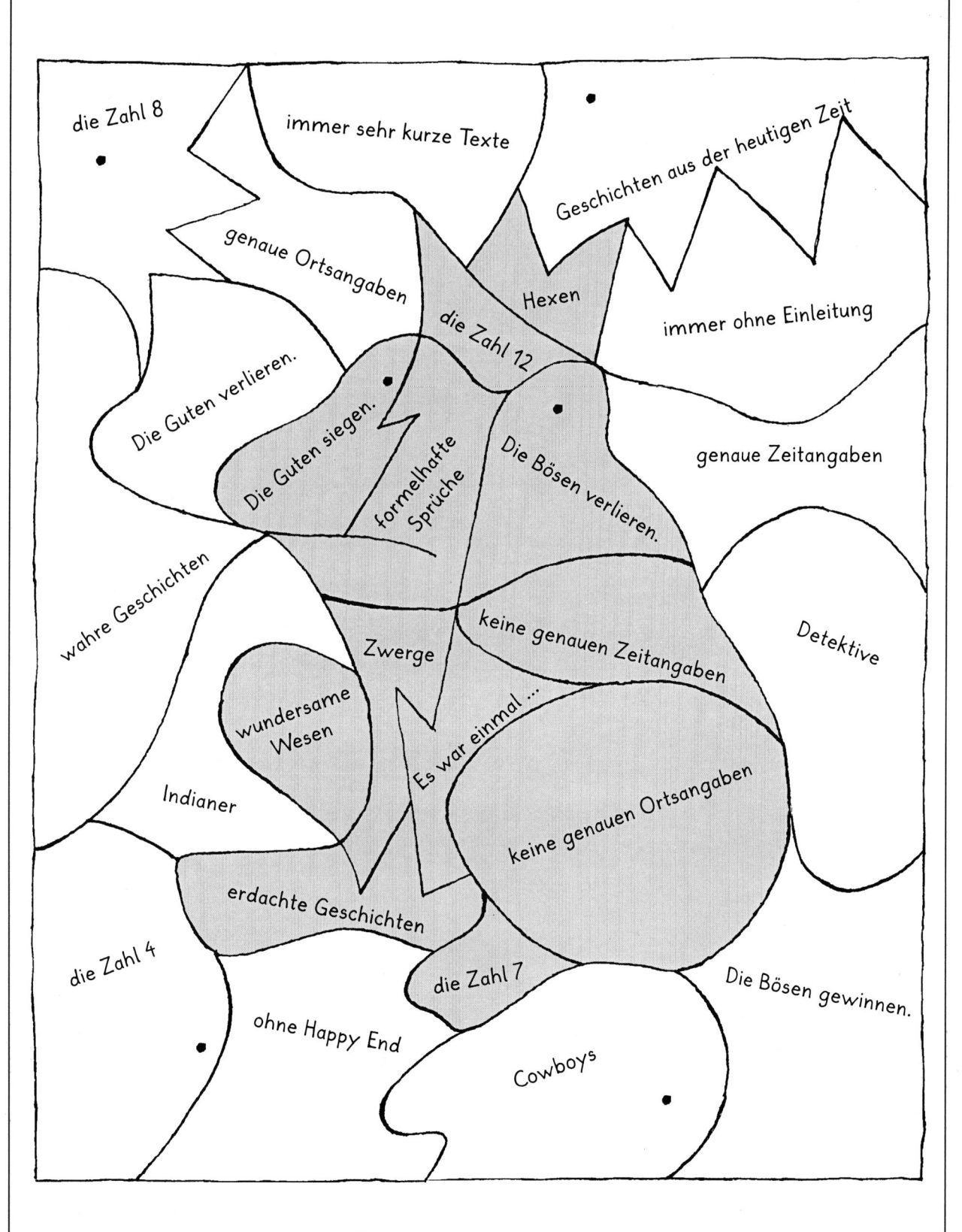

Felder (grau markiert):
- die Zahl 12
- Hexen
- Die Guten siegen.
- formelhafte Sprüche
- Die Bösen verlieren.
- Zwerge
- keine genauen Zeitangaben
- wundersame Wesen
- Es war einmal …
- keine genauen Ortsangaben
- erdachte Geschichten
- die Zahl 7

Nicht markierte Felder:
- die Zahl 8
- immer sehr kurze Texte
- Geschichten aus der heutigen Zeit
- genaue Ortsangaben
- immer ohne Einleitung
- Die Guten verlieren.
- genaue Zeitangaben
- wahre Geschichten
- Detektive
- Indianer
- die Zahl 4
- ohne Happy End
- Cowboys
- Die Bösen gewinnen.

Die Märchenfigur heißt: __Froschkönig__ .

Copy 72 g
Mit eigenen Worten 5

Märchen, S. 103–109

Station 4 — Märchenpuzzle

Achtung: Zur Lösung benötigt jede Schülerin und jeder Schüler eine Kopie dieser Station.

1 a) Schneide die Puzzleteile aus und setze sie richtig zusammen.
b) Klebe das zusammengesetzte Bild in dein Heft.
c) Das Bild stellt eine Szene aus einem bekannten Märchen dar.
Schreibe den Märchentitel über das Bild. Solltest du das Märchen nicht kennen,
so nimm ein Märchenbuch der Brüder Grimm zu Hilfe.
d) Überlege dir, was die einzelnen Personen gerade sagen könnten.
Schreibe den Text in die Sprechblasen.
e) Umrahme die fünf Teile auf dem Bild, die nicht in die Welt dieses Märchens gehören.

Märchen, S. 103–109

Copy 72 h
Mit eigenen Worten 5

Station 4

Lösungsblatt

Station 5 Märchen oder nicht?

Die Bienenkönigin

Zwei Königssöhne gingen einmal auf Abenteuer und gerieten in ein wildes, wüstes Leben, sodass sie gar nicht wieder nach Hause kamen. Der jüngste, welcher der Dummling hieß, machte sich auf und suchte seine Brüder. Aber als er sie endlich fand, verspotteten sie ihn, dass er mit seiner Einfalt sich durch die Welt schlagen wollte, und sie zwei könnten nicht durchkommen und wären doch viel klüger. Sie zogen alle drei miteinander fort und kamen an einen Ameisenhaufen. Die zwei ältesten wollten ihn aufwühlen und sehen, wie die kleinen Ameisen in der Angst herumkröchen und ihre Eier forttrügen, aber der Dummling sagte: „Lasst die Tiere in Frieden, ich leid's nicht, dass ihr sie stört." Da gingen sie weiter und kamen an einen See, auf dem schwammen viele, viele Enten. Die zwei Brüder wollten ein paar fangen und braten, aber der Dummling ließ es nicht zu und sprach: „Lasst die Tiere in Frieden, ich leid's nicht, dass ihr sie tötet." Endlich kamen sie an ein Bienennest, darin war so viel Honig, dass er am Stamm herunterlief. Die zwei wollten Feuer unter den Baum legen und die Bienen ersticken, damit sie den Honig wegnehmen konnten. Der Dummling hielt sie aber wieder ab und sprach: „Lasst die Tiere in Frieden, ich leid's nicht, dass ihr sie verbrennt." Endlich kamen die drei Brüder in ein Schloss, wo in den Ställen lauter steinerne Pferde standen. Auch war kein Mensch zu sehen und sie gingen durch alle Säle, bis sie vor eine Tür ganz am Ende kamen, davor hingen drei Schlösser. Es war aber mitten in der Tür ein Lädlein, dadurch konnte man in die Stube sehen. Da sahen sie ein graues Männchen, das an einem Tisch saß. Sie riefen es an, einmal, zweimal, aber es hörte nicht, endlich riefen sie zum dritten Mal. Da stand es auf, öffnete die Schlösser und kam heraus. Es sprach aber kein Wort, sondern führte sie zu einem reich besetzten Tisch, und als sie gegessen und getrunken hatten, brachte es jeden in sein eigenes Schlafgemach. Am anderen Morgen kam das graue Männchen zu dem ältesten, winkte und leitete ihn zu einer steinernen Tafel. Darauf standen drei Aufgaben geschrieben, wodurch das Schloss erlöst werden könnte. Die erste war: In dem Wald unter dem Moos lagen die Perlen der Königstochter, tausend an der Zahl, die mussten aufgesucht werden. Und wenn vor Sonnenuntergang noch eine einzige fehlte, so wurde der, welcher gesucht hatte, zu Stein. Der älteste ging hin und suchte den ganzen Tag. Als aber der Tag zu Ende war, hatte er erst hundert gefunden. Es geschah, wie auf der Tafel stand: Er wurde in Stein verwandelt. Am folgenden Tag unternahm der zweite Bruder das Abenteuer. Es ging ihm aber nicht viel besser als dem ältesten, er fand nicht mehr als zweihundert Perlen und wurde zu Stein. Endlich kam auch der Dummlimg an die Reihe. Der suchte im Moos, es war aber so schwer, die Perlen zu finden, und es ging so langsam. Da setzte er sich auf einen Stein und weinte. Da kam der Ameisenkönig, dem er einmal das Leben erhalten hatte, mit fünftausend Ameisen, und es dauerte gar nicht lange, da hatten die kleinen Tiere die Perlen gefunden. Die zweite Aufgabe aber war, den Schlüssel zu dem Schlafzimmer der Königstochter aus dem See zu holen. Wie der Dummling zum See kam, schwammen die Enten, die er einmal gerettet hatte, heran, tauchten unter und holten den Schlüssel aus der Tiefe. Die dritte Aufgabe aber war die schwerste: Aus den drei schlafenden Töchtern des Königs sollte die schönste und die liebste herausgesucht werden. Sie glichen sich aber vollkommen und waren durch nichts verschieden, als dass sie, bevor sie eingeschlafen waren, verschiedene Süßigkeiten gegessen hatten: die älteste ein Stück Zucker, die zweite ein wenig Sirup, die jüngste einen Löffel voll Honig. Da kam die Bienenkönigin von den Bienen, die der Dummling vor dem Feuer geschützt hatte, und versuchte den Mund von allen dreien. Zuletzt blieb sie auf dem Mund sitzen, der Honig gegessen hatte, und so erkannte der Königssohn die rechte. Da war der Zauber vorbei, alles war aus dem Schlaf erlöst, und wer von Stein war, erhielt seine menschliche Gestalt wieder. Und der Dummling vermählte sich mit der jüngsten und liebsten und wurde König nach ihres Vaters Tod. Seine zwei Brüder aber erhielten die beiden anderen Schwestern.

Märchen, S. 103–109

Copy 72 j
Mit eigenen Worten 5

Station 5

Märchen oder nicht?

Überprüfe mit der Checkliste, ob der Text „Die Bienenkönigin" (Copy 72 i) ein Märchen ist.

Checkliste für Märchen	Beispiel (Zeilenangabe)
☐ Werden Dinge erzählt, die es in Wirklichkeit nicht gibt?	_____
☐ Kommen sprechende Tiere bzw. wundersame Wesen vor?	_____
☐ Muss die Hauptfigur Gefahren und Prüfungen bestehen?	_____
☐ Werden die Guten am Schluss belohnt und die Bösen bestraft?	_____
☐ Fehlen genaue Zeit- und Ortsangaben?	_____
☐ Sind formelhafte Sprüche vorhanden?	_____
☐ Spielen die Zahlen 3, 6, 7 und 12 eine besondere Rolle?	_____

✂ -

Station 5

Lösungsblatt

Checkliste für Märchen	Beispiel (Zeilenangabe)
☑ Werden Dinge erzählt, die es in Wirklichkeit nicht gibt?	27–32, 60–90
☑ Kommen sprechende Tiere bzw. wundersame Wesen vor?	29, 34
☑ Muss die Hauptfigur Gefahren und Prüfungen bestehen?	58–84
☑ Werden die Guten am Schluss belohnt und die Bösen bestraft?	87–90
☑ Fehlen genaue Zeit- und Ortsangaben?	1
☑ Sind formelhafte Sprüche vorhanden?	14, 19, 26
☑ Spielen die Zahlen 3, 6, 7 und 12 eine besondere Rolle?	9, 32, 37, 44

Station 6 — Märchensprüche

- [K] Ich bin so satt, — ich mag kein Blatt. Meh! Meh!
- [ ] Königstochter, jüngste, — mach mir auf!
- [ ] Großmutter, was hast du für große Ohren? — Großmutter, was hast du für große Augen?
- [ ] Rucke di ku, rucke di ku, Blut ist im Schuh. — Der Schuh ist zu klein, die rechte Braut sitzt noch daheim.
- [ ] Was rumpelt und pumpelt in meinem Bauch herum? — Ich meinte, es wären sechs Geißlein, so sind's lauter Wackersteine.
- [ ] Knusper, knusper, knäuschen, — wer knuspert an meinem Häuschen?
- [ ] Heute back' ich, morgen brau' ich, übermorgen hole ich der Königin ihr Kind; — ach, wie gut, dass niemand weiß, dass ich ... heiß'!
- [ ] Spieglein, Spieglein an der Wand, — wer ist die Schönste im ganzen Land?
- [ ] Kikeriki, unsere goldene — Jungfrau ist wieder hie.

1 Hier sind Märchensprüche auseinandergerissen. Verbinde die zusammengehörenden Teile.

2 Zu welchen der unten aufgeführten Märchen gehören die einzelnen Sprüche? Ordne richtig zu. Schreibe dazu die Buchstaben, die hinter den Märchentiteln in Klammern stehen, jeweils in die Kästchen. Bei richtiger Zuordnung ergeben die Buchstaben, von oben nach unten gelesen, ein Lösungswort.

Der Froschkönig (Ö)   Rotkäppchen (N)
Aschenputtel (I)   Rumpelstilzchen (H)
Der Wolf und die sieben Geißlein (G)   Tischlein deck dich (K)
Frau Holle (F)   Hänsel und Gretel (S)
Schneewittchen (O)

Station 6

Lösungsblatt

1 und 2

	Linke Sprechblase	Rechte Sprechblase
K	Ich bin so satt,	ich mag kein Blatt. Meh! Meh!
Ö	Königstochter, jüngste,	mach mir auf!
N	Großmutter, was hast du für große Ohren?	Großmutter, was hast du für große Augen?
I	Rucke di ku, rucke di ku, Blut ist im Schuh.	Der Schuh ist zu klein, die rechte Braut sitzt noch daheim.
G	Was rumpelt und pumpelt in meinem Bauch herum?	Ich meinte, es wären sechs Geißlein, so sind's lauter Wackersteine.
S	Knusper, knusper, knäuschen,	wer knuspert an meinem Häuschen?
H	Heute back' ich, morgen brau' ich, übermorgen hole ich der Königin ihr Kind;	ach, wie gut, dass niemand weiß, dass ich … heiß'!
O	Spieglein, Spieglein an der Wand,	wer ist die Schönste im ganzen Land?
F	Kikeriki, unsere goldene	Jungfrau ist wieder hie.

Das Lösungswort heißt: **Königshof**.

Station 7 a

Ein Märchen mit Fehlern

Die Prinzessin auf der Erbse

Es war einmal ein Prinz, der wollte eine Prinzessin heiraten, aber es sollte eine echte Prinzessin sein. Er reiste in der ganzen Welt herum, um eine zu finden, aber überall war etwas im Wege. Prinzessinnen gab es genug, aber ob es echte Prinzessinnen waren, konnte er nicht herausbekommen; immer war etwas nicht in Ordnung. So kam er wieder nach Hause und war ganz traurig, denn er wollte doch so gern eine echte Prinzessin haben.

Eines Abends zog ein schreckliches Wetter auf. Es war der 3. April des Jahres 1001. Es blitzte und donnerte, der Regen strömte herab, es war ganz entsetzlich! Da klopfte es an das Stadttor. Gleich rief der König: „Knusper, knusper, knäuschen, wer klopft an mein Häuschen?", und öffnete das Tor. Es war eine Prinzessin, die draußen stand, aber wie hatten sie Regen und Sturm zugerichtet! Das Wasser lief ihr von den Haaren und Kleidern herunter, hinten in die Schuhe hinein und vorne wieder heraus. Sie behauptete aber, dass sie eine echte Prinzessin sei. Angeblich wohnte sie in einem Münchner Schloss in der Nymphenburger Straße.

„Das werden wir schon herausbekommen!", dachte die Königin, aber sie sagte nichts, ging ins Schlafzimmer, nahm Bettzeug und Matratze aus dem Bett und legte eine Erbse hinein. Darauf nahm sie zwanzig Matratzen, legte sie auf die Erbse und dann noch zwanzig Daunendecken oben auf die Matratzen. Da sollte nun die Prinzessin die ganze Nacht liegen.

Schließlich befragte die Königin noch ihren Spiegel: „Spieglein, Spieglein an der Wand, ist sie eine Prinzessin aus unserem Land?" Der Spiegel jedoch schwieg. Am Morgen wurde die Prinzessin gefragt, wie sie geschlafen habe.

„Oh, schrecklich schlecht!", sagte die Prinzessin. „Ich habe fast die ganze Nacht kein Auge zugetan! Gott weiß, was da im Bett gewesen ist! Ich habe auf etwas Hartem gelegen, sodass ich am ganzen Körper braun und blau bin. Es ist ganz entsetzlich!"

Nun wussten sie, dass sie eine echte Prinzessin war, weil sie durch die zwanzig Matratzen und die zwanzig Daunendecken hindurch die Erbse gespürt hatte. So empfindlich konnte nur eine echte Prinzessin sein. Von draußen krähte gleich der Hahn: „Kikeriki, endlich ist eine richtige Prinzessin hie!" So bekam der Prinz seine echte Prinzessin. Die Erbse aber kam ins königliche Museum, wo sie noch zu sehen ist, wenn niemand sie gestohlen hat.

Nach dem gleichnamigen Märchen von Hans Christian Andersen

1 Lies dir das Märchen aufmerksam durch.
Suche die fünf Sätze heraus, die nicht in das Märchen gehören.
Zwei davon sind für Märchen untypisch und drei stammen in abgewandelter Form aus anderen Märchen. Unterstreiche die fünf Sätze.

Station 7 a

Lösungsblatt

Die Prinzessin auf der Erbse

Es war einmal ein Prinz, der wollte eine Prinzessin heiraten, aber es sollte eine echte Prinzessin sein. Er reiste in der ganzen Welt herum, um eine zu finden, aber überall war etwas im Wege. Prinzessinnen gab es genug, aber ob es echte Prinzessinnen waren, konnte er nicht herausbekommen; immer war etwas nicht in Ordnung. So kam er wieder nach Hause und war ganz traurig, denn er wollte doch so gern eine echte Prinzessin haben.

Eines Abends zog ein schreckliches Wetter auf. <u>Es war der 3. April des Jahres 1001</u>. Es blitzte und donnerte, der Regen strömte herab, es war ganz entsetzlich! Da klopfte es an das Stadttor. Gleich rief der König: <u>„Knusper, knusper, knäuschen, wer klopfet an mein Häuschen?"</u>, und öffnete das Tor. Es war eine Prinzessin, die draußen stand, aber wie hatten sie Regen und Sturm zugerichtet! Das Wasser lief ihr von den Haaren und Kleidern herunter, hinten in die Schuhe hinein und vorne wieder heraus. Sie behauptete aber, dass sie eine echte Prinzessin sei. <u>Angeblich wohnte sie in einem Münchner Schloss in der Nymphenburger Straße.</u>

„Das werden wir schon herausbekommen!", dachte die Königin, aber sie sagte nichts, ging ins Schlafzimmer, nahm Bettzeug und Matratze aus dem Bett und legte eine Erbse hinein. Darauf nahm sie zwanzig Matratzen, legte sie auf die Erbse und dann noch zwanzig Daunendecken oben auf die Matratzen. Da sollte nun die Prinzessin die ganze Nacht liegen.

Schließlich befragte die Königin noch ihren Spiegel: <u>„Spieglein, Spieglein an der Wand, ist sie eine Prinzessin aus unserem Land?"</u> Der Spiegel jedoch schwieg. Am Morgen wurde die Prinzessin gefragt, wie sie geschlafen habe. „Oh, schrecklich schlecht!", sagte die Prinzessin. „Ich habe fast die ganze Nacht kein Auge zugetan! Gott weiß, was da im Bett gewesen ist! Ich habe auf etwas Hartem gelegen, so dass ich am ganzen Körper braun und blau bin. Es ist ganz entsetzlich!"

Nun wussten sie, dass sie eine echte Prinzessin war, weil sie durch die zwanzig Matratzen und die zwanzig Daunendecken hindurch die Erbse gespürt hatte. So empfindlich konnte nur eine echte Prinzessin sein. <u>Von draußen krähte gleich der Hahn: „Kikeriki, endlich ist eine richtige Prinzessin hie!"</u> So bekam der Prinz seine echte Prinzessin. Die Erbse aber kam ins königliche Museum, wo sie noch zu sehen ist, wenn niemand sie gestohlen hat.

Nach dem gleichnamigen Märchen von Hans Christian Andersen

Station 7 b

Fragen zum Märchen

1 Beantworte zu dem Märchen „Die Prinzessin auf der Erbse" (Copy 72 m) die folgenden Fragen:

- Wer ist die Hauptperson in dem Märchen?
  _____

- Welche Probleme hat der Prinz?
  _____
  _____

- Warum klopft die Prinzessin eines Nachts an das Tor der Königsfamilie?
  _____
  _____

- Was legt die Königin ins Bett der Prinzessin?
  _____

- Warum tut die Königin das?
  _____
  _____

- Wie fühlt sich die Prinzessin am nächsten Morgen? Warum?
  _____
  _____

- Wie endet das Märchen?
  _____

Märchen, S. 103–109

Copy 72 p
Mit eigenen Worten 5

Station 7 b   Lösungsblatt

1

- Wer ist die Hauptperson in dem Märchen?

eine Prinzessin

- Welche Probleme hat der Prinz?

Er findet keine Prinzessin, die er heiraten will.

- Warum klopft die Prinzessin eines Nachts an das Tor der Königsfamilie?

Sie ist von einem Unwetter überrascht worden
und sucht Unterschlupf.

- Was legt die Königin ins Bett der Prinzessin?

eine Erbse

- Warum tut die Königin das?

Sie will prüfen, ob es sich um eine echte
Prinzessin handelt.

- Wie fühlt sich die Prinzessin am nächsten Morgen? Warum?

Der Prinzessin geht es schlecht. Sie ist am ganzen Körper
braun und blau, weil sie auf etwas Hartem gelegen hat.

- Wie endet das Märchen?

Der Prinz und die Prinzessin werden ein Paar.

Station 8

Ein Märchen schreiben

1 Denke dir zu dieser Bildfolge ein Märchen aus. Zeichne einen eigenen Schluss.

2 Schreibe das Märchen in dein Heft und gib ihm eine passende Überschrift.

Übungszirkel *Wortarten*

Copy 73 a
Mit eigenen Worten 5

Station 1

Lösungskarte Wortarten unterscheiden ☺

1 Adjektive, Verben

2 Adjektive: gut, fein, rund, schmutzig, fehlerlos
   Verben: malen, schwimmen, spielen, regnen, lachen

Station 1

In den folgenden Kästen stehen Wörter, die zwei verschiedenen Wortarten angehören.

> gut, malen, fein, schwimmen, spielen, rund, schmutzig, regnen, lachen, fehlerlos

1 Wie heißen die zwei Wortarten?
2 Schreibe die Wörter nach Wortarten geordnet auf.

Station 2

Lösungskarte Wortarten unterscheiden ☺

Nomen	Verben	Adjektive	Pronomen	Artikel	Sonstige
Strand	rollen	blau	ich	den	mit
Kiste	tanzen	furchtsam	er	eine	und
See	reiten	kühn	dein	das	auf
Apfelbaum	lernen	trocken	sie	die	oder
Furcht	springen	sonnig	unser	der	warum

Station 2

Im Kasten stehen Wörter verschiedener Wortarten – auch solcher Wortarten, die du in der 5. Klasse noch nicht gelernt hast:

> Strand, mit, den, blau, ich, rollen, und, Kiste, See, er, dein, das, furchtsam, eine, auf, tanzen, kühn, sie, reiten, Apfelbaum, oder, warum, Furcht, lernen, trocken, die, unser, der, sonnig, springen

Lege eine Tabelle wie die folgende an und ordne die Wörter ein:

Nomen	Verben	Adjektive	Pronomen	Artikel	Sonstige
Strand	rollen	blau	ich	den	mit

↑ hier falzen

Copy 73 b
Mit eigenen Worten 5

Übungszirkel *Wortarten*

Station 3

Treffen sich zwei <u>Schlangen</u>. Fragt die eine: „Sind wir eigentlich <u>giftig</u>?"
„Was soll die <u>komische Frage</u>?"
„Ich habe mir gerade auf die Zunge <u>gebissen</u>."

„<u>Junger</u> Mann", <u>fragt</u> eine <u>alte</u> Dame den Verkäufer in der <u>Tierhandlung</u>, „haben Sie denn auch einen Affen?"
„Na klar, einen <u>Moment</u>. Ich <u>rufe</u> den Chef!"

Die unterstrichenen Wörter lassen sich drei Wortarten zuordnen.
1 Welchen? Notiere sie als Überschriften einer Tabelle.
2 Trage die Wörter ein (jeweils 4).

Lösungskarte Station 3

Wortarten bestimmen ☺

Verben	Nomen	Adjektive
treffen	Schlangen	giftig
gebissen	Frage	komische
fragt	Tierhandlung	junger
rufe	Moment	alte

↑ hier falzen

Station 4

Fragt Peter <u>den</u> Lehrer: „Was heißt denn das, was <u>Sie</u> mit roter Tinte unter <u>meinen</u> Aufsatz geschrieben haben?"
<u>Der</u> Lehrer guckt und rätselt. Plötzlich erhellt sich <u>seine</u> Miene: „Das heißt: Deutlicher und klarer schreiben!"

Mario will sich <u>ein</u> Buch vom Schrank holen und steigt mit schmutzigen Schuhen auf den Stuhl. Da ruft <u>die</u> Mutter empört: „<u>Du</u> solltest <u>eine</u> Zeitung unterlegen!" „Nicht nötig", meint da der Knirps großzügig, „<u>ich</u> komme auch so 'ran."

1 Zu welchen zwei Wortarten gehören die unterstrichenen Wörter?
2 Ordne die Wörter danach. (Jeweils 5)

Lösungskarte Station 4

Wortarten bestimmen ☺

Artikel: den, der, ein, die, eine

Pronomen: Sie, meinen, seine, du, ich

Copy 73 c
Mit eigenen Worten 5

Übungszirkel *Wortarten*

Station 5

Wortarten – Bingo: Karte 1

☺ ☺ ☺

Anzahl der Spieler/Spielerinnen: 3–5
Material: 1 Spielplan pro Mitspieler/Mitspielerin
Vorbereitung: Jeder von euch stellt einen Spielplan wie unten her (allerdings ohne die Wörter!).
Denkt euch gemeinsam 5 Nomen, 5 Verben, 5 Adjektive, 5 Pronomen und 5 Artikel aus und schreibt sie auf.
Benennt dann einen Spielleiter oder eine Spielleiterin.
Die Wörter werden nun von jedem von euch (außer dem Spielleiter/ der Spielleiterin) in beliebiger Reihenfolge auf den Spielplan übertragen.
Tipp: Verwendet beim Aufschreiben für jede Wortart eine eigene Farbe.
Durchführung: Der Spielleiter/die Spielleiterin ruft nun Felder auf, z. B.: B3, D5, E1 …, und kontrolliert auf einem Spielplan durch Ankreuzen dass er/sie kein Feld zweimal nennt.
Jedes Kind kreist die aufgerufenen Felder auf seinem Spielplan ein.

	A	B	C	D	E
1	(Wurm)*	dem	(mein)	weich	(Igel)*
2	rund	backen	das	(Nudeln)*	stachelig
3	(malen)	(Pizza)*	sein	(ein)	eine
4	die	singen	spielen	gehen	(schön)
5	(ich)	dir	warm	(Tulpe)*	du

So sieht dann ein Spielplan aus, wenn schon gespielt worden ist.
Gewonnen hat, wer zuerst alle fünf Wörter einer Wortart eingekreist hat.
Tipp: Die Farben helfen nun beim schnellen Erkennen.

✂ -

Station 6

Nomen (die vier Fälle/Singular) ☺

Singular

Nominativ:	der Teller	das Glas	die Tasse
Genitiv:	des Tellers	des Glases	der Tasse
Dativ:	dem Teller	dem Glas	der Tasse
Akkusativ:	den Teller	das Glas	die Tasse

1 Setze das Nomen *der Teller* im jeweils richtigen Fall im Singular in die vier Sätze ein. Notiere dir deine Lösungen so:
Nominativ: der Teller
Genitiv: …
  1. (wer oder was?) steht auf dem Tisch.
  2. Die Farbe (wessen?) ist blau.
  3. Neben (wem?) liegt das Besteck.
  4. Ina reicht der Mutter (wen oder was?).
2 Verfahre ebenso mit den Nomen *die Tasse* und *das Glas*.

Lösungskarte

↑ hier falzen

Copy 73 d
Mit eigenen Worten 5

Übungszirkel *Wortarten*

Station 7

Nomen (die vier Fälle/Plural) ☺

Im Frühling wird die Welt wieder bunt.
1. (wer oder was?) blühen.
2. Die kräftigen Farben (wessen?) erfreuen uns.
3. Neben (wem?) leuchten die Forsythien in kräftigem Gelb.
4. Gerne betrachten wir (wen oder was?).

1 Setze das Nomen *der Baum* im jeweils richtigen Fall im Plural in die vier Sätze ein. Notiere dir deine Lösungen so:
Nominativ: die Bäume
Genitiv: ...

2 Verfahre ebenso mit den Nomen *die Blume* und *das Veilchen*.

Lösungskarte Station 7

Plural
Nominativ: die Bäume – die Blumen – die Veilchen
Genitiv: der Bäume – der Blumen – der Veilchen
Dativ: den Bäumen – den Blumen – den Veilchen
Akkusativ: die Bäume – die Blumen – die Veilchen

↑ hier falzen

Station 8

Nomen (Dativ und Akkusativ) ☺

Häufig verwechselt man *dem* (Dativ) mit *den* (Akkusativ). Setze in den folgenden Sätzen das Nomen und den Artikel in der Klammer im richtigen Fall ein. Frage zuvor mit *wem?* (= *dem/einem*) oder *wen oder was?* (= *den/einen*).

1. Der Clown schenkt (das Mädchen) eine Blume.
2. Der Detektiv beobachtet (der Verdächtige) schon seit längerer Zeit.
3. Das Krokodil begegnet (das rote Schlauchboot) mitten im Fluss.
4. Wer kennt (der beste Basketballspieler)?
5. Der Opa kauft (das jüngere Kind) (ein bunter Fußball).
6. Wer hilft (der kranke Mitschüler) bei der Hausaufgabe?

Lösungskarte Station 8

1. Der Clown schenkt **dem Mädchen** (wem?) eine Blume.
2. Der Detektiv beobachtet **den Verdächtigen** (wen oder was?) schon seit längerer Zeit.
3. Das Krokodil begegnet **dem roten Schlauchboot** (wem?) mitten im Fluss.
4. Wer kennt **den besten Basketballspieler** (wen oder was?)?
5. Der Opa kauft **dem jüngeren Kind** (wem?) **einen bunten Fußball** (wen oder was?).
6. Wer hilft **dem kranken Mitschüler** (wem?) bei der Hausaufgabe?

Übungszirkel *Wortarten*

Copy 73 e
Mit eigenen Worten 5

Station 9

Lösungskarte

Nomen (Dativ und Akkusativ)

☺

1. Die beiden Männer tragen den alten Schrank auf **den Dachboden** (wohin?).
2. **Auf dem Dachboden** (wo?) steht bereits eine Couch.
3. Die Mutter stellt den Kinderwagen in **den Hausflur** (wohin?).
4. Cemil hat sein Fahrrad bereits in **dem Hausflur** (wo?) abgestellt.
5. Sandra macht in **einem malerischen Tal** (wo?) Urlaub.
6. In **dem engen Tal** (wo?) scheint die Sonne nur wenige Stunden am Tag.
   In **das enge Tal** (wohin?) scheint die Sonne nur wenige Stunden am Tag.

Station 9

Häufig verwechselt man *dem* (Dativ) mit *den* (Akkusativ). Setze in den folgenden Sätzen das Nomen in der Klammer im richtigen Fall ein. Frage zuvor mit *wo?* (*dem/einem*) oder *wohin* (*den/einen*)? Schreibe den Ausdruck auf.

1. Die beiden Männer tragen den alten Schrank auf (der Dachboden).
2. Auf (der Dachboden) steht bereits eine Couch.
3. Die Mutter stellt den Kinderwagen in (der Hausflur).
4. Cemil hat sein Fahrrad bereits in (der Hausflur) abgestellt.
5. Sandra macht in (ein malerisches Tal) Urlaub.
6. In (das enge Tal) scheint die Sonne nur wenige Stunden am Tag.

Station 10

Lösungskarte

Artikel begleiten Nomen

☺

der Kaffee	der Jogurt
das Sieb	die Pizza
die Vase	der (oder das) Bonbon
die Schokolade	der (oder das) CD-Player
die Butter	der (oder das) Teil

Station 10

Suche zu den folgenden Nomen jeweils den richtigen Artikel. Schlage nötigenfalls im Wörterbuch nach.

Kaffee	Jogurt
Sieb	Pizza
Vase	Bonbon
Schokolade	CD-Player
Butter	Teil

↑ hier falzen

Copy 73 f
Mit eigenen Worten 5

Übungszirkel *Wortarten*

Station 11

Verben in einen Text einsetzen

Schreibe den Text ab und setze die folgenden Verben im Präteritum ein:
kommen, bringen (mit), sorgen, grillen, verziehen, sein, lesen, werden, schlafen (ein), geben.

Unsere Lesenacht
Gegen 5 Uhr abends (?) die Kinder in die Schule. Sie (?) Schlafsäcke, Isomatten und vor allem genügend Lesestoff mit. Für das Essen (?) die Eltern. Sie (?) Bratwürstchen und Fleisch. Später (?) wir uns ins Klassenzimmer. Nun (?) das Lesen angesagt. Jeder (?) in seiner mitgebrachten Lektüre. Bald schon (?) aber auch die Bücher ausgetauscht. Die Letzten (?) erst um vier Uhr früh ein. Zum Frühstück (?) es dann frische Brötchen, Müsli und mehrere Getränke.

Lösungskarte Station 11

☺

Unsere Lesenacht
Gegen 5 Uhr abends **kamen** die Kinder in die Schule. Sie **brachten** Schlafsäcke, Isomatten und vor allem genügend Lesestoff mit. Für das Essen **sorgten** die Eltern. Sie **grillten** Bratwürstchen und Fleisch. Später **verzogen** wir uns ins Klassenzimmer. Nun **war** das Lesen angesagt. Jeder **las** in seiner mitgebrachten Lektüre. Bald schon **wurden** aber auch die Bücher ausgetauscht. Die Letzten **schliefen** erst um vier Uhr früh ein. Zum Frühstück **gab** es dann frische Brötchen, Müsli und mehrere Getränke.

✂ hier falzen

Station 12

Adjektive in einen Text einsetzen

Schreibe den Text ab und ergänze die passenden Adjektive: einrollbar, perfekt, kräftig, fest, schönsten, schwarz, stark, gefährlich, ungenießbar, gut.

Das Chamäleon – ein Meister der Tarnung
Kaum ein anderes Tier auf der Welt ist so (1) an seine Umwelt angepasst, wie das Chamäleon. Seine (2) Zehen greifen (3) wie Zangen. Sein (4) Wickelschwanz ist (5) genug, um das Tier im Geäst der Bäume und Sträucher zu halten. Wenn es sich (6) fühlt, leuchtet das Chamäleon in den (7) Farben seiner Umgebung. Fühlt es sich von einem Feind bedroht, so wird es (8) um damit anzuzeigen, dass es (9) ist. Mit seinem aufgesperrten Maul zeigt es auch an, dass es selbst ein (10) Gegner sein kann.

Lösungskarte Station 12

☺

(1) perfekt (2) kräftigen (3) fest (4) einrollbarer
(5) stark (6) gut (7) schönsten (8) schwarz
(9) ungenießbar (10) gefährlicher

Bei manchen Adjektiven wirst du zu einer anderen, auch richtigen Lösung gekommen sein: z. B. lassen sich (2), (3) und (5) austauschen, ohne den Sinn zu verändern.

Übungszirkel *Wortarten*

Copy 73 g
Mit eigenen Worten 5

Station 13
Lösungskarte

1 tot, rund, dreieckig, englisch

2

Positiv	Komparativ	Superlativ
(so) fest (wie)	fester (als)	am festesten
(so) gut (wie)	besser (als)	am besten
(so) nahe (wie)	näher (als)	am nächsten
(so) schnell (wie)	schneller (als)	am schnellsten
(so) hart (wie)	härter (als)	am härtesten
(so) süß (wie)	süßer (als)	am süßesten

Station 13

Adjektive steigern

☺

Adjektive kann man steigern – aber nicht alle!

fest	rund
gut	hart
tot	dreieckig
nahe	süß
schnell	englisch

1 Welche der oben stehenden Adjektive lassen sich nicht steigern?

2 Steigert die anderen Adjektive. Legt euch dazu folgende Tabelle an:

Positiv	Komparativ	Superlativ
(so) fest (wie)	fester (als)	am festesten

Station 14

Pronomen in einen Text einsetzen

☺

Am Ende **seines** langen Arbeitstages geht ein Arbeiter müde nach Hause. **Er** schiebt eine Schubkarre, über die **er** ein Tuch gebreitet hat. Natürlich fragt **ihn** die Torwache: „Führst **du** etwas mit, was **dir** nicht gehört?" Er schüttelt den Kopf. Misstrauisch heben die Wächter das Tuch hoch, doch es ist nichts darunter. Also winken **sie** den Mann durch. So geht das auch am zweiten und am dritten Tag. Am vierten Tag sprechen **sie** deshalb den Mann noch einmal an: „Alle Leute versuchen hier etwas zu stehlen. **Du** musst doch auch etwas mitnehmen!"
Da nickt der Arbeiter: „Schubkarren!"

Station 14
Lösungskarte

Ersetze die Klammerausdrücke durch Pronomen und schreibe den Text ab.

Am Ende (des Arbeiters = seines) langen Arbeitstages geht ein Arbeiter müde nach Hause. (Der Arbeiter = Er) schiebt eine Schubkarre, über die (der Arbeiter) ein Tuch gebreitet hat. Natürlich fragt (den Arbeiter) die Torwache: „Führst (der Arbeiter) etwas mit, was (dem Arbeiter) nicht gehört?" (Der Arbeiter) schüttelt den Kopf. Misstrauisch heben die Wächter das Tuch hoch, doch es ist nichts darunter. Also winken (die Wächter) den Mann durch. So geht das auch am zweiten und am dritten Tag. Am vierten Tag sprechen (die Torwächter) deshalb den Mann noch einmal an: „Alle Leute versuchen hier etwas zu stehlen. (Der Arbeiter) musst doch auch etwas mitnehmen!" Da nickt der Arbeiter: „Schubkarren!"

Copy 73 h
Mit eigenen Worten 5

Übungszirkel *Wortarten*

Station 15

Lösungskarte

Pronomen (*mir* oder *mich/dir* oder *dich*)

☺

1. Gibst du **mir** mal das Lineal?
2. Ich verspreche **dir**, dass ich es **dir** auch gleich wieder zurückgebe.
3. Ich glaube, Jens mag **dich**.
4. Du, ich sah **dich** gestern im Zoo.
5. Kann ich **dir** helfen?
6. **Mir** ist schlecht. Bringt **mich** jemand nach Hause?
7. Das Buch gehört **mir**.
8. Leihst du **mir** mal 'nen Euro? Ich möchte **mir** 'ne Cola kaufen.
9. Jetzt ist Schluss, ich lasse **dich** in Ruhe.

Station 15

Setze die richtigen Pronomen ein.

1. Gibst du (?) mal das Lineal?
2. Ich verspreche (?), dass ich es (?) auch gleich wieder zurückgebe.
3. Ich glaube, Jens mag (?).
4. Du, ich sah (?) gestern im Zoo.
5. Kann ich (?) helfen?
6. (?) ist schlecht. Bringt (?) jemand nach Hause?
7. Das Buch gehört (?).
8. Leihst du (?) mal 'nen Euro? Ich möchte (?) 'ne Cola kaufen.
9. Jetzt ist Schluss, ich lasse (?) in Ruhe.

↑ hier falzen

Station 16

Lösungskarte

Pronomen in Sätze einsetzen

☺

1. Michael schenkt **ihr** Blumen.
2. Der Tourist fragt **ihn** nach dem Weg.
3. Der Parkwächter zeigt **ihm** eine Abkürzung.
4. Susanne hört **ihr** gut zu.
5. Deswegen lobt die Lehrerin **sie**.
6. Rotkäppchen begegnet **ihm**, als sie Blumen pflückt.
7. Später überrascht sie **ihn** bei ihrer kranken Großmutter.
8. Er kann **ihr** keine Märchen erzählen, denn sie erkennt ihn.

Station 16

Ersetze die Unterstreichungen durch Pronomen.

1. Michael schenkt <u>Carola</u> Blumen.
2. Der Tourist fragt <u>den Parkwächter</u> nach dem Weg.
3. Der Parkwächter zeigt <u>dem Touristen</u> eine Abkürzung.
4. Susanne hört <u>der Lehrerin</u> gut zu.
5. Deswegen lobt die Lehrerin <u>Susanne</u>.
6. Rotkäppchen begegnet <u>dem Wolf</u>, als sie Blumen pflückt.
7. Später überrascht sie <u>den Wolf</u> bei ihrer kranken Großmutter.
8. Er kann <u>Rotkäppchen</u> keine Märchen erzählen, denn sie erkennt <u>den Wolf</u>.

Copy 74 a
Mit eigenen Worten 5

Übungszirkel *Satzglieder*

Station 1

Sätze bilden/Satzglieder austauschen

☺

Station 1

Lösungskarte

1 Jedes Bild stellt ein Satzglied dar.
Baue aus vier Bildern einen Satz und schreibe ihn in dein Heft.

2 Ersetze das erste Bild durch ein anderes.
Wie heißt der Satz jetzt?
Schreibe ihn unter den ersten Satz.

3 Ersetze von dem neuen Satz das 2. Bild und schreibe ihn ebenfalls auf.

4 Wiederhole dies noch einmal mit dem 3. und 4. Bild.
Vergleiche den ersten Satz mit dem letzten Satz.

So könnten Lösungssätze aussehen:
(Deine Sätze dürfen witzig sein!)

Otto singt um 9 Uhr (oder vormittags) unter der Dusche.
Clara singt um 9 Uhr unter der Dusche.
Clara liest um 9 Uhr unter der Dusche.
Clara liest mittags unter der Dusche.
Clara liest mittags im Auto.

✂

Wer	macht was	wann	wo?

(Bildkarten vergrößern, ausschneiden und folieren.)

Copy 74 b
Mit eigenen Worten 5

Übungszirkel *Satzglieder*

Station 2

Satzglieder bestimmen

1 Sortiere die Wortkarten aus, auf denen fett gedruckte Wörter stehen.
2 Lege die übrigen Wortkarten so, dass vier Sätze entstehen.
3 Ermittle durch Umstellproben die Satzglieder der Sätze.
4 Lege die Karte mit dem Begriff *Subjekt* (Satzgegenstand) auf den Tisch. Ordne zu dieser Karte aus allen Sätzen die Subjekte zu und schreibe sie auf: *Subjekt: Der Junge; …*
5 Genauso verfährst du mit den restlichen Satzgliedern.

Lösungskarte

Station 2

2 Mögliche Lösungen:
Das Kind bringt dem Lehrer das Buch.
Der Junge putzt der Oma das Auto.
Die Mutter erzählt dem Vater das Geheimnis.
Der Freund schenkt der Schwester ein Bild.

4/5 Subjekt: Das Kind, Der Junge, Die Mutter, Der Freund
Prädikat: bringt, putzt, erzählt, schenkt
Dativobjekt: dem Lehrer, der Oma, dem Vater, der Schwester
Akkusativobjekt: das Buch, das Auto, das Geheimnis, ein Bild

Subjekt (Satzgegenstand)			
Das Kind	Der Junge		Die Mutter
		Der Freund	

Prädikat (Satzaussage)			
bringt	putzt	erzählt	schenkt

Dativobjekt			
dem Lehrer	der Oma		dem Vater
		der Schwester	

Akkusativobjekt			
das Buch	das Auto	das Geheimnis	ein Bild

Übungszirkel *Satzglieder*

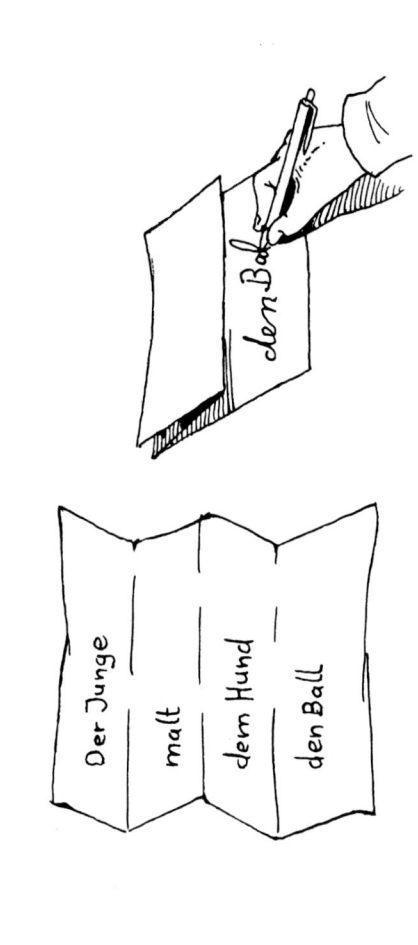

Copy 74 c
Mit eigenen Worten 5

Station 3

Lösungskarte

☺ ☺ ☺

Satzgliederspiel

Station 3

Jeder nimmt sich einen kleinen Zettel (ca. eine viertel DIN-A4-Seite) und schreibt ein Subjekt mit Artikel (im Singular) auf, ohne dass es ein Nachbar sehen kann. Nun knickt er den Zettel einmal um und gibt ihn weiter.
Der Nächste schreibt ein Prädikat dazu.
Wieder werden alle Zettel weitergegeben.
Dann folgt ein Dativobjekt und anschließend ein Akkusativobjekt.
Nach dem letzten Weitergeben wird der Zettel aufgefaltet und vorgelesen.
Benutze z. B. folgende Prädikate: *schenkt, gibt, leiht, erzählt, malt, holt, schickt …*

Beispiel (aufgefalteter Zettel):
Der Junge | malt | dem Hund | den Ball

↑ hier falzen

Station 4

Lösungskarte

☺

Prädikate herausfinden

Station 4

Suche im Text die Prädikate und schreibe sie in dein Heft.
Denke daran, dass ein Prädikat aus zwei Teilen bestehen kann.

Hefeteig auf Wanderschaft
DÜREN Das Eigenleben eines Hefeteigs hat die Dürener Polizei auf Trab gebracht. Der Teig „ging" in einem Verbrauchermarkt buchstäblich auf Wanderschaft und löste dort einen Einbruchsalarm aus. Die Polizei umstellte das Gebäude, fand den „Bösewicht" aber erst nach längerer Suche: Der auf einem Rollwagen liegende und in einen Sack verpackte Teig war aufgegangen und auf eine Türklinke „gesprungen".
Die Tür öffnete sich und löste den Alarm aus.

Hefeteig auf Wanderschaft
DÜREN Das Eigenleben eines Hefeteigs <u>hat</u> die Dürener Polizei auf Trab <u>gebracht</u>. Der Teig „<u>ging</u>" in einem Verbrauchermarkt buchstäblich auf Wanderschaft und <u>löste</u> dort einen Einbruchsalarm <u>aus</u>. Die Polizei <u>umstellte</u> das Gebäude, <u>fand</u> den „Bösewicht" aber erst nach längerer Suche: Der auf einem Rollwagen liegende und in einen Sack verpackte Teig war aufgegangen und auf eine Türklinke „gesprungen".
Die Tür <u>öffnete sich</u> und <u>löste</u> den Alarm <u>aus</u>.

Copy 74 d
Mit eigenen Worten 5

Übungszirkel *Satzglieder*

Station 5

Satzglieder erkennen und auszählen 😊

1. Der freundliche Rektor begrüßt zu Beginn des Schuljahres alle Schülerinnen und Schüler der Schule in der hellen Aula.
2. Danach spielt die Orff-Gruppe der 6. Klasse ein fröhliches Musikstück auf der Bühne der Aula.
3. Nach dem Musikstück genießen die interessierten Zuschauer ein lustiges Schauspiel der Theatergruppe.

1 Schreibe die drei Sätze ab.
2 Trenne durch Schrägstriche in jedem Satz die Satzglieder voneinander. Wende im Zweifelsfall die Umstellprobe an.
3 Stelle in jedem Satz die Anzahl der Satzglieder fest.

Lösungskarte — Station 5

1. Der freundliche Direktor / begrüßt / zu Beginn des Schuljahres / alle Schülerinnen und Schüler der Schule / in der hellen Aula.
   (5 Satzglieder)
2. Danach / spielt / die Orff-Gruppe der 6. Klasse / ein fröhliches Musikstück / auf der Bühne der Aula.
   (5 Satzglieder)
3. Nach dem Musikstück / genießen / die interessierten Zuschauer / ein lustiges Schauspiel der Theatergruppe.
   (4 Satzglieder)

Station 6

Satzglieder umstellen 😊

Im Zirkus
Der beliebte Zirkusdirektor begrüßt zu Beginn der Vorstellung das gespannte Publikum aus der Manege.
Die Musikkapelle spielt danach einen lauten Tusch vom Balkon.
Das kleine Mädchen führt nach dem Musikstück die weißen Pferde herein.
Der lustige Clown bläst zwischendurch große Seifenblasen in die Luft.
Der mutige Dompteur treibt zum Schluss seiner Vorführung den fauchenden Tiger in die Ecke.

Wenn in einem Text die Sätze immer mit dem Subjekt anfangen, wirkt der Text eintönig.
Schreibe den Text ab und stelle in einigen Sätzen die Satzglieder um.

Lösungskarte — Station 6

Keine Musterlösung möglich!

↑ hier falzen

Übungszirkel *Satzglieder*

Copy 74 e
Mit eigenen Worten 5

Station 7
Lösungskarte

Wenn du unsicher bist, frage deine Lehrerin oder deinen Lehrer.

Station 8
Lösungskarte

Hast du die Aufgaben richtig bearbeitet?
Vergleiche deine Ergebnisse mit den Lösungen auf der Rückseite des Aufgabenzettels.

↑ hier falzen

Station 7
Aufgabe für Mitschüler entwickeln ☺

1. Überlege für die Station 8 einen Satz, der Subjekt, Prädikat und ein oder zwei Objekte enthält. Benutze eines der folgende Verben: *rufen, schenken, malen, schreiben, fressen, bringen, stehlen*.
2. Schreibe deinen Satz gut lesbar auf ein halbes DIN-A4-Blatt.
3. Gib an, was deine Mitschülerinnen und Mitschüler machen sollen, z.B. Satzglieder umkreisen, Anzahl der Satzglieder feststellen, bestimmte Satzglieder benennen oder die Satzglieder im Satz umstellen.
4. Schreibe auf die Rückseite des Zettels die richtige Lösung.
5. Lege deinen Zettel zur Station 8.

Station 8
Von Mitschülern entwickelte Aufgaben lösen ☺

Wähle drei Zettel aus und bearbeite die Aufgaben.

Copy 75 a
Mit eigenen Worten 5 — Übungsvorschläge für Rechtschreibstationen (siehe Erläuterungen auf S. 32 in diesem Band)

Station 1 — Mit Wörtern spielen

- Silbenrätsel entschlüsseln
- Wörter aus einem „Buchstabensalat" herausfinden
- Lückenwörter ergänzen
- Purzelwörter ordnen
- Wörter in Geheimschrift erkennen
- Wörter im Wortrahmen erkennen
- Wörter in einer Wörterschlange (Wörterschnecke) entdecken
- Unsinnsätze oder verwürfelte Sätze richtig stellen

Station 2 — Wörter in verschiedenen Formen aufschreiben

- Nomen im Singular und Plural aufschreiben
- zu Nomen zusammengesetzte Nomen finden
- Verben in verschiedenen Personalformen aufschreiben
- Verben in verschiedenen Zeiten aufschreiben
- gebeugte Verben im Infinitiv aufschreiben

Station 3 — Wörter in Alltagstexten auffinden

- Zeitungstexte
- Zeitschriftentexte
- Sachtexte in Schulbüchern
- Nachschriftentexte
- Texte aus Kinder- und Jugendsachbüchern

Station 4 — Wörter selbstständig nachschlagen

- die Bedeutung eines nicht verstandenen Wortes nachschlagen
- Wörter zu einem bestimmten Rechtschreibfall aus dem Wörterbuch ergänzen
- Wörter in Sätzen verwenden

Station 5 — Wortfamilien zusammenstellen

- Wortfamilien aus dem Wörterbuch zusammenstellen
- Wortfamilien aus verschiedenen Wörtern herausfiltern
- Wörter aus verschiedenen Wortfamilien einer bestimmten Familie zuordnen

Station 6 — Wörter und Wortbausteine zusammensetzen

- Verben und Nomen durch Vorsilben verändern
- Verben und Nomen durch Nachsilben verändern
- zusammengesetzte Nomen bilden

Station 7 — Mit Lernspielen üben

- Spielplan
- Domino
- Memory
- Bingo
- Wörtersuchspiel
- Wörter versenken

Station 8 — Aufgabe für Mitschüler entwickeln

- Es können Aufgaben aus allen Bereichen gestellt werden.
- Karteikarten oder Zettelkasten bereitstellen
- Lösungen auf der Rückseite der Karten nicht vergessen!
- Aufgaben zu Station 9 legen.

Übungsvorschläge für Rechtschreibstationen

Copy 75 b
Mit eigenen Worten 5

Station 9 — Von Mitschülern entwickelte Aufgabe lösen

Eine der Aufgaben, die von den Schülerinnen und Schülern erstellt wurden, wird gelöst.

Station 10 — Wörter und Texte diktieren

- Schülerinnen und Schüler diktieren sich in Partnerarbeit Wörter, Sätze und Texte.
- Der Diktierende achtet darauf, dass der Schreibende keine Fehler macht.

Station 11 — Wörter gliedern, sprechen, hören

- Schülerinnen / Schüler sprechen Wörter deutlich.
- Schülerinnen / Schüler sprechen die Wörter in Sprechsilben.

Station 12 — Rätsel entschlüsseln, Reime schmieden

- Kreuzworträtsel
- Silbenrätsel
- Bilderrätsel
- Rätselfragen zum Text
- mit Reimwörtern Sätze oder kleine Texte schreiben

Station 13 — Regeln erkennen

- Regeln aus Wörtern mit bestimmtem Rechtschreibfall ableiten (kurze Vokale: Konsonantenverdopplung – lange Vokale: Dehnungszeichen)
- gleiche Schreibweise durch Wortverwandtschaften erkennen (*fahren, Fahrt, Gefahr, gefährlich* …)

Station 14 — Regeln anwenden

- Komma bei Aufzählungen einsetzen
- Zeichen der wörtlichen Rede einsetzen
- Satzschlusszeichen in den verschiedenen Satzarten einsetzen
- Großschreibung der Nomen aus kleingeschriebenen Texten herausfinden (Artikelprobe, Endungen …)
- Adjektive aus großgeschriebenen Texten herausfinden

Copy 76 a
Mit eigenen Worten 5

Wie lernt man mit dem Übungszirkel? S. 170–171

Übungszirkel „Diktat vorbereiten"

Hinweise: Der Text *Künstliche Wellen* muss an jeder Station ausliegen.

Künstliche Wellen
„So ein blödes Regenwetter! Ich hatte mich schon auf das Schwimmbad gefreut."
Peter schimpft vor sich hin, während alle beim Essen sitzen. „Macht nichts!",
tröstet Julia. Sie erzählt von einem modernen Hallenbad, das in der nahen Stadt
eröffnet wurde. Schnell ist allen klar, dass sie mit dem Omnibus zum neuen Bad
fahren. Es erwartet sie eine großartige Schwimmanlage. Sofort fällt ihnen die
lange, gewundene Rutsche auf. Alle Einrichtungen verlocken zu ausgelassenem
Spiel und Spaß im Wasser. Die Spannung steigt zu Beginn jeder vollen Stunde.
In einem Wasserbecken werden künstliche Wellen erzeugt, in denen man sich
wie im Meer fühlt.

Station 1

Zu welchen Wörtern im Text gehören diese Wortruinen?
Schreibe sie auf:

a) -ette-   d) -öff-   g) -ünst-
b) -mpf-   e) -tsch-   h) -üh-
c) -ähl-   f) -beck-

Station 1
Lösungskarte

a) Regenwetter   d) eröffnet   g) künstliche
b) schimpft   e) Rutsche   h) fühlt
c) erzählt   f) Wasserbecken

Copy 76 b
Mit eigenen Worten 5

Wie lernt man mit dem Übungszirkel? S. 170–171

Station 2
Lösungskarte ☺

die Einrichtungen – das Hallenbad – das Schwimmbad – die Rutsche – der Omnibus – die Schwimmanlage – das Regenwetter – das Wasserbecken

---

Station 2

Wie heißen die acht Nomen in der Schlange? Schreibe sie mit Artikel auf.

EINRICHTUNGENHALLEN
SCHEOMNISBUSSCHWIMM
BADSCHWIMMBADRUT
SCHEOMNISBUSSCHWIMM
ANLAGEREGENWETTERWAS
SERBECKEN

Station 3
Lösungskarte ☺

Regenwetter – hatte – Schwimmbad – alle – Essen – (sitzen) – Hallenbad – eröffnet – schnell – allen – dass – Schwimmanlage – fällt – (verlocken) – ausgelassenem – Wasser – Spannung – Beginn – vollen – (Wasserbecken) – Wellen

---

Station 3

Suche alle Wörter mit einem verdoppelten Konsonanten (Mitlaut) heraus. Schreibe sie auf. Unterstreiche den vorausgehenden Vokal und den doppelten Konsonanten.

↑ hier falzen

Copy 76 c
Mit eigenen Worten 5

Wie lernt man mit dem Übungszirkel? S. 170–171

Station 4

Welches Stichwort steht im Wörterbuch vor dem Kastenwort und welches danach?

?	steigen	?
?	während	?
?	Meer	?
?	erzählen	?
?	verlockend	?
?	nah	?

☺

Station 4 — Lösungskarte

Lösungen je nach Wörterbuch.

Station 5

Welche Wörter gehören zur gleichen Wortfamilie? Schreibe sie jeweils in eine Zeile.

sitzen – fahren – Besitz – Kunst – Nähe – künstlich – Fahrt – Spaß – nah – Gesetz – Fähre – spaßig

☺☺

Station 5 — Lösungskarte

sitzen – Besitz – Gesetz
fahren – Fahrt – Fähre
Kunst – künstlich
Nähe – nah
Spaß – spaßig

↑ hier falzen

Copy 76 d
Mit eigenen Worten 5

Wie lernt man mit dem Übungszirkel? S. 170–171

Station 6

Im-Kopf-Domino: Welche Wörterteile gehören zusammen.
Schreibe die Wörter auf.

Start	wäh-	-ginn	er-
-fen	Span-	-rend	Omni-
-bus	füh-	-nung	**Ziel**
-len	schimp-	-tet	fal-
-zeugt	trös-	-len	Be-

Station 6 — Lösungskarte

während – Omnibus – fühlen – Beginn – erzeugt – tröstet – fallen – schimpfen – Spannung

☺

Station 7

Erkennst du die Sätze wieder?
Schreibe die Originalsätze aus dem Text auf.

1. Er schimpft beim Essen.
2. Vor jeder Stunde wird es spannend.
3. Es wurde ein Bad eröffnet.
4. Die Einrichtungen sind prima.

Station 7 — Lösungskarte

1. Peter schimpft vor sich hin, während alle beim Essen sitzen.
2. Die Spannung steigt zu Beginn jeder vollen Stunde.
3. Sie erzählt von einem modernen Hallenbad, das in der nahen Stadt eröffnet wurde.
4. Alle Einrichtungen verlocken zu ausgelassenem Spiel und Spaß im Wasser.

☺

↑ hier falzen

Copy 76 e
Mit eigenen Worten 5

Wie lernt man mit dem Übungszirkel? S. 170–171

Station 8

Lösungskarte

1. ein blödes Regenwetter
2. die lange, gewundene Rutsche
3. zum neuen Bad
4. von einem modernen Hallenbad
5. eine großartige Schwimmanlage

Station 8

Wie heißen die folgenden Wortgruppen im Text?
Achtet beim Aufschreiben auf die Groß- und Kleinschreibung.

1. e...? bl...? Re......?
2. d...? la...? ge......? Ru...?
3. z...? ne...? B.?
4. v...? e...? mo...? Ha......?
5. e.? gr......? Sch......?

☺

Station 9

Lösungskarte

Keine Musterlösung möglich.

Station 9

Übt diesen Text im Partnerdiktat.
(Anleitung: Sprachbuch *Mit eigenen Worten 5*, Seite 212)

☺

↑ hier falzen

Copy 77 a
Mit eigenen Worten 5

Übungszirkel *Schreibung nach kurz gesprochenem Vokal*, S. 173–174

Station 1

Lösungskarte

Mit Wörtern spielen ☺

1. Jammer
2. kaputt
3. doppelt
4. Pille
5. innen
6. Pfanne
7. kommen
8. pressen
9. Kartoffel

Station 1

Geheimschrift: Für jeden Buchstaben steht eine bestimmte Ziffer.

A B C D E F G H I J K L M
1 2 3 4 5 6 7 8 9 10 11 12 13

N O P Q R S T U V W X Y Z
14 15 16 17 18 19 20 21 22 23 24 25 26

Welche Wörter kannst du entschlüsseln? Schreibe die Wörter auf.
Achtung: Wenn die erste Ziffer unterstrichen ist, musst du mit einem Großbuchstaben anfangen.

1. 10-1-13-13-5-18
2. 11-1-16-21-20-20
3. 4-15-16-16-5-12-20
4. 16-9-12-12-5
5. 9-14-14-5-14
6. 16-6-1-14-14-5
7. 11-15-13-13-5-14
8. 16-18-5-19-19-5-14
9. 11-1-18-20-15-6-6-5-12

↑ hier falzen

Station 2

Lösungskarte

Wörter in verschiedenen Formen aufschreiben ☺

1. er aß – essen
2. du bekamst – bekommen
3. sie ließ – lassen
4. du musstest – müssen
5. er schuf – schaffen
6. ich bat – bitten
7. sie fraßen – fressen
8. sie maß – messen
9. wir kamen – kommen
10. ihr traft – treffen

Station 2

Suche zu den folgenden Verben den Infinitiv und schreibe ihn auf. Kennzeichne den kurz gesprochenen Vokal mit einem Punkt und den lang gesprochenen Vokal mit einem Strich: er a̱ß – ė̇ssen.

1. er aß
2. du bekamst
3. sie ließ
4. du musstest
5. er schuf
6. ich bat
7. sie fraßen
8. sie maß
9. wir kamen
10. ihr traft

Copy 77 b
Mit eigenen Worten 5

Übungszirkel *Schreibung nach kurz gesprochenem Vokal*, S. 173–174

Station 3

Wörter in Alltagstexten auffinden

Setze in die Bauernregeln die unten stehenden Wörter mit kurz gesprochenem Konsonanten ein:

1. ? im Januar übers Feld, so ? später große Kält'.
2. Der März ? wie ein Wolf ? und wie ein ? gehen.
3. Des Maien ? hat für den Winter noch eine ? .
4. ? es viel im August, du ? Winter erwarten ? .

soll, kommen, donnert's, Lamm, Mitte, gewittert, nassen, Hütte, kommt, musst

Station 3 — Lösungskarte

1. **Donnert's** im Januar übers Feld, so **kommt** später große Kält'.
2. Der März **soll** wie ein Wolf **kommen** und wie ein **Lamm** gehen.
3. Des Maien **Mitte** hat für den Winter noch eine **Hütte**.
4. **Gewittert** es viel im August, du **nassen** Winter erwarten **musst**.

☺

↑ hier falzen

Station 4

Wörter selbstständig nachschlagen

Suche zu den folgenden Wortanfängen aus dem Wörterbuch Wörter heraus, die mit einem Doppelkonsonanten geschrieben werden.

1. bi...g
2. Scha..
3. fa..en
4. Schme..er....
5. Li...

6. i..er
7. mü.....
8. verbi..en
9. Pfi..
10. Pale...e

Station 4 — Lösungskarte

z.B.:
1. billig
2. Schall
3. fallen
4. Schmetterling
5. Lippe

6. immer
7. müssen
8. verbissen
9. Pfiff
10. Palette

☺

Copy 77 c
Mit eigenen Worten 5

Übungszirkel *Schreibung nach kurz gesprochenem Vokal*, S. 173–174

Station 5 — Wortfamilien zusammenstellen

Von vier verschiedenen Wortfamilien sind die Wörter durcheinandergeraten. Ordne sie nach Wortfamilien und schreibe sie in eine Tabelle. Findest du noch weitere Wörter?

er lässt, brennen, unfassbar, der Abfall, lassen, beifällig, fassen, brennbar, die Fassung, verlässlich, der Brenner, das Fass, fallen, der Nachlass, der Brand, die Falltür, überlassen.

Wortfamilie lassen	Wortfamilie	Wortfamilie	Wortfamilie

Station 5 — Lösungskarte ☺

Wortfamilie lassen	Wortfamilie brennen	Wortfamilie fallen	Wortfamilie fassen
er lässt	brennbar	der Abfall	unfassbar
verlässlich	der Brenner	beifällig	das Fass
der Nachlass	der Brand	die Falltür	die Fassung
überlassen			

Station 6 — Wörter und Wortbausteine zusammensetzen

Bilde aus den zehn Nomen mit doppeltem Konsonanten möglichst viele Zusammensetzungen und schreibe sie auf:
z. B. *Schlüsselbund, Autoschlüssel*.

Kummer, Pfeffer, Bagger, Schlüssel, Schrubber, Zettel, Rolle, Brett, Wette, Nummer

Station 6 — Lösungskarte ☺

z. B.:
Kummerkasten, Kummerzettel, Pfeffermühle, Pfefferkorn, Baggerfahrer, Spielzeugbagger, Schlüsselbund, Autoschlüssel, Schrubberhaken, Schrubberstiel, Notizzettel, Zettelbrett, Gummirolle, Rollenspiel, Brettspiel, Plastikbrett, Wetteinsatz, Glückswette, Nummernsuppe, Eisennummer …

↑ hier falzen

Copy 77 d
Mit eigenen Worten 5

Übungszirkel *Schreibung nach kurz gesprochenem Vokal*, S. 173–174

Station 7
Mit Lernspielen üben ☺

Bilde einen „Wortkamm". Schreibe dazu in Großbuchstaben die Bezeichnung für den abgebildeten Gegenstand auf einen Zettel. Jeder Buchstabe dieses Wortes ist nun der Anfang für ein weiteres Wort mit einem doppelten Konsonanten. Schreibe diese auf. Verwende das Wörterbuch.

		N			
	L	N	F		
T		F	T	F	
T	L	F	T	F	
			T		

Station 7 — Lösungskarte

B	R	I	L	L	E		
B	I	N					
E	L	F					
T	L	F	T	E			
		T	L	E	F	T	
				T	E	E	K
					E	L	
					R		

Station 8
Aufgabe für Mitschüler entwickeln ☺ ☺

Überlege dir eine Aufgabe für deine Mitschülerinnen / Mitschüler. Benutze dazu Wörter aus den Wörterlisten auf Seite 173 in deinem Sprachbuch. Vorschläge für Aufgaben:

– Gliedere die Übungswörter in Silben und entwickle ein kleines Silbenrätsel.
– Lasse zu Verben Nomen der gleichen Wortfamilie finden: *hoffen – die Hoffnung*.
– Suche Wörter aus, zu denen deine Mitschüler gut Reimwörter bilden können.

Vergiss nicht auf der Rückseite deines Aufgabenzettels die richtigen Lösungen zu schreiben. Lege deine Aufgabenzettel zu Station 9.

Station 8 — Lösungskarte

Keine Musterlösung möglich!

↑ hier falzen

Übungszirkel *Schreibung nach kurz gesprochenem Vokal*, S. 173–174

Copy 77 e
Mit eigenen Worten 5

Station 9 — Von Mitschülern entwickelte Aufgabe lösen

☺

Bearbeite eine von deinen Mitschülerinnen und Mitschülern gestellte Aufgabe.
Vergleiche dein Ergebnis mit der Lösung auf der Rückseite der Aufgabenzettel.

Station 9 — Lösungskarte

Keine Musterlösung möglich!

Station 10 — Wörter diktieren

☺☺

1 Setze die folgenden Wörter zu einem Nomen zusammen: *Schwimmmeister*. Achte beim Aufschreiben darauf, dass jetzt drei gleiche Konsonanten aufeinanderfolgen.

2 Diktiere diese Wörter deinem Nachbarn/deiner Nachbarin. Mache deinen Partner/deine Partnerin beim Schreiben sofort auf Fehler aufmerksam.

1. schwimmen – Meister
2. Gewinn – Nummer
3. brennen – Nessel
4. Griff – fest
5. Geröll – Lawine
6. Schnell – Läufer

Station 10 — Lösungskarte

1. Schwimmmeister
2. Gewinnnummer
3. Brennnessel
4. grifffest
5. Gerölllawine
6. Schnellläufer

↑ hier falzen

Copy 77 f
Mit eigenen Worten 5

Übungszirkel *Schreibung nach kurz gesprochenem Vokal*, S. 173–174

Station 11

Sprich die folgenden Wörter deutlich aus. Entscheide dich, ob sie mit einfachem oder mit doppeltem Konsonanten geschrieben werden. Schreibe sie auf. Unterstreiche den doppelten Konsonanten.

t oder tt?
1. Ri?er
2. Me?er
3. Ru?e
4. We?er

l oder ll?
5. Scha?e
6. Fü?er
7. ste?en
8. ho?en

p oder pp?
9. Gru?e
10. kla?ern
11. Hu?e
12. La?en

Lösungskarte Station 11

Wörter gliedern, sprechen, hören ☺

1. Ritter
2. Meter
3. Rute
4. Wetter
5. Schale
6. Füller
7. stellen
8. holen
9. Gruppe
10. klappern
11. Hupe
12. Lappen

↑ hier falzen

Station 12

Trenne die Unsinnwörter und füge die Anfangssilben mit den richtigen Endsilben zusammen: *Schlosser*.

1. Schlospe
2. Roble
3. Bagding
4. Ebber
5. Gripser
6. Bulre
7. Quelbe
8. Schrubbe
9. Pudger
10. Sperle

Lösungskarte Station 12

Rätsel entschlüsseln ☺

1. Schlosser
2. Robbe
3. Bagger
4. Ebbe
5. Grippe
6. Bulle
7. Quelle
8. Schrubber
9. Pudding
10. Sperre

Copy 78 a
Mit eigenen Worten 5

Übungszirkel *Schreibung von s-Lauten*, S. 181–186

Station 1 — Mit Wörtern spielen

Suche die acht Wörter mit ss heraus und schreibe sie auf.

S	U	A	D	R	E	S	S	E
A	S	C	H	Ü	S	S	E	L
B	E	R	A	S	S	E	R	A
E	B	E	S	S	E	S	S	E
V	E	R	G	E	S	S	E	N
S	C	H	U	L	U	S	L	S

Station 1 — Lösungskarte

Adresse, Schüssel, Rasse, besser, vergessen, essen, Rüssel, Sessel

☺

Station 2 — Wörter in verschiedenen Formen aufschreiben

Schlage die Wörterliste in deinem Sprachbuch auf S. 149 auf.
Schreibe alle Nomen mit Artikel im Singular und im Plural auf.
Schreibe so: *die Klasse – die Klassen.*

Station 2 — Lösungskarte

die Klasse – die Klassen
die Masse – die Massen
die Tasse – die Tassen
die Gasse – die Gassen
das Messer – die Messer
das Kissen – die Kissen
der Sessel – die Sessel
der Fluss – die Flüsse
der Schlüssel – die Schlüssel
die Schüssel – die Schüsseln
die Nessel – die Nesseln
der Rüssel – die Rüssel
der Kessel – die Kessel
die Adresse – die Adressen
der Riss – die Risse
der Biss – die Bisse
das Fass – die Fässer
die Nuss – die Nüsse
der Kuss – die Küsse

Hass und *Gewissen* haben keine Pluralform.

☺

↑ hier falzen

Copy 78 b
Mit eigenen Worten 5 — Übungszirkel *Schreibung von s-Lauten*, S. 181–186

Station 3

Suche alle Wörter mit ss heraus und schreibe sie auf.

Klasse 5 c zu Besuch im Zirkus

Unsere Klasse 5 c war geschlossen der Einladung einer Klassenkameradin, die als Artistin beim Zirkus „Barberino" auftritt, gefolgt. Mit größter Ungeduld erwarteten wir die Zirkusprinzessin Doreen, die während der Spielzeit des Zirkus Gast in unserer Klasse war. Endlich erschien sie auf einem dressierten Elefanten. Anmutig lächelnd zeigte sie ihre Kunststücke. Besser konnte man es nicht machen! Mit einer gewissen Spannung erwarteten alle die „Messerwurfnummer": Hier war Doreen mit verbundenen Augen an einer rotierenden Scheibe festgeschnallt und ihr Vater ließ einige Messer haarscharf an ihr vorbei in das Holz sausen. Jetzt konnten wir ermessen, welch umfassendes Übungsprogramm Doreen neben den Schularbeiten zu bewältigen hatte. „Den Tag werde ich nicht so schnell vergessen", konnte man im Gedränge beim Verlassen des Zeltes von Zuschauern hören. (Nils, Susanna, Anja, für die Klasse 5 c)

Lösungskarte

Station 3
Wörter in Alltagstexten auffinden ☺

Klasse	Messerwurfnummer
Klasse	Messer
geschlossen	Kusshändchen
Klassenkameradin	Kulissen
Zirkusprinzessin	ermessen
Klasse	umfassendes
dressierten	vergessen
besser	verlassen
gewissen	

↑ hier falzen

Station 4

Welche der folgenden Wörter musst du mit ss schreiben?
Lösungshilfe: Wenn der vorausgehende Vokal kurzgesprochen wird, schreibt man den folgenden s-Laut mit ss.
Bist du unsicher, dann schlage im Wörterbuch nach.
Schreibe die Wörter mit ss auf.

bei?en	du i?t
anfa?en	Fu?
au?en	verbe?ern
wä?rig	drau?en
wi?entlich	äu?erlich

Lösungskarte

Station 4
Wörter selbstständig nachschlagen ☺

anfassen
wässrig
wissentlich
du isst
verbessern

Übungszirkel *Schreibung von s-Lauten*, S. 181–186

Copy 78 c
Mit eigenen Worten 5

Station 5   Wortfamilien zusammenstellen

Suche möglichst viele Wörter zur Wortfamilie *wissen*.
Du darfst auch das Wörterbuch verwenden.

Station 5   Lösungskarte

z. B.:
Wissbegierde   meines Wissens
wissbegierig   Wissende
du weißt   Wissenschaft
er weiß   Wissenschaftler
ihr wisst   wissenschaftlich
du wusstest   Wissenschaftlichkeit
wissentlich   Wissensdurst
wissenswert   Wissensstoff
das Wissen

Station 6   Wörter und Wortbausteine zusammensetzen

Bilde mit den Nomen in der Wörterliste auf Seite 183 deines Sprachbuchs und den folgenden Nomen zehn Zusammensetzungen. Beispiel: *Klassenfahrt.*

Fahrt   Haustür
Bezug   Schlangen
Kaffee   Teig
Schale   Elefant
Küche   Wohnzimmer

Station 6   Lösungskarte

z. B.:
Klassenfahrt   Haustürschlüssel
Kissenbezug   Schlangenbiss
Kaffeetasse   Teigschüssel
Nussschale   Elefantenrüssel
Küchenmesser   Wohnzimmersessel

↑ hier falzen

Copy 78 d
Mit eigenen Worten 5

Übungszirkel *Schreibung von s-Lauten*, S. 181–186

Station 7

Lösungskarte

Kontrolliere die Wörter anhand der Wörterliste oder mit Hilfe des Wörterbuchs.

Station 7

Mit Lernspielen üben

☺ ☺

Arbeitet mit der Wörterliste auf Seite 183 eures Sprachbuchs. Spielt zu zweit „Wörter versenken", indem ihr acht Wörter aus der Wörterliste im Gitternetz versteckt. Anleitung zum Spiel findet ihr im Sprachbuch auf Seite 210.

Station 8

Lösungskarte

Keine Musterlösung möglich!

Station 8

Aufgaben für Mitschüler entwickeln

☺ ☺

Arbeite mit der Wörterliste auf Seite 183 in deinem Sprachbuch. Überlege dir eine Aufgabe für deine Mitschülerinnen und Mitschüler und schreibe sie auf eine Karteikarte oder einen Notizzettel, z. B.: fünf Wörter in Geheimschrift …
Vergiss nicht die Lösung auf die Rückseite des Aufgabenzettels zu schreiben.
Lege die Aufgabe an Station 9 ab.

↑ hier falzen

Übungszirkel *Schreibung von s-Lauten*, S. 181–186

Copy 78 e
Mit eigenen Worten 5

Station 9 — Von Mitschülerinnen entwickelte Aufgaben lösen 😊

Bearbeite eine von deinen Mitschülerinnen und Mitschülern gestellte Aufgabe.

Lösungskarte Station 9

Schau auf die Rückseite des Aufgabenzettels.

Station 10 — Wörter und Texte diktieren 😊😊

Diktiert euch gegenseitig im Wechsel den folgenden Text ins Heft. Die Diktierende/der Diktierende macht seine Partnerin/seinen Partner während des Diktierens sofort auf Fehler aufmerksam. Ihr seid also beide für möglichst fehlerlos geschriebene Sätze verantwortlich.

Eine klasse Rasse

Wir Kinder wussten es schon lange, ein Hund muss ins Haus. „Ausgeschlossen", meinte Vater, „wer wird auf das Tier aufpassen?" Wir beschlossen, einen umfassenden Betreuungsplan auszuarbeiten. Endlich war es so weit: Tessi, eine reinrassige Mischlingshündin, zog bei uns ein.
Auch Vater schloss die kesse Tessi bald ins Herz.

Lösungskarte Station 10

Kontrolliere mit deiner Partnerin/deinem Partner anhand des Textes den aufgeschriebenen Text.

↑ hier falzen

Station 11 — Wörter gliedern, sprechen, hören

1 Prüfe durch Klatschen, ob die folgenden Wörter getrennt werden können. Du darfst halblaut vor dich hinsprechen.

vermissen   Adresse
flüssig   Kuss
bisschen   hässlich
Fass   nass
Gewissen   prasseln

2 Schreibe die möglichen Trennungen auf: *ver-mis-sen*.

Lösungskarte Station 11

ver-mis-sen
flüs-sig
biss-chen
Ge-wis-sen
A-dres-se
häss-lich
pras-seln

Station 12 — Rätsel entschlüsseln, Reime schmieden

Klasse	Sessel	Fluss	Schlüssel	Hass	Riss
Masse	Nessel	Nuss	Schüssel	Fass	Biss
Tasse	Kessel	Kuss	Rüssel		
Gasse					

hassen   fressen   prasseln   müssen
lassen   essen   quasseln   küssen
fassen   vergessen
verlassen pressen
passen

Arbeite mit der Wörterliste auf Seite 183 in deinem Sprachbuch. Schreibe alle Nomen und alle Verben, die sich reimen, untereinander auf.

z. B. *Sessel   quasseln*
       Nessel   prasseln

Lösungskarte Station 12

Hinweise zum Übungszirkel „Großschreibung von Nomen"

1 Dieser Übungszirkel kann als zusammenfassende Übung nach Behandlung der Einheit Großschreibung von Nomen eingesetzt werden.

2 Der Übungszirkel bezieht sich auf den unten stehenden Text. Da die Schülerinnen und Schüler an verschiedenen Stationen mit diesem Text arbeiten sollen, ist es sinnvoll, den Text *Begegnungen in der Urzeit* (also in richtiger Groß- und Kleinschreibung) an den entsprechenden Stationen auszulegen oder für jeden Schüler zu kopieren. Der Text BEGEGNUNGEN IN DER URZEIT kann zum Abschluss des Lernzirkels als Lernkontrolle eingesetzt werden.

3 Jede Kopiervorlage enthält zwei Stationen. Wenn man die Karten an der gestrichelten Linie falzt und zusammenklebt, lässt sich die Lösung an jeder Station überprüfen. Ist jedoch eine gesonderte Kontrollstation vorgesehen, werden die Lösungskarten an der Falzlinie abgeschnitten und an der Kontrollstation ausgelegt.

Begegnungen in der Urzeit

Stelle dir vor, du bist ein Wissenschaftler und erforschst die Dinosaurier. Mit Hilfe einer Zeitmaschine kannst du in das Reich der Saurier reisen. Du befindest dich mit deiner Ausrüstung in der Nähe einer Küste. Dort wachsen Schachtelhalme, Farne und Nadelwälder. Hier begegnest du zuerst den schwergewichtigen Dinos.
Plötzlich hörst du ein Donnern. Der riesige Ultrasaurier nähert sich und erschüttert beim Gehen die ganze Umgebung. Du schätzt sein Gewicht auf etwa 130 Tonnen. Zum Glück entfernt er sich schnell, denn die Zeit rast und 100 Millionen Jahre sind schon vergangen. In fieberhafter Eile fotografierst du die Echsen, nimmst Eier von kleineren Exemplaren aus den Nestern, sammelst Knochen von verendeten Tieren. Du hast nur noch wenig Zeit: Du musst zurück, bevor das große Sterben der Dinosaurier beginnt, um nicht selbst in den rätselhaften Untergang verwickelt zu werden.

BEGEGNUNGEN IN DER URZEIT

STELLE DIR VOR, DU BIST EIN WISSENSCHAFTLER UND ERFORSCHST DIE DINOSAURIER. MIT HILFE EINER ZEITMASCHINE KANNST DU IN DAS REICH DER SAURIER REISEN. DU BEFINDEST DICH MIT DEINER AUSRÜSTUNG IN DER NÄHE EINER KÜSTE. DORT WACHSEN SCHACHTELHALME, FARNE UND NADELWÄLDER. HIER BEGEGNEST DU ZUERST DEN SCHWERGEWICHTIGEN DINOS.
PLÖTZLICH HÖRST DU EIN DONNERN. DER RIESIGE ULTRASAURIER NÄHERT SICH UND ERSCHÜTTERT BEIM GEHEN DIE GANZE UMGEBUNG. DU SCHÄTZT SEIN GEWICHT AUF ETWA 130 TONNEN. ZUM GLÜCK ENTFERNT ER SICH SCHNELL, DENN DIE ZEIT RAST UND 100 MILLIONEN JAHRE SIND SCHON VERGANGEN. IN FIEBERHAFTER EILE FOTOGRAFIERST DU DIE ECHSEN, NIMMST EIER VON KLEINEREN EXEMPLAREN AUS DEN NESTERN, SAMMELST KNOCHEN VON VERENDETEN TIEREN. DU HAST NUR NOCH WENIG ZEIT: DU MUSST ZURÜCK, BEVOR DAS GROßE STERBEN DER DINOSAURIER BEGINNT, UM NICHT SELBST IN DEN RÄTSELHAFTEN UNTERGANG VERWICKELT ZU WERDEN.

Copy 79 b
Mit eigenen Worten 5 — Übungszirkel *Großschreibung von Nomen*, S. 195–198

Station 1

Lösungskarte

In fieberhafter Eile fotografierst du die Echsen, nimmst Eier von kleineren Exemplaren aus den Nestern, sammelst Knochen von verendeten Tieren.

Station 1   Mit Wörtern spielen ☺

In <u>kleiner</u> <u>eile</u> <u>sammelst</u> du die <u>echsen</u>, nimmst <u>knochen</u> von <u>fieberhaften</u> exemplaren aus den <u>tieren</u>, <u>fotografierst</u> <u>eier</u> von verendeten <u>nestern</u>.

Hier ist alles durcheinandergeraten.

1 Ordne die unterstrichenen Wörter wieder ihrem angestammten Platz zu. Achtung: Bei *klein* und *fieberhaft* ändern sich die Endungen!

2 Schreibe den Satz in richtiger Groß- und Kleinschreibung ins Heft.

✂ —

Station 2

Lösungskarte

Richtige Zusammensetzungen:
die Dinosaurier
die Zeitmaschine
der Nadelwald
die Schachtelhalme

Beispiele für lustige Zusammensetzungen:
der Dinowald
die Zeithalme
der Nadelsaurier
die Schachtelmaschine

Station 2   Wörter in verschiedenen Formen aufschreiben ☺

Diese Nomen sind falsch zusammengesetzt!

die Dinohalme   *die Zeitsaurier*   *die Nadelmaschine*   *der Schachtelwald*

1 Schreibe die Nomen in der richtigen Zusammensetzung ins Heft.

2 Bilde mit diesen Nomen selbst vier lustige Zusammensetzungen.

↑ hier falzen

Übungszirkel *Großschreibung von Nomen*, S. 195–198

Copy 79 c
Mit eigenen Worten 5

Station 3

Lösungskarte

Keine Musterlösung möglich!

Station 3

Wörter in Alltagstexten auffinden ☺

Schreibe aus einem beliebigen Text (Sprachbuchtext, Zeitungsartikel …) zehn Nomen heraus und begründe, warum sie Nomen sind.
Beispiel: *das Glück* – *Glück* wird großgeschrieben, weil ein Artikel davorgesetzt werden kann.

↑ hier falzen

Station 4

Lösungskarte

Urzeit, Urlaub, Urwald, Urgroßmutter, Urgroßvater, Urtier, Urelefant …

Station 4

Wörter selbstständig nachschlagen ☺

Suche im Wörterbuch Nomen, die mit *Ur-* zusammengesetzt sind.
Schreibe so:
Urzeit, Urwald

Copy 79 d
Mit eigenen Worten 5

Übungszirkel *Großschreibung von Nomen*, S. 195–198

Station 5

Wortfamilien zusammenstellen

AUSRÜSTUNG, EXEMPLAR, VERGÄNGLICH, ENTRÜSTEN, UNTERGEHEN, RITTERRÜSTUNG, UNTERGANG, EXEMPLARISCH, VERGANGEN, RÜSTIG, EXEMPEL

1. Ordne die Wortfamilien in drei Spalten.
2. Schreibe die Wortart hinter jedes Wort in Klammern und entscheide, ob das Wort groß- oder kleingeschrieben wird.

Beispiel:
Achtung (Nomen)
verächtlich (Adjektiv)
verachten (Verb)

Station 5 Lösungskarte ☺

Ausrüstung (Nomen)
entrüsten (Verb)
Ritterrüstung (Nomen)
rüstig (Adjektiv)

Exemplar (Nomen)
exemplarisch (Adjektiv)
Exempel (Nomen)*

vergänglich (Adjektiv)
untergehen (Verb)
Untergang (Nomen)
vergangen (Verb)

*Schlagt die Bedeutung des Wortes im Wörterbuch nach!

↑ hier falzen

Station 6

Wörter und Wortbausteine zusammensetzen

Folgende Verben kannst du mithilfe von nachgestellten Wortbausteinen in Nomen verwandeln:

forschen
wachsen
erschüttern
entfernen
vergangen
sammeln
verwickeln

-ung, -heit, -tum

1. Hänge die Nachsilben so an, dass sinnvolle Nomen entstehen, z. B. *Forschung*.
2. Schreibe die Nomen auf.
   Denke an die Großschreibung!

Station 6 Lösungskarte ☺

Forschung
Wachstum
Erschütterung
Entfernung
Vergangenheit
Sammlung
Verwicklung

Copy 79 e
Mit eigenen Worten 5

Übungszirkel *Großschreibung von Nomen*, S. 195–198

Station 7

Lösungskarte

Keine Musterlösung möglich!

Station 7
Mit Lernspielen üben
☺ ☺

Nomen	andere Wortarten
Hilfe	helfen
Nähe	nah
Gewicht	gewichten
Glück	glücklich
Zeit	zeitlich
Jahre	jährlich
Eile	eilen

Schreibe diese Wörter in beliebiger Reihenfolge als Wortschlange auf. Dein Partner/deine Partnerin trennt die Wörter durch Striche.

↑ hier falzen

Station 8

Lösungskarte

Wenn ein bestimmter/unbestimmter Artikel vor ein Wort gestellt werden kann, handelt es sich um ein **Nomen**. Es wird **großgeschrieben**.

Station 8
Regeln erkennen
☺

bestimmter/ unbestimmter Artikel	Nomen
ein	Wissenschaftler
die	Dinosaurier
(mithilfe) einer	Zeitmaschine
beim (bei dem)	Gehen

Wenn ein bestimmter/unbestimmter Artikel vor ein Wort gestellt werden kann, handelt es sich um ein _____?_____. Es wird _____?_____.

Ergänze die Lücken und schreibe den Merksatz vollständig ins Heft.

Copy 79 f
Mit eigenen Worten 5

Übungszirkel *Großschreibung von Nomen* (zum Text *Begegnungen in der Urzeit*, S. 155)

Station 9

1. Schreibe alle Nomen aus dem Text heraus, die zwischen Nomen und Artikel ein Adjektiv haben. Lege dazu folgende Tabelle an:

Artikel	Adjektiv	Nomen
den	schwergewichtigen	Dinos
der	riesige	Ultrasaurier

2. Zeichne jeweils einen Hinweispfeil vom Artikel zum Nomen.

Station 10

1. MIT HILFE • MIT DEINER AUSRÜSTUNG • SCHACHTELHALME • FARNE • NADELWÄLDER • SEIN GEWICHT • AUF ETWA 130 TONNEN • 100 MILLIONEN • JAHRE • IN FIEBERHAFTER EILE • EIER • VON KLEINEREN EXEMPLAREN • KNOCHEN • VON VERENDETEN TIEREN • WENIG ZEIT

Diese Nomen haben im Text keinen Artikel. Mache die Artikelprobe (füge die Artikel in Klammern dazu) und schreibe die Wörter in richtiger Groß- und Kleinschreibung ins Heft.

Lösungskarte Station 9

Regeln anwenden ☺

den schwergewichtigen Dinos

der riesige Ultrasaurier

die ganze Umgebung

das große Sterben

den rätselhaften Untergang

↑ hier falzen

Lösungskarte Station 10

Regeln anwenden (Artikelprobe) ☺

mit (der) Hilfe (die) Eier

mit deiner (der) Ausrüstung   von kleineren (den) Exemplaren

(die) Schachtelhalme   (die) Knochen

(die) Farne von verendeten (den) Tieren

(die) Nadelwälder   wenig (die) Zeit

sein (das) Gewicht

auf etwa 130 (die) Tonnen

100 (die) Millionen

(die) Jahre

in fieberhafter (die) Eile

Fehler-Analysebogen

☐ Nachschrift   ☐ Probediktat   Klasse: Datum:

Überschrift

Name	1. Groß- und Kleinschreibung	2. Wörter mit kurz gesprochenen Vokalen/Umlauten	3. Wörter mit lang gesprochenen Vokalen/Umlauten	4. Wörter mit s-Lauten	5. Sonstige Fehler (*b, d, g* im Auslaut)	6. Fremdwörter	7. Getrennt- und Zusammenschreibung

☐ Nachschrift   ☐ Probediktat

Leitkarten für die Rechtschreibkartei (1)

Vorderseite

1 Groß- und Kleinschreibung

Worum geht es?
Von den Wortarten wird nur das Nomen großgeschrieben.
Beispiele: *das Wort, die Erfindung*
Aber: *ich gehe, böse*

1. Das sollst du wissen:
Nomen schreibt man groß: Sie bezeichnen Lebewesen (Menschen, Tiere, Pflanzen), Dinge, Gedachtes und Gefühle.
Alle anderen Wörter schreibt man klein. Ausnahmen lernst du später kennen.

2. So kannst du prüfen:
a) Nomen kannst du daran erkennen, dass man sie mit dem Artikel *der, die, das, ein, eine* gebrauchen kann, z. B.
der Indianer, die Freude, ein Kind.

b) Oft schiebt sich zwischen Artikel und Nomen ein Adjektiv. Dies wird kleingeschrieben:
der schöne Tag

c) Nomen lassen sich durch die Endungen *heit, keit, nis, schaft, tum, ung* erkennen:
die Heiterkeit.

Leitkarte

---

hier falzen

---

1 Groß- und Kleinschreibung

Wähle für deine Fehlerwörter geeignete Übungen aus.

Ü 1
Schreibe das Nomen mit dem Artikel im Singular und im Plural auf. Wenn du nicht sicher bist, schlage im Wörterbuch nach:
die Kasse – die Kassen,
der Globus – die Globen.

Ü 2
Bei zusammengesetzten Wörtern überprüfe, ob der zweite Bestandteil ein Nomen ist.
Schlage den zweiten Bestandteil im Wörterbuch nach. Begründe dann die Groß- oder Kleinschreibung; z. B.
haushoch, hoch = Adjektiv, also Kleinschreibung;
Haustür, Tür = Nomen, also Großschreibung.

Ü 3
Bilde einen Satz, in dem das Nomen mit einem Artikel steht:
Der Erfolg ist mir sicher.
Hatte ich ein Glück!

Ü 4
Schreibe zu deinem Nomen eine Wortgruppe, in der Artikel + Adjektiv + Nomen vorkommen; zeichne einen Pfeil vom Artikel zum Nomen:
der schöne Garten

Ersetze das Adjektiv durch andere:
der verwilderte Garten.

Ü 5
Schreibe dein Wort auf und zeichne ein einfaches Bild dazu.
Beispiel: *das Haus*

Ü 6
Wenn man an der Endung deines Wortes erkennen kann, dass es ein Nomen ist (z.B. *Wohnung*), dann schreibe es mit dem Artikel auf. Zeichne einen Pfeil von der Endung zum ersten Buchstaben:
die Spannung,

Schreibe weitere Nomen mit der gleichen Endung auf:
die Gesundheit …

Rückseite

Rechtschreibkartei

Copy 81 b
Mit eigenen Worten 5

Leitkarten für die Rechtschreibkartei (2)
Vorderseite

2 Schreibung nach kurz gesprochenem Vokal

Leitkarte

Worum es?
Nach einem kurz gesprochenen Vokal (a, e, i, o, u) oder Umlaut (ä, ö, ü) wird der folgende Konsonant häufig verdoppelt, z. B. *Kette, rollen, hätte*.

1. Das sollst du wissen:
a) Auf einen kurz gesprochenen Vokal folgt oft ein doppelter Konsonant: *Halle, kennen*.
b) Auch ck (statt kk) und tz (statt zz) zählen zu den Doppelkonsonanten: *Schnecke, Katze*.
c) Beachte: Nicht nach jedem kurz gesprochenen Vokal steht ein doppelter Konsonant: *mit, Saft*.
d) Nach einem lang gesprochenen Vokal steht nie ein Doppelkonsonant: *Lage, baden*.

2. So kannst du prüfen:
a) Sprich das Wort deutlich aus und höre, ob der Vokal kurz gesprochen wird.
b) Trenne das Wort in Silben und klatsche dabei. Hörst du am Ende der ersten Silbe und am Anfang der zweiten Silbe den gleichen Konsonanten, dann wird das Wort mit einem Doppelkonsonanten geschrieben: *Som - mer*, aber: *Li - ter*.
c) Überlege, ob du ein weiteres Wort aus der Wortfamilie kennst: *Rolle – rollen*.
d) Wenn du unsicher bist, schlage im Wörterbuch nach.

---
hier falzen

2 Schreibung nach kurz gesprochenem Vokal

Wähle für deine Fehlerwörter geeignete Übungen aus.

Ü 1
Schreibe dein Wort auf. Kennzeichne den kurz gesprochenen Vokal in deinem Wort mit einem Punkt: *Kǫffer, Sǎft ...*

Ü 3
Notiere einige Wörter aus der Wortfamilie deines Wortes (Wörterbuch!). Beispiel:
kennen, erkennen, Erkenntnis
Unterstreiche den Wortstamm.

Ü 5
Trenne des Wort und bilde aus mindestens einer Silbe ein neues Wort. Beispiel:
kom - men
Kom - ma

Ü 2
Suche Reimwörter zu deinem Wort. Überprüfe mit deinem Wörterbuch. Beispiel: *kennen - rennen, brennen*

Ü 4
Zeichne einen Wortrahmen und schreibe das passende Wort hinein; z. B.
Hoffnung

Ü 6
Bilde mit den Verben einen kurzen, sinnvollen Satz; z. B.
Ich hoffe, dass du bald kommst.

Rückseite

Leitkarten für die Rechtschreibkartei (3)

Vorderseite

3 Schreibung nach lang gesprochenem Vokal

Leitkarte

Worum geht es?
Wenn ein Vokal lang gesprochen wird, sprechen wir von Dehnung.
Bei manchen Wörtern ist die Dehnung gekennzeichnet:
Haare, Draht, Liebe, Möhre, dehnen, ihr.
Eine Reihe von Wörtern mit lang gesprochenem Vokal hat keine Kennzeichnung:
Sage, leben, rot, gut …

1. Das sollst du wissen:
Ein lang gesprochener Vokal wird oft gekennzeichnet durch:
a) ein -h-: *Mehl, nehmen;*
b) ein -ie-: *viel, Knie;*
c) einen doppelten Vokal (aa, ee, oo): *Saat, Moos.*
Gedehnt gesprochene Wörter ohne Kennzeichnung musst du dir merken: *leben, Spur.*

2. So kannst du prüfen:
a) Suche zu schwierigen Wörtern passende Wortverwandte, die dir bekannt sind: z.B. *Gefährt – fahren, Fahrt.*
b) Schlage unbekannte Wörter im Wörterbuch nach und präge dir das Wort genau ein.

---

hier falzen

3 Schreibung nach lang gesprochenem Vokal

Wähle für deine Fehlerwörter geeignete Übungen aus:

Ü 1
Schreibe dein Wort auf und ergänze drei Wörter aus der Wortfamilie (Wörterbuch!).
Beispiel: *die Ehre – ehrbar, ehren, die Ehrfurcht*

Ü 3
Finde Reimwörter zu deinem Wort.
Überprüfe mit dem Wörterbuch.
Beispiel: *Rose – Hose, Dose …*

Ü 5
Verlängere das Wort oder verkürze es. Beispiel:
*Mehl – Mehltüte,
mehr – mehrere,
kehren – kehrt*

Ü 2
Schreibe dein Wort auf und ergänze es um eine andere Wortform.
Beispiele: *steht – stehen, Lehrerin – Lehrerinnen*

Ü 4
Finde zu deinem Wort zwei verwandte Wörter aus anderen Wortarten.
Beispiel: *lieben – die Liebe, beliebt*

Ü 6
Überlege zu deinem Wort ein passendes Verbots- oder Hinweisschild.
Beispiel: *nicht gießen*

Rückseite

Leitkarten für die Rechtschreibkartei (4)
Vorderseite

4 Wörter mit s-Lauten

Worum geht es?
Es gibt Wörter mit s, ss, ß,
z. B. lesen, die Masse, der Hass, das Maß, böse.

1. Das sollst du wissen:
a) Nach einem kurz gesprochenen Vokal (a, e, i, o, u) oder Umlaut (ä, ü, ö) steht fast immer ss: Wasser, Fass.
b) Das ß steht nur in Wörtern mit lang gesprochenem Vokal oder Doppellaut (au, äu, eu): z. B. Maß, Floß, außen.
c) Beachte: Es gibt einige Wörter mit kurz gesprochenem Vokal, dem nur ein s folgt, z. B. Zeugnis, bis, fast.
Die Schreibweise dieser Wörter muss man sich merken.
d) das – dass: *Das Mädchen, das (welches) neben Jutta sitzt, ist heute krank.*
Wenn du **das** durch **welches** oder **dies** ersetzen kannst, musst du **das** schreiben (Ersatzprobe).
Aber: *Ich glaube, dass sie krank ist.*

2. So kannst du prüfen:
a) Den kurz oder lang gesprochenen Vokal durch deutliches Sprechen unterscheiden, z. B. Hass – Hase.
b) Wenn du unsicher bist, schlage im Wörterbuch nach.

Leitkarte

---

4 Wörter mit s-Lauten

Wähle für deine Fehlerwörter geeignete Übungen aus:

Ü 1
Schreibe dein Wort auf und kennzeichne mit einem Punkt oder mit einem Strich, ob der Vokal kurz oder lang gesprochen wird.
Beispiele: *Fluss, Fuß*

Ü 2
Suche zu deinem Wort möglichst viele Wörter aus der Wortfamilie. Überprüfe mit dem Wörterbuch.
Beispiel: *messen – vermessen, die Messung, die Messdaten …*

Ü 3
Verwende dein Wort in einem Satz.

Ü 4
Ergänze dein Wort um eine weitere Wortform.
Beispiele: *Messen – sie misst, Fuß – Füße …*

Ü 5
Stelle Reimwörter zusammen.
Beispiel: *heißen – beißen, reißen …*

Ü 6
Erkläre in Kurzform, warum du *ss* oder *ß* oder *s* schreiben musst.
Beispiel:
wissen –
nach kurz gesprochenem i: ss.

Rückseite

Leitkarten für die Rechtschreibkartei (5)

Vorderseite

5 Sonstige Fehler

Worum geht es?

In dieses Fach kannst du Wörter ablegen, die sich nicht in die anderen Fächer einordnen lassen. Dabei kann es sich um Fehler handeln, bei denen du – trotz genauen Hinhörens – unsicher bist, wie das Wort zu schreiben ist.

1. Das sollst du wissen:

Fehler unterlaufen oft durch Verwechslung:
a) Manchmal klingt ein *b* wie ein *p* und ein *d* wie ein *t* und ein *g* wie ein *k*,
z. B. *sie hebt, das Feld, er fliegt.*

b) Häufig verwechselt man *ä* mit *e*
(z. B. *Lerche – Lärche*) und *äu* mit *eu*
(z. B. *läuten – Leute*), denn die Laute klingen ganz ähnlich.

Es gibt noch eine Reihe anderer Fehler, für die es verschiedene Ursachen gibt:
z. B. Flüchtigkeit, Vertauschung und Auslassen von Buchstaben. Präge dir diese Wörter besonders ein.

2. So kannst du prüfen:

a) Bei diesen Fehlern hilft dir meist das Wörterbuch.

b) Bei Wörtern mit *b, d, g* im Auslaut führe die Verlängerungsprobe durch: Du hörst dann deutlich das *b* (oder das *d* oder das *g*).
Bilde bei Verben den Infinitiv:
glaubt – glauben.
Bilde bei Adjektiven den Komparativ:
wild – wilder.
Bilde bei Nomen den Plural:
der Krieg – die Kriege.

c) Bei Wörtern mit *ä* oder *äu* denke an die Wortfamilie der Wörter.
Bei Nomen bilde den Singular: *die Bänke – die Bank.*
Bei Verben bilde den Infinitiv: *du fährst – fahren.*

---

5 Sonstige Fehler   Leitkarte

hier falzen

Rückseite

5 Sonstige Fehler

Wähle für deine Fehlerwörter geeignete Übungen aus:

Ü 1
Schlage das Wort im Wörterbuch nach und schreibe es mit der Seitenzahl auf. Ergänze zwei Wörter aus dem Wörterbuch (wenn möglich).
Beispiel: *laden (S. 147), er lädt, die Ladung.*

Ü 2
Verwende das Wort in einem Satz.
Beispiel: *Die Umzugskisten werden in den Lastwagen geladen.*

Ü 3
Stelle Reimwörter zusammen.
Beispiel: *Laub – taub, Raub …*

Ü 4
Schreibe das Wort zusammen mit einer anderen Wortform auf.
Beispiele: *alt – älter, Häuser – Haus …*

Ü 5
Ergänze Wörter aus der Wortfamilie.
Beispiel: *rund – die Runde, abrunden, die Rundung, rundlich …*

Ü 6
Sprich dir dein Wort langsam vor und baue es auf.
Beispiel: *Markt – M Ma Mar Mark Markt*

Trainingsplan *Schreibung nach kurz gesprochenem Vokal*, S. 173–174

Schreibung nach kurz gesprochenem Vokal

Liebe(r) _____

du schreibst häufig Wörter mit kurz gesprochenem Vokal falsch. Wenn du diesen Plan durchgearbeitet hast, werden deine Fehler in diesem Bereich sicher abnehmen.
Für die Bearbeitung hast du Zeit bis zum _____ .

Ich wünsche dir viel Erfolg.

Pflichtaufgaben (Zuerst bearbeiten)

1 Suche dir aus der Wörterliste von Seite 173 mindestens fünf Wörter heraus und bilde dazu passende Reimwörter: *fallen, schallen*.

2 Bearbeite von Seite 174 die Aufgabe 6. Wähle acht Verben aus der Tabelle und schreibe sie mit *du* und *ihr* auf.

3 Nimm ein Wörterbuch und schreibe zu den Anfangsbuchstaben *a (A)* und *m (M)* mindestens fünf Wörter heraus, die einen Doppelkonsonanten haben.

Wahlaufgaben (Bearbeite _____ Aufgaben)

1 Suche dir aus der Tageszeitung oder einer Schülerzeitschrift einen Artikel heraus. Schreibe davon alle Wörter auf (maximal aber nur zehn), die einen Doppelkonsonanten haben.

2 Stelle ein Memoryspiel her. Suche dir zehn Verben mit Doppelkonsonanten und finde dazu die passenden Nomen. Schreibe die Wörter auf Kärtchen und spiele dann allein oder mit Freunden das Memory. Zur Bearbeitung kannst du ein Wörterbuch nehmen.

3 Wähle aus der Wörterliste von Seite 173 acht Nomen aus und bilde damit Zusammensetzungen: z.B. *Pfeffermühle*.

Erledigt:

Schreibung nach lang gesprochenem Vokal

Liebe(r) _____

du schreibst häufig Wörter nach einem lang gesprochenen Vokal falsch. Wenn du diesen Plan durchgearbeitet hast, werden deine Fehler in diesem Bereich sicher abnehmen.
Für die Bearbeitung hast du Zeit bis zum _____ .

Ich wünsche dir viel Erfolg.

Pflichtaufgaben (Zuerst bearbeiten)

1 Bearbeite im Sprachbuch auf Seite 176 die Aufgabe 4 a) und b) sowie die Aufgabe 5.

2 Ergänze die Tabelle von Seite 176, Aufgabe 5 deines Sprachbuches mit Wörtern aus deiner Rechtschreibkartei. Zum Abschluss kreist du in deinen Wörtern den lang gesprochenen Vokal und das nachfolgende *h* farbig ein.

3 Suche zu den folgenden Wörtern je drei weitere Beispiele aus der gleichen Wortfamilie und schreibe sie auf.
fahren – fühlen – zahlen

Wahlaufgaben (Bearbeite _____ Aufgaben)

1 Wähle aus der Zeitung einen kurzen Textabschnitt und schreibe alle Wörter mit einem *h* nach einem lang gesprochenem Vokal heraus.

2 Spiele mit einem anderen Kind *Wörter versenken* (Spielanleitung Seite 210 im Sprachbuch). Gib ihm eine Liste von 6–8 Wörtern mit *h*, die dir schwierig erscheinen.

3 Übe die folgenden Sätze als Würfeldiktat:

- ⚀ Man kann Kamelen nun einmal nicht befehlen Mehl zu stehlen.
- ⚁ Auf Bohlen und Dohlen schießt man nicht mit Gewehren.
- ⚂ Wenn der Wind kräftig weht, sich der Hahn auf dem Dache dreht.
- ⚃ Unser Lehrer hat bald keine Haare mehr, trotzdem schätzen wir ihn sehr.
- ⚄ Wie sich wohl die Ferkel fühlen, wenn sie sich im Schlamm rumwühlen?
- ⚅ Siehst du dort, auf leisen Sohlen, den Dieb aus der Bank die Kohle holen?

TRAININGSPLAN
Schreibung nach s-Lauten

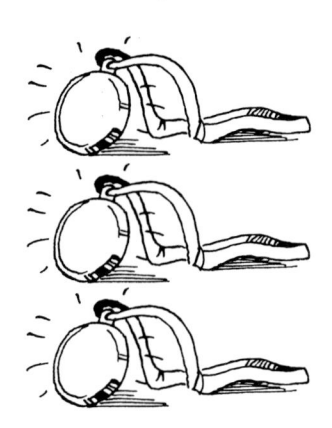

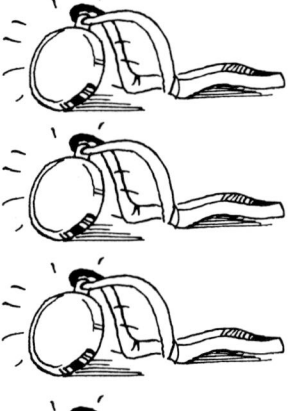

Liebe(r) _____

du schreibst häufig Wörter mit s-Lauten falsch. Wenn du diesen Plan durchgearbeitet hast, werden deine Fehler in diesem Bereich sicher abnehmen.
Für die Bearbeitung hast du Zeit bis zum _____.

Ich wünsche dir viel Erfolg.

Pflichtaufgaben (Zuerst bearbeiten)

1 Bearbeite im Sprachbuch auf Seite 181 die Aufgaben 1 und 2. Ergänze die Tabelle von Aufgabe 2 mit Wörtern aus deiner Rechtschreibkartei und kennzeichne auch hier die kurz gesprochenen Vokale mit einem Punkt und die lang gesprochenen mit einem Strich.

2 Bearbeite auf Seite 183 die Aufgabe 4 a).

3 Bearbeite auf Seite 183 die Aufgabe 5.

Wahlaufgaben (Bearbeite _____ Aufgaben)

1 Schreibe aus dem Text in deinem Sprachbuch auf Seite 59 alle Wörter mit *ss* heraus und kennzeichne den kurz gesprochenen Vokal mit einem Punkt.

2 Blättere in deinem Wörterbuch und schreibe zehn Wörter mit *ss* heraus.

3 Spiele mit einem anderen Kind „Wörter versenken" (Spielanleitung Seite 210 im Sprachbuch). Gib ihm eine Liste von zehn Wörtern mit *ss*, die du häufig falsch schreibst.

4 In diesem Wörtersuchspiel sind zwölf Wörter mit *ss* versteckt. Kreise sie mit Bleistift ein und schreibe sie heraus.

Erledigt:

F	K	E	S	S	T	I	S	C	H
L	E	A	M	B	O	S	S	M	B
U	A	F	L	B	X	V	C	R	T
S	K	A	S	S	I	E	R	E	N
S	V	F	A	S	S	U	N	G	A
I	N	T	E	R	E	S	S	E	S
W	F	N	C	G	D	A	U	M	S
A	G	G	R	E	S	S	I	V	A
O	M	U	L	A	N	S	M	O	S
B	V	O	L	S	T	S	Z	R	F

Lösung:
kess, Esstisch, Amboss, Boss, kassieren, Fass, Fassung, Interesse, aggressiv, Fluss, nass, Ass

TRAININGSPLAN
Groß- und Kleinschreibung

Liebe(r) _____

du machst häufig Fehler bei der Groß- und Kleinschreibung. Wenn du diesen Plan durchgearbeitet hast, werden deine Fehler in diesem Bereich sicher abnehmen.
Für die Bearbeitung hast du Zeit bis zum _____.

Ich wünsche dir viel Erfolg.

Pflichtaufgaben (Zuerst bearbeiten)

1 Lies die Info und den Tipp zur Großschreibung von Nomen im Sprachbuch auf Seite 195 genau durch.

2 Bearbeite auf Seite 195 die Aufgabe 2 a) und b).

3 Bearbeite auf Seite 195 die Aufgabe 3.
Lies zuvor die Info auf der gleichen Seite.

Wahlaufgaben (Bearbeite _____ Aufgaben)

1 Lies die *Lösungshilfe* auf Seite 197 durch.
Bearbeite auf Seite 197 Aufgabe 2.

2 Lasse dir von einer Mitschülerin/einem Mitschüler den Text *Lesen ist Fernsehen im Kopf* auf Seite 214 unten diktieren. Verbessere Fehler sofort.

3 Schreibe den Text *Drum* in deinem Sprachbuch auf Seite 198 in richtiger Groß- und Kleinschreibung ab.

4 Stelle ein Domino aus zehn Nomen mit den Endungen *heit, keit, nis, schaft, tum, ung,* her.
Die Anleitung zur Herstellung des Dominospiels findest du auf Seite 208 im Buch.

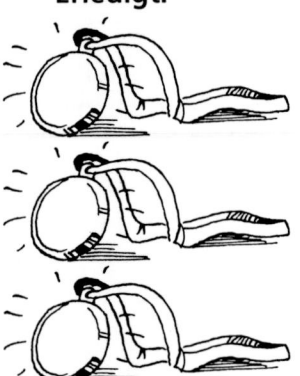

Erledigt:

Blanko-Spielkarten *Memory*

Copy 86
Mit eigenen Worten 5

Copy 87
Mit eigenen Worten 5

Blanko-Spielkarten *Domino*

Blanko-Spielkarten *Bingo*

Copy 88
Mit eigenen Worten 5

Copy 89
Mit eigenen Worten 5

Blanko-Spielplan *Wörter versenken*

A

	A	B	C	D	E	F	G	H	I	J	K	L	M	N
1														
2														
3														
4														
5														
6														
7														
8														
9														
10														
11														
12														
13														
14														
15														
16														
17														
18														

B

	A	B	C	D	E	F	G	H	I	J	K	L	M	N
1														
2														
3														
4														
5														
6														
7														
8														
9														
10														
11														
12														
13														
14														
15														
16														
17														
18														

Blanko-Spielplan *Spiel des Wissens*

Copy 90
Mit eigenen Worten 5

Copy 91 a
Mit eigenen Worten 5

Das Dinospiel

START

Copy 91 b
Mit eigenen Worten 5

Spielanleitung:
Die Aufgabenkarten (z. B. Spiel des Wissens) werden mit den Aufgaben nach oben gestapelt. Wer dran ist, nimmt eine Karte und sagt, ob er ein, zwei oder drei Felder ziehen will. Ist die Lösung falsch, muss er die gleiche Felderzahl zurückziehen.

= Du kommst noch einmal dran.

= Du darfst zwei Felder weiterziehen.

Copy 92 a
Mit eigenen Worten 5

Spiel des Wissens / Im Wörterbuch nachschlagen

Spiel des Wissens *Nachschlagen*

Unter welchem Stichwort musst du im Wörterbuch nachschlagen?

bedauerlich

Spiel des Wissens *Nachschlagen*

Nenne die alphabetische Reihenfolge von **streuen, Streit, streng**.

Spiel des Wissens *Nachschlagen*

Kann das Wort **knurren** zwischen **knuspern** und **kochen** stehen?

Spiel des Wissens *Nachschlagen*

Nenne die alphabetische Reihenfolge von **setzen, schrill, sensibel**.

Spiel des Wissens *Nachschlagen*

Wie heißt der Plural von **Globus**? Schlage im Wörterbuch nach.

Spiel des Wissens *Nachschlagen*

Zwischen welchen Leitbuchstaben (Leitwörtern) steht **kombinieren**?
(Der Schiedsrichter schlägt gleichzeitig nach und überprüft die Lösung.)

Spiel des Wissens *Nachschlagen*

Unter welchem Stichwort musst du im Wörterbuch nachschlagen?

er nahm

Spiel des Wissens *Nachschlagen*

Zwischen welchen Leitbuchstaben (Leitwörtern) steht **Stress**?
(Der Schiedsrichter schlägt gleichzeitig nach und überprüft die Lösung.)

Spiel des Wissens *Nachschlagen*

Wie trennt man **auffassen**? Schlage im Wörterbuch nach.

Spiel des Wissens *Nachschlagen*

Wie heißt der Plural von **Atlas**? Schlage im Wörterbuch nach.

Spiel des Wissens *Nachschlagen*

Aus welcher Sprache stammt das Wort **Harmonie**? Schlage im Wörterbuch nach.

Spiel des Wissens *Nachschlagen*

Nenne die alphabetische Reihenfolge von **brummeln, brutzeln, Brühe**.

Spiel des Wissens *Nachschlagen*

Wer die kleinste Schuhgröße hat, ist dein Gegner. Wer findet als Erster im Wörterbuch das Wort **rau**?

Spiel des Wissens *Nachschlagen*

Wie trennt man **Sanatorium**? Schlage im Wörterbuch nach.

Spiel des Wissens *Nachschlagen*

Suche im Wörterbuch drei Nomen zu **sammeln**.

Spiel des Wissens *Nachschlagen*

Unter welchem Stichwort musst du im Wörterbuch nachschlagen?

er pfiff

Spiel des Wissens / *Im Wörterbuch nachschlagen* (Rückseite zu Copy 94 a)

Copy 92 b
Mit eigenen Worten 5

bedauern	**Streit** **streng** **streuen**	Nein, **knurren** steht vor **knuspern**.	**schrill** **sensibel** **setzen**
Globen	**Partnerkontrolle**	nehmen	**Partnerkontrolle**
auf-fas-sen	**Atlanten**	**Harmonie** ist ein griechisches Wort.	**Brühe** **brummeln** **brutzeln**
Der Schiedsrichter bewertet die Schnelligkeit.	*Sa-na-to-ri-um*	z. B.: *der Sammler, die Sammlung, das Sammelalbum, die Sammelbestellung*	pfeifen

(Jede Karte mit Rückseite: Spiel des Wissens Nachschlagen)

Copy 92 c
Mit eigenen Worten 5

Spiel des Wissens / Im Wörterbuch nachschlagen

Spiel des Wissens *Nachschlagen*

Welcher Buchstabe steht in der alphabetischen Reihenfolge vor **R** und nach **R**?

Spiel des Wissens *Nachschlagen*

Welcher Buchstabe steht nicht in der richtigen Reihenfolge?

F, G, H, I, J, L, K, M

Spiel des Wissens *Nachschlagen*

Wähle den jüngsten Mitspieler aus eurer Gruppe und trete in einem Geschwindigkeitswettbewerb gegen ihn an. Wer findet am schnellsten das Wort **Konditor**?

Spiel des Wissens *Nachschlagen*

Wenn du **du bist** nachschlagen möchtest, unter welchem Infinitiv musst du suchen?

Spiel des Wissens *Nachschlagen*

Nenne den alphabetischen Vorgänger und Nachfolger des Buchstabens **M**.

Spiel des Wissens *Nachschlagen*

Gib die Seite an, auf der das Wort **südlich** steht. (Der Schiedsrichter schlägt gleichzeitig nach und überprüft die Lösung).

Spiel des Wissens *Nachschlagen*

Welcher Buchstabe steht nicht in der richtigen alphabetischen Reihenfolge?

M, N, P, O, Q, R, S

Spiel des Wissens *Nachschlagen*

Auf welcher Seite steht das Wort **Vampir**? (Der Schiedsrichter schlägt gleichzeitig nach und überprüft die Lösung.)

Spiel des Wissens *Nachschlagen*

Finde mit Hilfe des Wörterbuches heraus, aus welcher Sprache das Wort **Kavalier** stammt.

Spiel des Wissens *Nachschlagen*

Wähle den Mitspieler/die Mitspielerin mit den meisten Sommersprossen. Wer findet das Wort **Temperatur** zuerst?

Spiel des Wissens *Nachschlagen*

Nenne die beiden Stichwörter, die in deinem Wörterbuch vor und nach dem Wort **Provokation** stehen. (Der Schiedsrichter schlägt gleichzeitig nach und überprüft die Lösung.)

Spiel des Wissens *Nachschlagen*

Finde mit Hilfe des Wörterbuches heraus, wie das Wort **weggehen** getrennt wird.

Spiel des Wissens *Nachschlagen*

Wähle den Mitspieler/die Mitspielerin mit den längsten Haaren aus. Schaffst du es, das Wort **Känguru** schneller zu finden?

Spiel des Wissens *Nachschlagen*

Wähle aus deinen Mitspielern denjenigen aus, der am spätesten im Jahr Geburtstag hat. Suche das Wort **Prädikat**. Wer ist schneller?

Spiel des Wissens *Nachschlagen*

Zwischen welchen beiden Buchstaben des Alphabetes steht das **G**?

Spiel des Wissens *Nachschlagen*

Nenne den alphabetischen Vorgänger und Nachfolger des Buchstaben **V**.

Copy 92 d
Mit eigenen Worten 5

Spiel des Wissens / *Im Wörterbuch nachschlagen* (Rückseite zu Copy 94 c)

Vorgänger: **Q** Nachfolger: **S**	**J, K, L, M**	Der Schiedsrichter überprüft die Schnelligkeit.	*sein*
Vorgänger: **L** Nachfolger: **N**	**Partnerkontrolle**	**N, O, P, Q**	**Partnerkontrolle**
Kavalier ist ein französisches Wort.	Der Schiedsrichter bewertet die Schnelligkeit.	Der Schiedsrichter sucht gleichzeitig und überprüft die genannte Lösung.	*weg – ge – hen*
Der Schiedsrichter bewertet die Schnelligkeit.	Der Schiedsrichter bewertet die Schnelligkeit.	Vorgänger: **F** Nachfolger: **H**	Vorgänger: **U** Nachfolger: **W**

(Rückseite jeder Karte: Spiel des Wissens Nachschlagen)

A Rechtschreiben

1 a) Lies den Text sorgfältig durch.
b) Schreibe die in Klammern gesetzten Wörter richtig in den Text.
Achte dabei auf die Groß- und Kleinschreibung.

Wie Eulenspiegel einem Esel das Lesen beibrachte

Eine Zeit lang _____ (BESCHÄFTIGTE) sich Eulenspiegel damit, dass er sich als Gelehrter ausgab und Professoren und Studenten neckte. Er behauptete, alles zu _____ (WISSEN). Tatsächlich konnte er alle _____ (FRAGEN), die man ihm stellte, richtig _____ (BEANTWORTEN).

5 So kam er schließlich nach Erfurt. Weil Eulenspiegel und seine _____ (STREICHE) dort schon _____ (BEKANNT) waren, überlegten sich die Studenten und ihr Rektor eine besonders schwere _____ (PRÜFUNG).

Sie kauften einen Esel und bugsierten ihn mit großer _____ (ANSTRENGUNG) in den Gasthof „Zum Turm", wo Eulenspiegel eine

10 _____ (UNTERKUNFT) gefunden hatte. Dann fragten sie ihn, ob er sich zutraue, dem Esel das Lesen _____ (BEIZUBRINGEN).

„_____ (SELBSTVERSTÄNDLICH)", antwortete Till.

„Der Esel ist bekanntlich ein ziemlich _____ (DUMMES) Tier.

15 Das _____ (ERGEBNIS) meiner _____ (BEMÜHUNGEN) wird daher auf sich warten lassen. Gebt mir zwanzig Jahre, dann will ich das störrische Vieh zu wahrer _____ (MEISTERSCHAFT) bringen."

Der Rektor war einverstanden und Till bekam als _____ (VORLEISTUNG) für seine Unkosten 300 Taler.

A Rechtschreiben – Lösungsblatt

Wie Eulenspiegel einem Esel das Lesen beibrachte

Eine Zeit lang ___beschäftigte___ (BESCHÄFTIGTE) sich Eulenspiegel damit, dass er sich als Gelehrter ausgab und Professoren und Studenten neckte. Er behauptete, alles zu ___wissen___ (WISSEN). Tatsächlich konnte er alle ___Fragen___ (FRAGEN), die man ihm stellte, richtig ___beantworten___ (BEANTWORTEN).

5 So kam er schließlich nach Erfurt. Weil Eulenspiegel und seine ___Streiche___ (STREICHE) dort schon ___bekannt___ (BEKANNT) waren, überlegten sich die Studenten und ihr Rektor eine besonders schwere ___Prüfung___ (PRÜFUNG). Sie kauften einen Esel und bugsierten ihn mit großer ___Anstrengung___ (ANSTRENGUNG) in den Gasthof „Zum Turm", wo Eulenspiegel eine

10 ___Unterkunft___ (UNTERKUNFT) gefunden hatte. Dann fragten sie ihn, ob er sich zutraue, dem Esel das Lesen ___beizubringen___ (BEIZUBRINGEN). „___Selbstverständlich___ (SELBSTVERSTÄNDLICH)", antwortete Till. „Der Esel ist bekanntlich ein ziemlich ___dummes___ (DUMMES) Tier.

15 Das ___Ergebnis___ (ERGEBNIS) meiner ___Bemühungen___ (BEMÜHUNGEN) wird daher auf sich warten lassen. Gebt mir zwanzig Jahre, dann will ich das störrische Vieh zu wahrer ___Meisterschaft___ (MEISTERSCHAFT) bringen."
Der Rektor war einverstanden und Till bekam als ___Vorleistung___ (VORLEISTUNG) für seine Unkosten 300 Taler.

Copy 94
Mit eigenen Worten 5

Übungen für die Schulaufgabe *Rechtschreiben und Grammatik*

Deutsch	Klasse	Name	Datum	Nr.

B Grammatik/Wortarten

(Lösungsblatt siehe Copy 95 b)

1 Bestimme jeweils die Wortart mit lateinischen Begriffen.

12 Punkte | Punkte

      1 **2**   **3**   **4**
Till brachte seinen seltsamen Schüler in den Stall.

1 _____   3 _____

2 _____   4 _____

          5   **6** **7**   **8**
In die Futterkrippe legte er ein besonders großes altes Buch.

5 _____   7 _____

6 _____   8 _____

        9 **10**   **11** **12**
Zwischen den ersten Seiten des Buches versteckte er frischen Hafer.

9 _____   11 _____

10 _____   12 _____

C Grammatik/Satzglieder

1 a) Trenne alle Satzglieder durch Schrägstriche.
b) Benenne die Satzglieder mit den lateinischen Bezeichnungen.

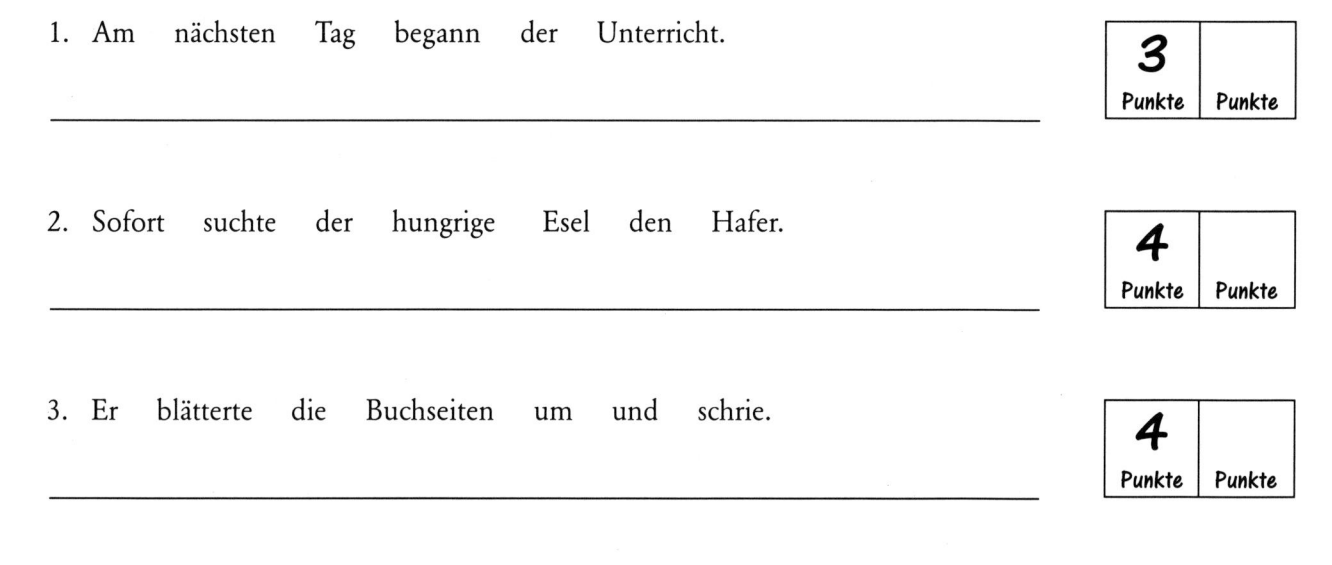

1. Am nächsten Tag begann der Unterricht.

2. Sofort suchte der hungrige Esel den Hafer.

3. Er blätterte die Buchseiten um und schrie.

4. Till wiederholte die Übung jeden Tag.

5. Nach einer Woche bestellte er den Rektor in den Stall

   und zeigte ihm seinen Erfolg.

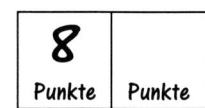

B Grammatik/Wortarten – Lösungsblatt

       1   2   3   4
Till brachte seinen seltsamen Schüler in den Stall.

1   Verb   3   Adjektiv

2   Possessivpronomen   4   Nomen

              5   6 7   8
In die Futterkrippe legte er ein besonders großes altes Buch.

5   Nomen   7   unbestimmter Artikel

6   Verb   8   Adjektiv

             9 10   11 12
Zwischen den ersten Seiten des Buches versteckte er frischen Hafer.

9   Nomen   11   Personalpronomen

10   bestimmter Artikel   12   Adjektiv

C Grammatik/Satzglieder – Lösungsblatt

1. Am nächsten Tag / begann / der Unterricht.

   Temporaladverbiale / Prädikat / Subjekt

2. Sofort / suchte / der hungrige Esel / den Hafer.

   Temporaladverbiale / Prädikat / Subjekt / Akkusativobjekt

3. Er / blätterte / die Buchseiten / um und schrie.

   Subjekt / Prädikat / Akkusativobjekt / Prädikat

4. Till / wiederholte / die Übung / jeden Tag.

   Subjekt / Prädikat / Akkusativobjekt / Temporaladverbiale

5. Nach einer Woche / bestellte / er / den Rektor / in den Stall /

   Temporaladverbiale / Prädikat / Subjekt / Akkusativobjekt / Lokaladverbiale

   und zeigte / ihm / seinen Erfolg.

   Prädikat / Dativobjekt / Akkusativobjekt